신프로의

쉽고 빠른
파워포인트
디자인

신프로[신강식] 지음

지은이 **신프로(신강식)**

신프로는 기획서, 제안서, 회사소개서, 사업계획서 등을 전문으로 만드는 파워포인트 디자인 전문회사 파파타팩토리의 대표입니다. 신문방송학과를 졸업하고 광고대행사와 기업 기획팀을 거치면서 실무에서 10년 이상 파워포인트 경력을 쌓았습니다. 현재는 '신프로의 닥치고 파워포인트'라는 블로그를 운영하며 학생, 직장인, 대중에게 무료 템플릿과 파워포인트 관련 자료를 제공하고 있습니다. 대학이나 기업에서 파워포인트 전문 노하우를 전수하고 있으며, 지방 학생들을 위해 '전국 PPT 캠퍼스 투어'를 무료로 진행하고 있습니다.

파파타 팩토리 www.papatafactory.com
신프로 블로그 www.shin-pro.pro
신프로 페이스북 페이지 facebook.com/shinpro.powerpoint
파워포인트 디자인 제작 및 특강 문의 pptfactory@naver.com

신프로의 쉽고 빠른 파워포인트 디자인

초판 1쇄 발행 2018년 2월 5일
초판 4쇄 발행 2020년 2월 18일

지은이 신강식 / **펴낸이** 김태헌
펴낸곳 한빛미디어(주) / **주소** 서울시 서대문구 연희로 2길 62 한빛미디어(주) IT출판부
전화 02-336-7129 / **팩스** 02-336-7124
등록 1999년 6월 24일 제25100-2017-000058호 / **ISBN** 979-11-6224-045-8 13000

총괄 전정아 / **책임편집** 배윤미 / **기획** 송찬수 / **편집** 박지원 / **진행** 박지수
디자인 박정화 / **전산편집** 이소연 / **제작** 박성우, 김정우
영업 김형진, 김진불, 조유미 / **마케팅** 박상용, 송경석, 조수현, 홍혜은, 이행은

이 책에 대한 의견이나 오탈자 및 잘못된 내용에 대한 수정 정보는 한빛미디어(주)의 홈페이지나 아래 이메일로
알려주십시오. 잘못된 책은 구입하신 서점에서 교환해 드립니다. 책값은 뒤표지에 표시되어 있습니다.

한빛미디어 홈페이지 www.hanbit.co.kr / 이메일 ask@hanbit.co.kr

지금 하지 않으면 할 수 없는 일이 있습니다.
책으로 펴내고 싶은 아이디어나 원고를 메일(writer@hanbit.co.kr)로 보내주세요.
한빛미디어(주)는 여러분의 소중한 경험과 지식을 기다리고 있습니다.

📖 파워포인트 디자인 어떻게 해야 할까?

"파워포인트에는 수많은 기능과 활용법이 있습니다.
기본 기능이라도 어떻게 활용하느냐에 따라 무궁무진한 결과를 얻을 수 있습니다.
조금 더 쉽고, 빠르고, 효과적인 방법으로 파워포인트 디자인을 완성할 수 있도록
파워포인트 전문가로 활동하며 체득한 신프로의 알찬 노하우를 가득 담았습니다."

학생이든 직장인이든 시간이 흐를수록 파워포인트를 이용한 문서 작업이 늘어납니다. 이전에는 논리적이고 설득력 있는 문서만으로도 충분했지만, 지금은 내용을 효과적으로 전달할 수 있는 보기 좋은 디자인까지 더한 문서라야 치열한 경쟁에서 살아남을 수 있기 때문입니다.

신프로는 디자인을 전공하거나 제대로 배운 적이 없습니다. 그럼에도 불구하고 누구보다 완성도 높은 파워포인트 디자인을 할 자신이 있습니다. 십 년 넘게 수많은 제안서와 기획서를 만들면서 노하우를 쌓아왔기 때문입니다. 여기에 그 노하우를 하나하나 차례차례 풀어보려고 합니다. 신프로의 노하우에 여러분의 창의력과 응용력이 더해지면 여러분의 파워포인트 디자인 실력이 날로 발전할 것입니다.

내용과 디자인의 중요도는 5:5

파워포인트 디자인을 주제로 강의를 하다 보면 "디자인과 내용 중 어느 것이 더 중요한가요?"라는 질문을 자주 받습니다. 몇 년 전만 하더라도 내용이 더 중요하다고 이야기했습니다. 하지만 지금은 생각이 바뀌었습니다. "둘 다 똑같이 중요합니다!" 많은 사람이 이미 만들어진 템플릿을 다운로드해 쓰거나 동료나 친구가 만들어 놓은 디자인에서 내용만 바꿔 문서를 완성합니다. 신프로 역시 파워포인트를 처음 접했을 때는 남이 만들어 놓은 템플릿을 이용하여 파워포인트 문서를 만들곤 했습니다. 이렇듯 많은 사람이 내용 준비도 안 된 상태에서 사용할 디자인을 먼저 선택하고 내용을 채워 넣는 '잘못된' 순서로 파워포인트를 사용합니다.

내용과 디자인이 둘 다 똑같이 중요하다고 준비하는 데 걸리는 시간도 같다는 말은 아닙니다. 예를 들어 전체 준비 시간이 열 시간이라면 먼저 일곱 시간은 내용에 집중해야 합니다. 그 다음 남은 세 시간 동안 내용에 맞추어 디자인 작업을 진행해야 합니다. 디자인에 너무 시간을 쏟다 보면 시간에 쫓겨 내용을 허술하게 채우게 되어 겉만 번드르르한 결과물이 될 게 뻔합니다. 따라서 내용을 만드는 데 시간을 충분히 투자하여 핵심 내용을 간추리고, 전달하려는 메시지에 따라 어떤 이미지를 사용하고 디자인을 하는 것이 좋을지 고민한 다음 본격적으로 디자인해야 합니다.

내용, 즉 '핵심 메시지'를 더욱 설득력 있게 표현하고 이해를 높이도록 도움을 주는 것이 바로 디자인입니다. 메시지에 힘을 실을 수 있도록 관련 이미지나 최적의 도식(도해)을 통해 디자인하고 레이아웃이나 색상 등을 적절하게 사용하여 전체 문서의 분위기와 느낌을 맞추는 것입니다. '디자인은 내용에서 출발한다!'는 사실을 반드시 기억해야 합니다.

누구에게 어떤 목적으로 사용할지 고려하라

내용과 디자인의 적절한 시간 분배와 더불어 고려할 사항이 두 가지 더 있습니다. 바로 용도와 대상입니다. 용도란 내가 만드는 문서를 어떤 목적으로 어디에 쓸 것인지를 결정하는 것입니다. 용도는 크게 '발표 자료'와 '제출 자료'로 나눌 수 있습니다. '발표 자료'라면 핵심 메시지만 간략하고 명료하게 전달하여 청중이 발표자의 이야기에 집중할 수 있도록 만듭니다. 슬라이드 내용이 지나치게 자세하거나 빼곡하면 청중은 발표자가 아닌 슬라이드에 담긴 글을 읽느라 집중할 수 없습니다.

반대로 '제출 자료'는 전자우편으로 보내거나 인쇄해서 우편 또는 만나서 직접 전달합니다. 작성자의 의도를 정확하게 전달하려면 옆에서 자료를 보고 설명해야 하지만 제출 자료는 그럴 수 없기 때문에 문서를 보는 사람이 자료만 보고도 내용을 쉽게 이해할 수 있도록 구체적인 내용을 포함해서 만들어야 합니다.

만약 한 프로젝트에서 발표 자료와 제출 자료가 모두 필요하다면 제출 자료를 먼저 만들고, 거기에서 발췌한 내용을 바탕으로 발표 자료를 만드는 것이 순서입니다. 또한 제출 자료를 제출하기 전에는 반드시 인쇄를 해서 글자 크기가 적당한지, 가독성이 떨어지지는 않는지, 표현한 색상이 모니터 색상과 이질감은 없는지, 색상을 과하게 써서 프린터 잉크를 낭비하지 않았는지 등을 확인해야 합니다.

용도를 고려했다면 다음은 대상입니다. 이 문서를 주로 볼 사람이 누구인지 생각해야 합니다. 눈이 나쁜 상사에게 글자 크기를 깨알같이 써서 제출하면 드라마에서 본 장면처럼 문서가 여러분의 얼굴을 향해 날아올지도 모릅니다. 여기서 좀 더 전략적인 사고를 한다면 상대방의 취향까지 고려합니다. 문서를 받아 볼 사람이 어떤 레이아웃과 색상을 좋아하는지 잘 살피고 적용하는 것도 요령입니다.

본인이 직접 사용하는 것이 아니라 외부 고객에게 보내야 하는 작업이라면 고객이 의도하는 바를 정확히 확인해야 합니다. 해당 기업이나 단체의 로고, 폰트, 색상 규정을 적용해야 하는데 이런 규정은 해당 기업/단체의 홈페이지에서 쉽게 확인할 수 있습니다.

지금까지 본격적인 파워포인트 디자인을 시작하기에 앞서 염두에 둬야 할 사항을 이야기해 보았습니다. 기본적인 고려사항을 고민했다면 이제는 책을 살펴보면서 좀 더 효과적으로 완성도 높은 디자인을 만들기 위해 반복 학습할 때입니다.

Thanks to... 끝으로 이 책이 나오기까지 묵묵히 응원해 주신 사랑하는 부모님, 가족과 친지 여러분, 항상 곁에서 힘이 되어 준 정신적 지주 조블리, 나의 친구들에게 감사 인사를 전합니다. 또한, 이 책을 보고 있는 모든 분이 파워포인트 디자인을 성공적으로 끝마칠 수 있기를 응원합니다.

2018년 2월 신프로(신강식)

파워포인트 디자인 이렇게 시작하세요

[신프로의 쉽고 빠른 파워포인트 디자인]에는 어떤 내용이 담겨 있을까요? 어떻게 하면 [신프로의 쉽고 빠른 파워포인트 디자인]을 좀 더 효과적으로 공부할 수 있을까요? 여러분의 필요와 실력에 따라 다양한 방법으로 활용해 보세요.

TYPE 1 디자인도, 파워포인트도 아무것도 몰라요

아무 걱정할 필요 없습니다. 처음부터 차근차근 신프로만 따라오면 됩니다. [PART 1]부터 [PART 5]까지 차례대로 공부해 보세요. 신프로의 노하우를 모두 전수해 드립니다. 이 책이 끝나면 여러분은 파워포인트 디자인에 자신감을 가지게 될 것입니다.

TYPE 2 파워포인트 실력은 완벽한데 결과가 늘 엉성해요

아무리 파워포인트를 잘 다뤄도 디자인 기본기가 부족하면 완성도 높은 결과물을 얻기 힘듭니다. 이런 분이라면 [PART 2]에서 파워포인트 디자인의 핵심 포인트를 알아보고, [PART 3]에서 표현력 향상을 위한 요소 디자인을 연습해 보세요.

TYPE 3 파워포인트 디자인 어디까지 가능한지 궁금해요

파워포인트는 오피스 도구보다는 그래픽 도구에 가깝습니다. [PART 4]에서는 포토샵을 몰라도 디자인할 수 있는 파워포인트 디자인에는 어떤 것이 있는지, 어떻게 디자인하는지 프로젝트 실습을 진행해 볼 수 있습니다.

🔍➕ **이 책을 내가 봐도 될까요?** 이 책은 빠르지만 제대로, 쉽지만 완성도 높은 디자인 결과물을 완성할 수 있도록 구성했습니다. 파워포인트 초보자부터 파워포인트를 능숙하게 다루는 사람 모두에게 알찬 노하우를 알려 드립니다.

🖐 여러분이 학생이라면 취업 준비를 위한 프로필과 포트폴리오를,
🖐 여러분이 직장인이라면 발표 자료를 위한 템플릿을,
🖐 여러분이 마케터라면 SNS 홍보를 위한 카드 뉴스와 이벤트 정보 제공을 위한 포스터를,
🖐 여러분이 기획자라면 효과적인 설득을 위한 인포그래픽과 행사 진행의 필수품인 네임카드를 직접 만들 수 있습니다.

🖋 어떤 결과물을 만들 수 있을까?

[신프로의 쉽고 빠른 파워포인트 디자인]에서는 파워포인트로 완성할 수 있는 대표적인 여덟 가지 결과물을 실습해 봅니다.

PROJECT 1 파워포인트 템플릿 디자인하기 ⊙ 160p

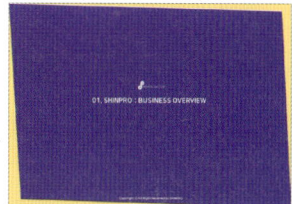

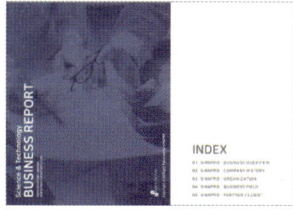

PROJECT 2　카드 뉴스 디자인하기　⊙ 192p

  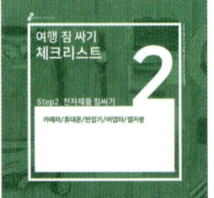 

PROJECT 3　내 프로필 디자인하기　⊙ 206p

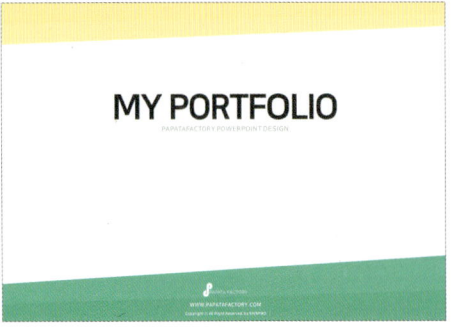 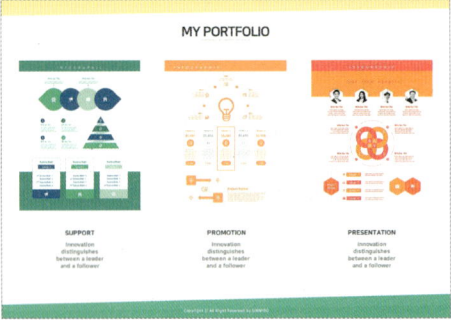

📝 이 책은 어떻게 구성되어 있을까?

기본기는 탄탄하게, 기본 실습은 쉽고, 빠르게!

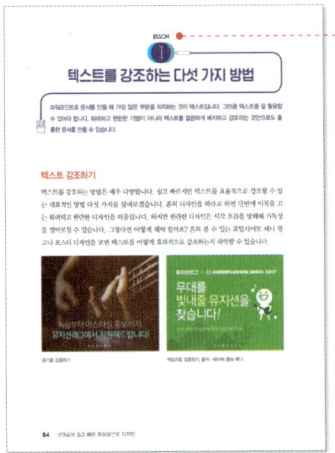

LESSON

파워포인트 기능만 배우는 것이 아닙니다. 어떤 기능을 어떻게 활용해야 좀 더 멋진 결과물을 완성할 수 있을지 알아봅니다.

🖉 Let's Start!!

배운 내용을 간단 실습 형태로 디자인에 적용해 봅니다. 파워포인트에 자신 있다면 QUICK GUIDE와 완성 이미지만 보고도 결과물을 완성할 수 있습니다.

작은 것도 놓치지 않는 신프로의 노하우가 가득

깨알 Tip

놓치기 쉬운, 하지만 알아 두면 좋은 깨알 같은 Tip이 파워포인트 디자인 작업을 한층 수월하게 도와줍니다.

신프로 특강

기본 설명으로는 부족한, 신프로의 경험치가 가득 배어 있는 파워포인트 디자인을 위한 신프로 특강이 곳곳에 담겨 있습니다.

QUICK GUIDE

기본이지만 반드시 알아야 할 파워포인트의 다양한 기능을 빠르게 습득할 수 있습니다.

🔍 **핵심 단축키 모음** 언제든 바로 확인할 수 있는 파워포인트 핵심 단축키를 담았습니다. 책 뒤표지의 접힌 부분을 펼쳐 보세요. 실습할 때 펼쳐 놓으면 따로 책을 뒤적이지 않고도 빠르고 쉽게 단축키를 확인할 수 있습니다.

프로젝트 실습은 제대로!

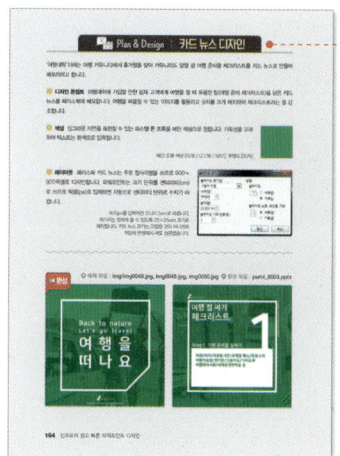

🖳 Plan & Design

디자인할 결과물의 용도는 물론 어떤 콘셉트로 디자인 할지 충분히 고민하고 계획할 수 있도록 안내합니다. 프로젝트 실습을 끝낸 다음에는 여러분의 사례에 따라 직접 고민하고 계획할 수 있어야 합니다.

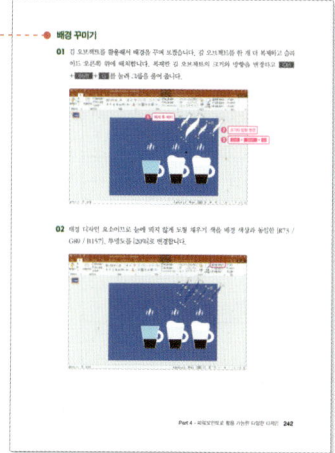

Step by Step

파워포인트를 전혀 알지 못해도 누구나 쉽게 따라할 수 있도록 각 실습 과정을 친절하게 안내합니다.

🔍 **[부록 및 학습 자료 다운로드]** www.hanbit.co.kr/src/10045

위 링크를 입력하면 다음과 같은 웹 페이지가 열립니다. [다운로드] 버튼을 클릭하면 이 책을 실습하는 데 필요한 예제 파일과 신프로가 제공하는 고급 템플릿 10종을 다운로드할 수 있습니다.

신프로가 제공하는 고급 템플릿 10종 미리보기

🔻 고급 템플릿/shinpro powerpoint design set_ver.01.pptx

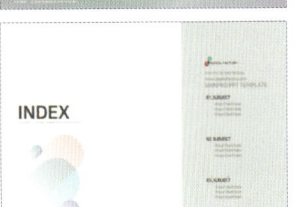
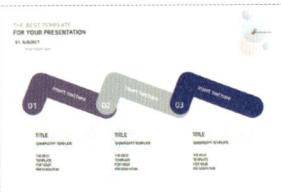

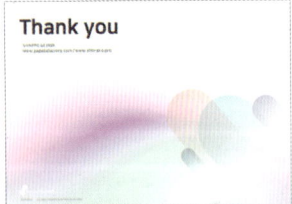

🔻 고급 템플릿/shinpro powerpoint design set_ver.02.pptx

🔻 고급 템플릿/shinpro powerpoint design set_ver.03.pptx

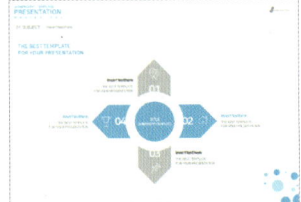
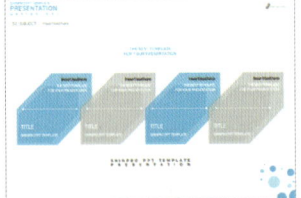

● 고급 템플릿/shinpro powerpoint design set_ver.04.pptx

● 고급 템플릿/shinpro powerpoint design set_ver.05.pptx

● 고급 템플릿/shinpro powerpoint design set_ver.06.pptx

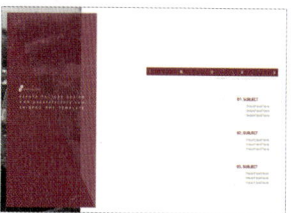

고급 템플릿/shinpro powerpoint design set_ver.07.pptx

고급 템플릿/shinpro powerpoint design set_ver.08.pptx

고급 템플릿/shinpro powerpoint design set_ver.09.pptx

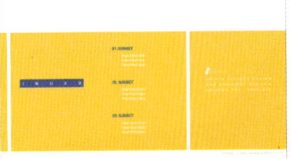

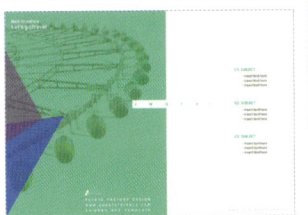

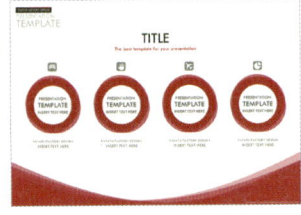

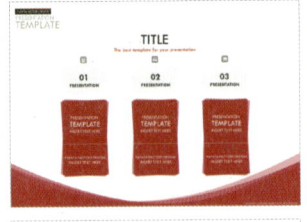

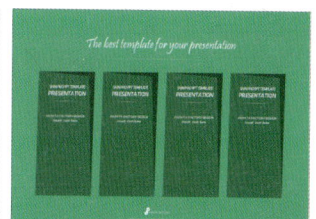

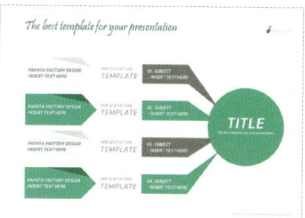

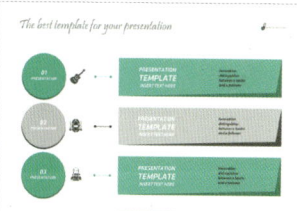

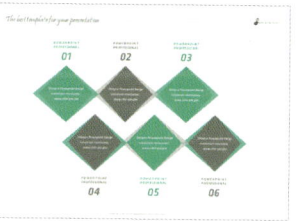

 이 책의 목차

표현력 향상을 위한 요소 디자인 연습

PART 3

파워포인트로 활용 가능한 다양한 디자인

파워포인트 사용력 향상하기

PART 5

이것만 알아도
기본기는 끝
파워포인트 디자인
준비하기

문서를 만드는 목적, 문서에 담아내야 할 핵심 메시지, 문서의 용도와 대상을 정하고 거기에 맞는 자료 수집을 마쳤다면 비로소 파워포인트 디자인 작업을 시작할 수 있습니다. 하지만 본격적으로 파워포인트 디자인 작업을 하기 전에 거쳐야 하는 몇 가지 과정이 있습니다. 신프로만의 파워포인트 디자인을 위한 7단계 준비 과정을 살펴본 후 파워포인트 기본 설정 방법까지 알아보겠습니다.

JUST DO POWER POINT WITH SHINPRO

파워포인트 디자인을 위한 7단계 준비 과정

파워포인트 디자인을 위한 7단계 준비 과정은 신프로만의 문서 작성법을 일곱 단계로 나누어 정리한 것입니다. 스퀘어맵 작업 준비하기, 목적/목표/주제에 맞는 목차 구성하기, 정보&자료 수집하기, 자료 정리하기, 도식화&이미지 고민하기, 이미지/폰트/색상 정하기, 파워포인트 실행 및 저장하기 순서입니다.

✿ **1단계 스퀘어맵 작업 준비하기** 스퀘어맵을 작성할 종이와 필기구를 준비합니다. 종이는 본인이 쓰기 편한 것이라면 무엇이든 상관없습니다. 필기구는 수정하기 쉬운 연필을 기본으로 쓰되 강조하거나 구분해야 할 부분에 쓸 수 있도록 색상 펜이나 마카 등을 준비해 두면 좋습니다. 그런 다음 종이에 각 슬라이드에 해당하는 네모 칸을 그립니다. 이 네모 칸은 앞으로 작업할 슬라이드의 기초가 되며, 파워포인트에 입력할 아이디어와 생각을 정리할 공간입니다.

> **깨알 Tip** 스퀘어맵 작업은 종이에 파워포인트 슬라이드 모양으로 네모 칸을 그리고, 파워포인트에 담을 내용을 미리 구상해 보는 과정입니다.

✿ **2단계 목차 구성하기** 목차 구성에는 정답이 없습니다. 어떤 프로젝트냐에 따라 달라질 수 있기 때문입니다. 사업 계획이든 광고 기획이든 담아야 할 내용과 목차가 어느 정도 정해져 있는 프로젝트라 하더라도 순서나 흐름은 작성자의 의도에 따라 달라질 수 있습니다. 목차를 처음 구성할 때는 대략적으로 목차를 정한 다음 슬라이드를 몇 장으로 구성할지 정하는 것이 중요합니다. 어느 정도 윤곽이 잡히면 구성한 목차를 스퀘어맵에 슬라이드 제목으로 넣어 봅니다.

✿ **3단계 정보&자료 수집하기** 각 슬라이드에 내용을 채우려면 다양한 정보를 알고 있어야 합니다. 뉴스기사, 통계 자료, 자체 조사, 인터뷰, 사진 촬영 등을 통해 자료를 수집하고 학습해야

합니다. 이 과정을 거쳐야 탄탄한 내용을 만들어 낼 수 있습니다. 필자는 [참고 자료] 폴더를 따로 만들어 인터넷에서 수집한 자료를 보관합니다. 프로젝트에 따라서는 필요한 자료를 출력하고 발췌할 내용이나 참고할 정보 등을 형광펜으로 표시하면서 정리합니다.

✿ 4단계 자료 정리하기 3단계에서 수집한 방대한 자료에서 프로젝트에 필요한 자료로만 '넣고, 빼고, 채우고, 줄이는' 작업을 해야 합니다. 조사한 자료나 정보를 모두 사용할 수도 없거니와 그대로 사용하기 힘든 경우도 많기 때문입니다. 꼭 필요한 자료나 내용만 간추리고 부족하면 추가로 조사하여 보강합니다. 정리 단계를 거쳐 자료가 잘 정리되어야 내용을 효과적이고 구체적으로 전달할 수 있습니다.

✿ 5단계 도식화&이미지 고민하기 전달하려는 내용을 청중이 더 쉽게 이해할 수 있도록 구성하고 효과를 고민해야 합니다. 글로만 표현된 자료라면 이미지를 써서 내용을 직관적으로 이해할 수 있도록 돕고, 구조를 도식으로 표현하여 더 쉽게 이해할 수 있도록 만들어야 합니다. 도식은 충분히 고민한 다음에 파워포인트에서 작업해야 작업 속도도 빨라지고 능률도 높아집니다.

✿ 6단계 이미지/폰트/색상 정하기 1~5단계를 거쳐 스퀘어맵을 정리했다면 정리한 내용을 바탕으로 메시지를 최대한 효과적으로 전달할 수 있는 이미지를 찾습니다. 이미지는 상황별로 여러 개를 찾아 둬야 유동적으로 활용할 수 있습니다. 예를 들어 '사랑'이라는 메시지를 강조하고 싶을 때 하트 모양 아이콘을 활용할 수도 있지만 연인, 부부, 가족 사진을 이용해 메시지에 강력한 힘을 실을 수도 있습니다. 일단은 이미지를 여러 개 찾아 두고 작업을 하면서 최적의 이미지를 선택합니다. 이미지를 모두 찾았다면 파워포인트 문서에 사용할 폰트와 전체 콘셉트에 맞는 색상을 고민합니다.

✿ 7단계 파워포인트 실행 및 저장하기 드디어 파워포인트를 실행합니다. 파워포인트를 실행하고 가장 먼저 할 일은 보험을 드는 일입니다. '뜬금없이 웬 보험?'이라고 생각했나요? 여기서 말하는 보험은 자료 유실을 막기 위한 절차를 말합니다. 첫 번째 보험은 자동 저장 설정으로 자료를 저장하는 것이고, 두 번째 보험은 파일명에 버전을 표시하여 저장하는 것입니다. 매번 같은 파일에 덮어씌우며 저장하지 않고 다른 이름으로 저장하여 파일을 추가하는 방식을 말합니

다. 이런 절차대로 작업하면 치명적인 오류가 생겼을 때 자료 유실을 최소로 줄일 수 있고 복구하는 데 큰 도움이 됩니다.

다음은 7단계 과정을 거쳐 나온 실제 스퀘어맵입니다. 본인이 잘 알아볼 수 있으면 되므로 반듯하고 깔끔하게 정리하려고 애쓰지 않아도 됩니다. A4 용지를 세로 방향으로 놓고 네모를 두 개 정도 그리면 적당합니다. 슬라이드를 한눈에 보고 싶다면 네모를 조금 작게 그려 여섯 개 정도 배치할 수도 있습니다.

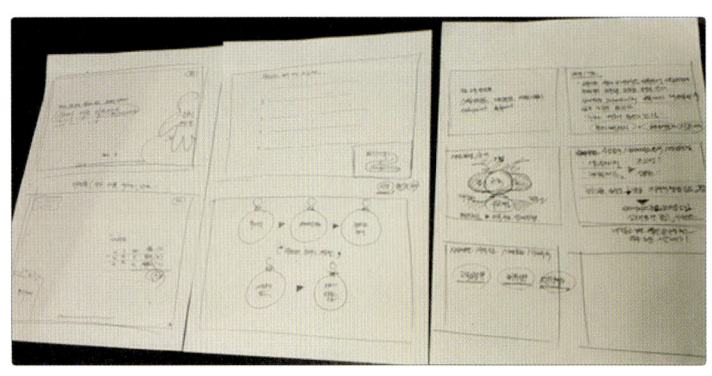

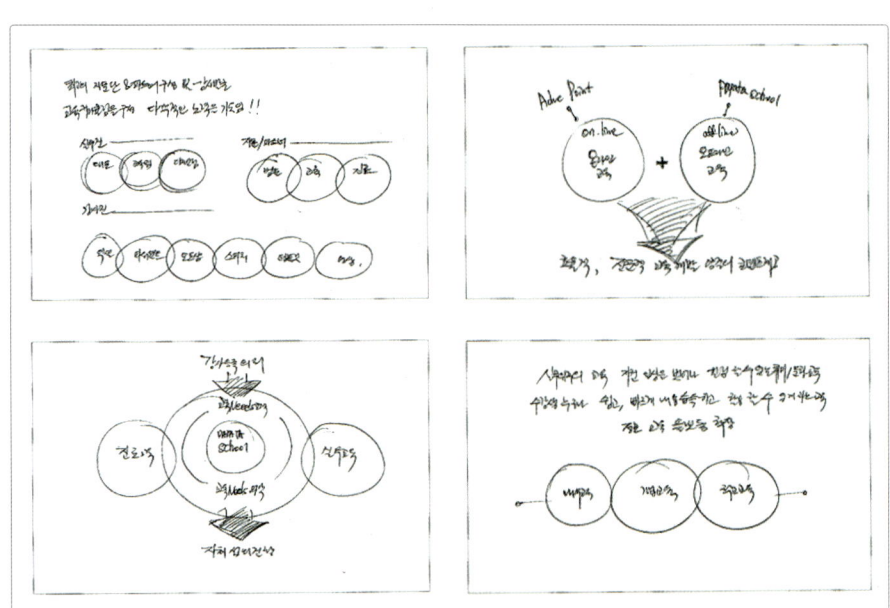

스퀘어맵 사례

파워포인트 문서의 서식, 템플릿 알고가기

템플릿은 파워포인트 문서의 기본 디자인이 되는 서식으로 '테마'라고도 부릅니다. 대개 배경 디자인과 레이아웃을 완성하고 각 슬라이드 특성에 맞춰 세부 작업을 합니다. 템플릿을 만들기 전에는 디자인이나 레이아웃을 참고할 자료를 찾아 영감을 얻는 것이 좋습니다.

참고 사이트에서 영감 얻기

참고 자료를 볼 수 있는 웹 사이트는 다음 세 곳 정도입니다. 첫 번째는 신프로의 닥치고 파워포인트 블로그입니다. 기업의 제안서 자료나 무료 템플릿을 다운로드하여 작업할 문서에 대한 영감을 얻길 바랍니다.

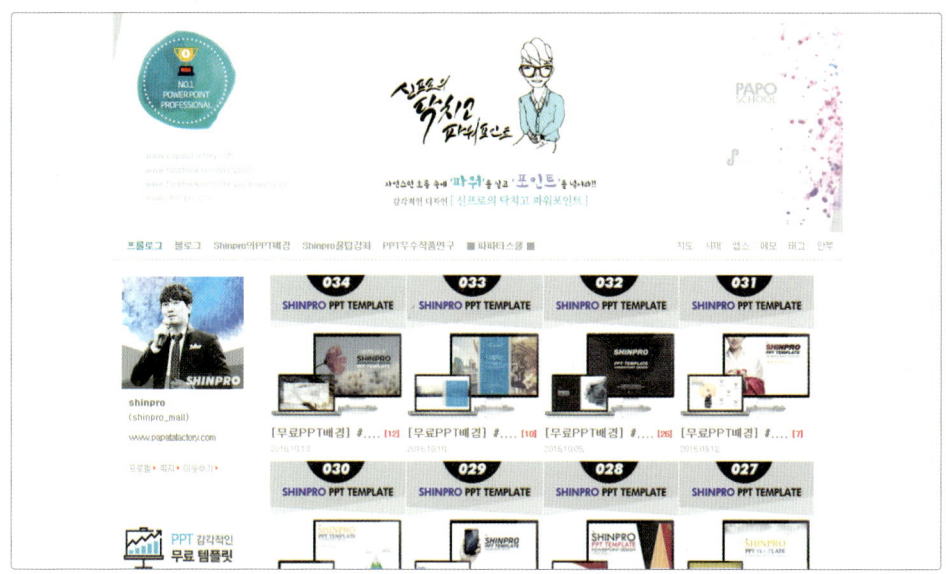

신프로의 닥치고 파워포인트 블로그 www.shin-pro.pro

두 번째는 핀터레스트라는 이미지 공유/검색 웹 사이트입니다. 다양한 사람들의 작업물이 이미지로 공유되는 곳이라 원하는 이미지를 스크랩하고 관리하기 좋습니다. 검색 필드에서 '파워포인트'를 검색하면 수많은 디자인을 참고할 수 있습니다. 필자 역시 자주 참고하는 사이트입니다.

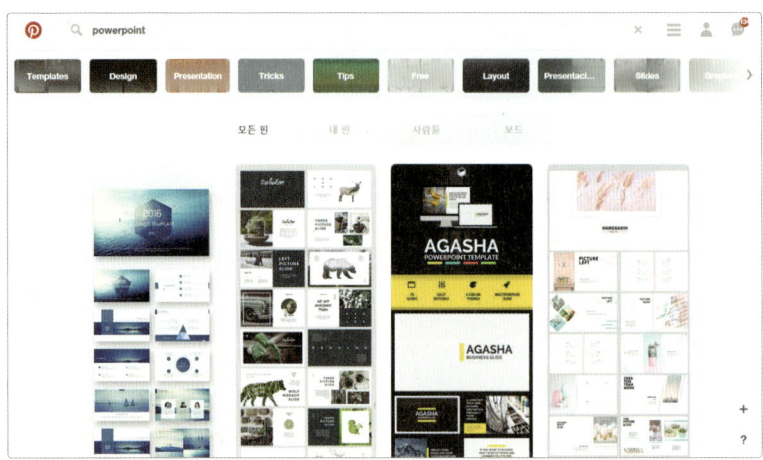

핀터레스트 www.pinterest.com

세 번째는 구글 이미지 검색입니다. 구글 이미지에 접속한 다음 검색 필드에 '파워포인트'를 검색하면 디자인할 때 참고할 만한 자료가 많이 나옵니다. 작업할 문서의 특성에 맞게 적절한 키워드를 활용해서 검색하면 원하는 자료를 더 빠르게 찾을 수 있습니다. 이렇게 참고 자료를 찾은 다음 시작하면 무작정 시작했을 때 따라오는 막막함을 어느 정도 덜어 낼 수 있습니다.

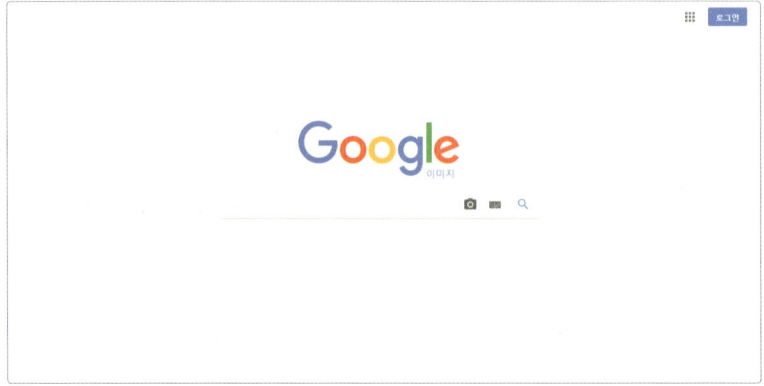

구글 이미지 https://images.google.com

템플릿 구성 및 슬라이드별 구성 요소 파악하기

템플릿 디자인에 대한 대략적인 영감을 얻었다면 템플릿을 어떻게 구성할지 계획합니다. 보통 템플릿 레이아웃은 타이틀, 목차, 간지, 본문, 엔딩 슬라이드로 나눠 준비합니다. 각 슬라이드마다 담길 요소가 무엇인지 파악하고 있다면 더 빠르게 구성할 수 있습니다. 각 슬라이드를 구성하는 요소를 살펴보겠습니다.

타이틀 슬라이드

타이틀 슬라이드는 첫 번째 페이지로 문서 전체의 첫인상을 결정하는 페이지입니다. 이 슬라이드에서는 문서의 핵심적인 내용을 뽑은 메인타이틀이 가장 중요합니다. 메인타이틀은 전체 내용을 바로 알아볼 수 있도록 직관적인 문체로 작성해야 하며, 부제에 해당하는 서브타이틀도 함께 고민해야 합니다. 예를 들어 '2020년 파파타팩토리 사업계획서'라는 메인타이틀에 '즐겁게 꿈꾸는 미래'라는 서브타이틀로 메시지를 더욱 보강하면 완성도를 높일 수 있습니다.

타이틀 이외에도 문서를 누가 작성했는지 넣어야 합니다. 개인이라면 작성자 이름을 넣고, 회사나 프로젝트 팀이라면 회사명, 로고, 팀명 등을 넣을 수 있습니다. 문서 작성일이 언제인지 표기하는 것도 중요합니다. 작성한 사람의 저작권을 보호하는 저작권 문구를 넣고, 홈페이지 주소, 블로그 주소, SNS 계정 등이 있다면 따로 URL을 표시합니다.

정리하면 타이틀 슬라이드에는 메인타이틀, 서브타이틀, 로고, 날짜, 저작권 표시, URL을 넣습니다.

목차 슬라이드

파워포인트 디자인을 위한 7단계 준비 과정에서 말한 것처럼 목차를 고민하는 과정은 매우 중요합니다. 문서의 흐름을 파악하는 데 필요한 목차 슬라이드 구성 요소 중 가장 중요한 요소는 당연히 목차입니다. 한글로 '목차', '차례', '순서'라고 표기하거나 영문으로 'index', 'contents' 등으로 표기합니다. 목차를 구분하기 위해 1/2/3 같은 아라비아 숫자나 I/II/III 같은 로마자를 표기하기도 하고, 첫째/둘째/셋째 혹은 하나/둘/셋 같은 한글을 표기하기도 합니다.

목차 슬라이드는 각각의 페이지를 찾아가기 쉽게 안내하는 역할을 하기도 하지만 문서 전체의 흐름을 이해할 수 있도록 도움을 주기도 합니다. 이처럼 문서 전체의 흐름을 한눈에 볼 수 있도록 목차를 정리해 놓은 페이지를 목차 슬라이드라고 합니다. 목차 슬라이드에 세부 목차를 입력하는 것만으로 목차 슬라이드가 완성되는 것은 아닙니다. 추가로 작성해야 할 것이 있습니다. 바로 해당 문서의 타이틀입니다.

목차를 보면 현재 문서의 대략적인 내용을 가늠할 수 있지만 정확한 방향이나 내용은 알 수 없습니다. 청중에게 불필요한 고민의 시간을 줄 필요는 없습니다. 그러므로 타이틀 슬라이드에 들어가는 메인타이틀과 서브타이틀을 목차 슬라이드에 포함시키는 것이 좋습니다. 그렇게 하면 타이틀과 더불어 목차를 확인할 수 있어 전체 문서를 이해하는 데 도움을 줍니다. 여기에 로고와 저작권까지 더하면 목차 페이지가 완성됩니다.

정리하면 목차 슬라이드에는 목차, 타이틀, 로고, 저작권 표시를 넣습니다.

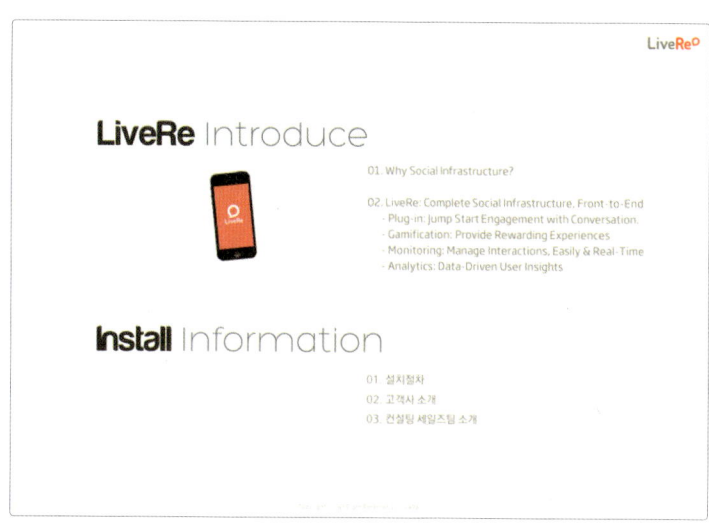

간지 슬라이드

간지 슬라이드는 본문 중간에서 흐름을 끊어 주거나 화제를 전환하는 용도로 사용합니다. '속
장'이라고 부르기도 합니다. 전체 목차가 순차적 흐름이 아니라 다양한 방식으로 구성된 경우
라면 간지를 사용하여 전체 내용을 구분하는 것이 좋습니다. 문서 전체의 흐름을 맺고 끊는 장
치로 볼 수 있습니다. 간지에는 목차에 썼던 대분류 타이틀, 로고, 저작권을 넣습니다.

본문 슬라이드

대분류에 따라 간지 슬라이드까지 완성했다면 각 대분류에 따라 본문 슬라이드를 작성합니다. 본문 슬라이드에는 문서의 메인타이틀과 서브타이틀, 해당 목차 타이틀, 로고, 저작권으로 대표되는 기본 요소를 넣고 가장 중요한 메시지를 입력합니다. 본문 슬라이드에서 가장 중요한 요소이자 문서 전체를 통틀어 핵심이 되는 요소인 메시지를 이미지나 도식 등으로 강조하고 디자인하여 본문 슬라이드에 채웁니다. 단, 메시지를 강조하기 위해 지나치게 화려하고 복잡하게 디자인하면 메시지가 묻힐 수 있으니 주의합니다.

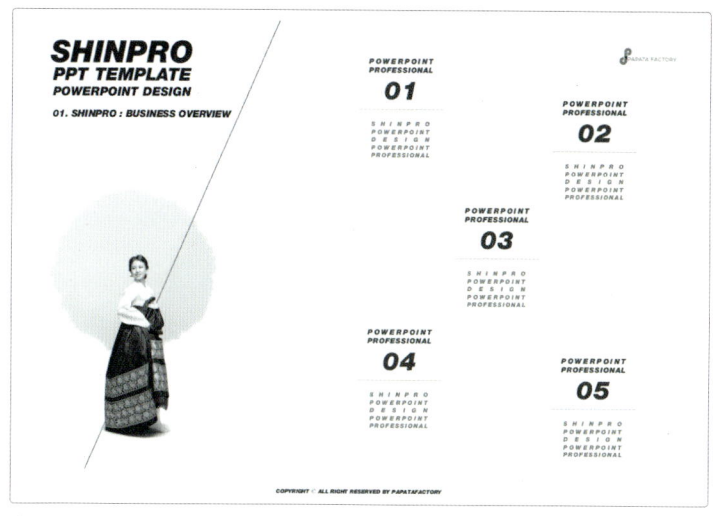

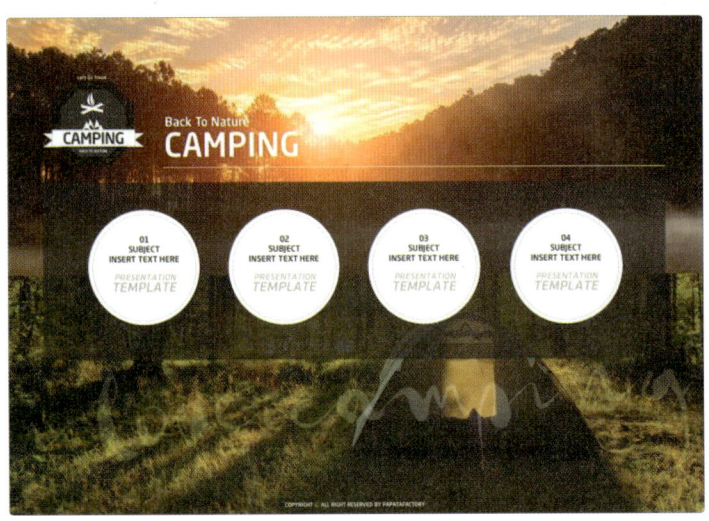

엔딩 슬라이드

엔딩 슬라이드는 '감사합니다', 'thank you' 등의 맺음말을 입력하는 페이지입니다. 문서를 마무리하는 슬라이드라고 해서 대충 작성하면 곤란합니다. 해당 문서를 끝까지 보거나 들은 것에 대한 감사 인사를 넣고 가장 중요한 핵심 메시지 하나를 곁들이면 좋습니다. 여기에 타이틀, 로고, 저작권을 추가하면 완성됩니다.

이렇게 다섯 가지 슬라이드를 템플릿으로 구성하면 본격적인 디자인으로 들어갈 수 있습니다. 템플릿에서 타이틀, 목차, 엔딩 슬라이드는 더 이상 손댈 필요가 없지만 간지와 본문 슬라이드는 준비한 스퀘어맵에 따라 내용을 추가하고 디자인하면서 진행합니다. 따라서 전체 파워포인트 문서는 다섯 가지 슬라이드 중 간지와 본문 슬라이드가 반복되며 내용이 흐르는 구조가 됩니다.

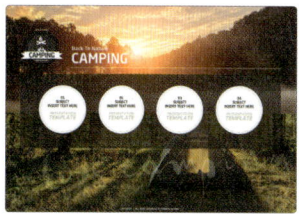

기본 구성이 갖춰진 템플릿

LESSON

3

파워포인트 실행하고 디자인 준비하기

파워포인트 작업을 시작하기 전에 자료가 유실되지 않도록 보험을 들어야 합니다. 보험에 해당하는 자동 복구 정보 저장 간격 기능을 살펴보고 파일 버전을 관리하는 방법을 배워봅니다. 이어서 파워포인트 작업 환경을 사용자에게 맞게 변경하고, 본격적으로 디자인 작업을 할 수 있도록 폰트와 색상 등을 설정해 보겠습니다.

자료 유실 보험, 저장하기

파워포인트를 실행했다면 가장 먼저 해야 할 일이 저장입니다. 저장을 하지 않고 작업하다가 실수로 자료를 날리거나 컴퓨터 오류로 자료를 잃기도 합니다. 괜찮겠거니 생각하고 저장하지 않았다가 자료가 유실되는 경우를 종종 봅니다. 단순한 작업이라면 그나마 낫지만 중요한 작업이거나 분초를 다투는 작업이라면 손해가 이루 말할 수 없습니다. 그래서 우리는 자료 유실을 방지할 수 있는 보험으로 저장 기능을 이용합니다. 단순하게 Ctrl + S 로 대표되는 저장이 아닌 두 가지 저장 기능을 활용하는 것입니다.

자동 복구 정보 저장 간격 설정하기

첫 번째는 [자동 복구 정보 저장 간격] 설정입니다. 분 단위로 시간을 설정해 놓으면 설정한 시간마다 반복해서 저장하는 기능입니다. 기본으로 설정된 시간은 10분이지만 조금 넉넉하게 시간을 입력하는 것이 낫습니다. 문서 작업을 하다 보면 고해상도 이미지와 폰트를 함께 저장하기 때문에 저장하는 데 시간이 꽤 오래 걸릴 수 있기 때문입니다. 또한 컴퓨터 앞에 앉아 집중해서 작업하다 보면 10분이 금방 지나갑니다. 한참 집중해서 작업하는데 저장한다고 자꾸 작업 흐름이 끊기면 작업 효율도 떨어지고 작업 시간도 그만큼 늘어납니다. 따라서 저장 간격은 넉넉하게 설정하고 자리를 비울 때는 저장 아이콘을 클릭하거나 Ctrl + S 를 눌러 저장하는 습관을 들이는 것이 좋습니다.

필자는 저장 간격을 30분으로 설정하고 작업합니다. 여기에 더해 시간이 날 때마다 한 번씩
Ctrl + **S** 를 눌러 저장합니다. 여러분도 자료 유실 방지 첫 번째 보험에 해당하는 자동 복
구 정보 저장 간격을 설정해 두길 권합니다. 한 번 설정해 두면 그 다음부터는 수정한 설정 시
간이 유지되어 새로운 문서를 작업할 때마다 변경할 필요도 없습니다. 자동 복구 정보 저장 간
격은 다음과 같은 순서로 설정할 수 있습니다.

QUICK GUIDE **자동 복구 정보 저장 간격 설정**

파워포인트 실행 후 [파일] 탭 〉 [옵션] 메뉴 ➡ PowerPoint 옵션 대화상자에서 [저장] 선택 ➡ [자동 복구 정보 저
장 간격] 체크 후 시간 설정 ➡ [확인] 버튼 클릭

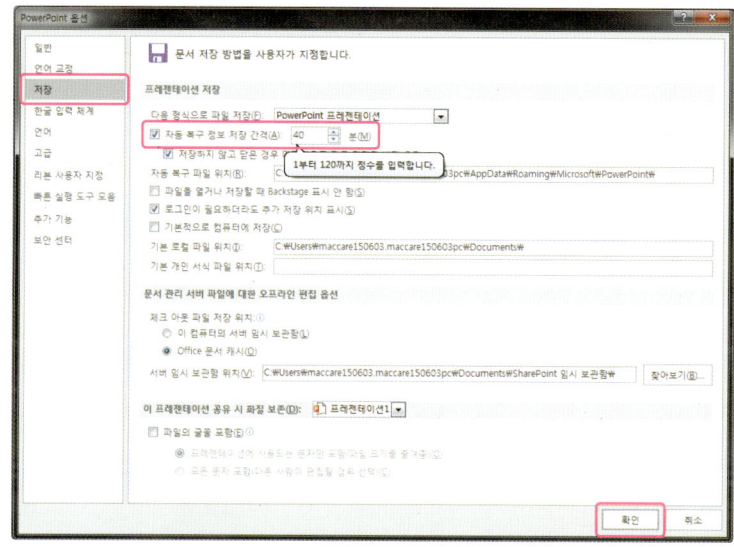

PowerPoint 옵션 대화상자

파일 버전 관리하기

두 번째는 파워포인트 기능이 아닌 파일 관리를 이용하는 보험입니다. 일단 대략적인 내용을 파
악할 수 있는 파일명으로 문서를 저장하고 시작합니다. 저장을 하지 않고 제목 표시줄에 '프레젠
테이션1'이라고 표시된 상태로 작업하다가 파일이 날아가면 복구하기가 어렵기 때문입니다.

두 번째 보험은 저장하는 요령이라고 해도 무방합니다. 저장할 때 단순히 파일명만 입력하는 것이 아니라 버전이나 날짜를 파일명에 포함하여 입력합니다. 필자는 'ver.00'처럼 버전을 표기합니다. 예를 들어 '파파타팩토리회사소개서_ver.01.pptx'와 같이 저장합니다. 그런 다음 내용을 수정할 일이 생길 때마다 다른 이름으로 저장하여 버전을 변경하고 작업을 시작합니다. 이렇게 버전을 표기해서 작업하는 방식은 다소 번거롭지만 작업을 진행하다 지난 내용으로 되돌려야 할 때를 대비할 수 있습니다. 버전 업을 하지 않았다면 처음부터 다시 똑같은 작업을 반복해야 하므로 그만큼 비효율적입니다. 여러 번 수정하고 업그레이드하면서 버전 업을 하고 마지막 최종본이 완성되면 파일명에 '최종'이라는 문구를 추가하면 됩니다.

이름	수정한 날짜	유형	크기
interior design proposal(Ani)_ver.01	2017-02-21 오전...	Microsoft PowerP...	6,084KB
interior design proposal(Ani)_ver.01	2017-02-21 오전...	Windows Media ...	27,444KB
INTERIOR DESIGN PROPOSAL(ANI)_VER.05	2017-02-25 오후...	Microsoft PowerP...	36,142KB
interior design proposal(Basic)_ver.01	2017-02-21 오전...	Adobe Acrobat D...	4,065KB
interior design proposal(Basic)_ver.01	2017-02-21 오전...	Microsoft PowerP...	6,078KB
interior design proposal(Basic)_ver.01-1	2017-02-21 오전...	Adobe Acrobat D...	5,852KB
interior design proposal(Basic)_ver.01-1	2017-02-21 오후...	Microsoft PowerP...	11,274KB
interior design proposal(Basic)_ver.01-2	2017-02-21 오후...	Adobe Acrobat D...	1,644KB
interior design proposal(Basic)_ver.01-2	2017-02-21 오후...	Microsoft PowerP...	2,244KB
interior design proposal(Basic)_ver.02	2017-02-22 오후...	Adobe Acrobat D...	7,179KB
interior design proposal(Basic)_ver.02	2017-02-22 오후...	Microsoft PowerP...	15,015KB
interior design proposal(Basic)_ver.03	2017-02-22 오후...	Adobe Acrobat D...	8,066KB
interior design proposal(Basic)_ver.03	2017-02-22 오후...	Microsoft PowerP...	30,006KB
interior design proposal(Basic)_ver.04	2017-02-23 오전...	Adobe Acrobat D...	8,042KB
interior design proposal(Basic)_ver.04	2017-02-23 오전...	Microsoft PowerP...	30,053KB
INTERIOR DESIGN PROPOSAL(BASIC)_VER.05	2017-02-25 오후...	Adobe Acrobat D...	8,968KB

버전 업 사례

작업 환경 설정하기

파워포인트를 실행하고 저장 관련 설정까지 마쳤다면 본격적으로 작업 환경을 설정해야 합니다. 첫 번째는 실행 취소와 관련된 설정입니다. 작업을 하다 보면 작업한 내용을 이전으로 되돌려야 하는 경우가 많습니다. 이럴 때 사용하는 기능인 실행 취소는 주로 단축키 Ctrl + Z 를 사용합니다. 단축키를 눌러 실행을 취소하다 보면 어느 순간 더 이상 실행 취소가 되지 않습니다. 실행 취소, 즉 앞 단계로 되돌릴 수 있는 횟수가 한정되어 있기 때문입니다. 기본은 20번째 작업까지 되돌릴 수 있지만 최대 150번째 작업까지 되돌릴 수 있도록 설정을 변경할 수 있습니다.

QUICK GUIDE 실행 취소 횟수 변경

파워포인트 실행 후 [파일] 탭 〉[옵션] 메뉴 ➡ PowerPoint 옵션 대화상자에서 [고급] 선택 ➡ 실행 취소 최대 횟수 값 변경 ➡ [확인] 버튼 클릭

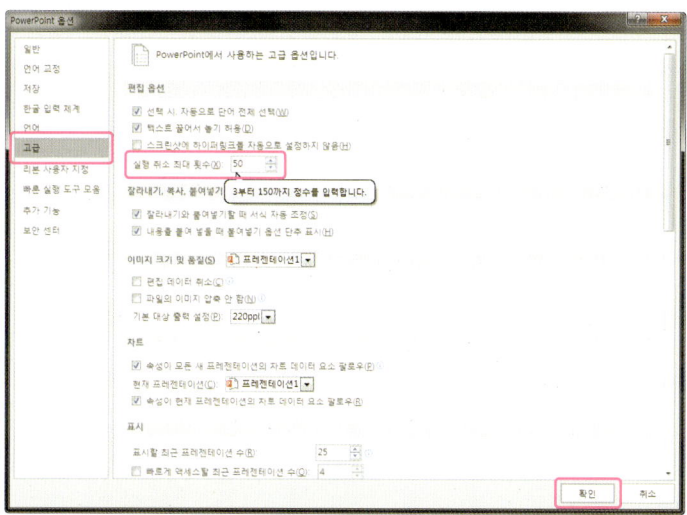

실행 취소 최대 횟수 설정

이어서 파워포인트를 실행했을 때 기본으로 표시되는 제목과 부제목 텍스트 상자를 제거합니다. 방법은 간단합니다. 텍스트 상자 두 개가 모두 포함되도록 범위를 드래그하여 선택한 다음 `Delete` 를 누릅니다. `Ctrl` + `A` 를 눌러 현재 슬라이드에 있는 모든 개체를 선택하고 `Delete` 를 눌러도 됩니다. 모두 오른쪽 슬라이드 영역에서 작업을 실행해야 합니다. 간혹 왼쪽 축소판 영역에서 `Ctrl` + `A` 를 누른 후 `Delete` 를 누르는 경우가 있는데 그렇게 하면 개체가 아닌 모든 슬라이드가 선택되어 삭제되므로 주의합니다.

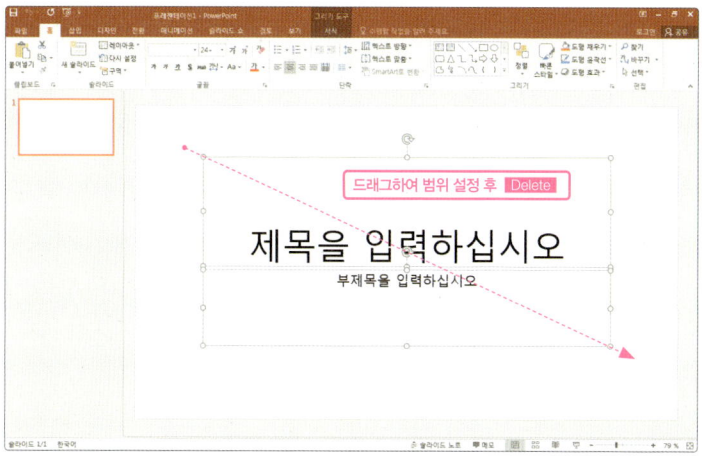

개체 선택 상태

다음으로 디자인 작업을 할 때 슬라이드 영역을 확대하고 축소하는 방법을 알아보겠습니다. 파워포인트로 디자인 작업을 하다 보면 개체의 위치를 정확하게 맞춰야 할 때가 있습니다. 이럴 때는 특정 위치를 최대한 확대해서 작업하는 것이 좋습니다.

파워포인트 오른쪽 아래에는 화면을 확대/축소할 수 있는 슬라이더가 있습니다. 확대/축소 비율을 직접 입력할 수도 있고 슬라이더를 움직여 확대 축소할 수도 있습니다. 하지만 작업 도중에는 마우스 포인터를 움직여 가면서 화면을 확대/축소하기가 여간 번거로운 게 아닙니다. 이럴 때는 `Ctrl` 을 누른 채로 마우스 휠을 움직여 화면을 확대/축소할 수 있습니다. 휠을 위로 굴리면 화면이 확대되고, 아래로 굴리면 축소됩니다. 단, 지나치게 확대하면 개체를 슬라이드 영역과 여백 중간에 배치하거나, 여백 바깥에 배치하기 어려워지므로 여백이 보이도록 확대하는 편이 좋습니다.

꽉 찬 화면   여백을 둔 화면

끝으로 슬라이드를 추가하는 방법을 살펴보겠습니다. 매우 자주 쓰는 기능이므로 알아 두면 유용합니다. 슬라이드를 가장 쉽게 추가하는 방법은 왼쪽 축소판 영역에서 추가할 위치 바로 앞에 있는 슬라이드 축소판을 선택하고 `Enter` 를 누르는 방법입니다. 축소판을 선택하고 `Ctrl` + `C` 를 눌러 복사한 다음 `Ctrl` + `V` 를 눌러 붙여 넣을 수도 있습니다.

용도에 맞게 슬라이드 크기, 눈금선, 눈금자, 안내선 설정하기

파워포인트 기본 설정을 마쳤다면 슬라이드 크기를 설정합니다. 그림을 그릴 때 캔버스 크기를 먼저 정하듯 파워포인트 작업을 할 때도 슬라이드 크기를 미리 정해야 합니다. 슬라이드 크기는 파워포인트 문서가 어디서 어떻게 쓰일지에 따라 달라집니다.

슬라이드 크기를 설정하는 방법은 파워포인트 버전마다 약간씩 다릅니다. 파워포인트 2016이라면 [디자인] 탭의 사용자 지정 영역에 있는 [슬라이드 크기]에서 변경할 수 있습니다. [슬라이드 크기]를 클릭하면 [표준(4:3)], [와이드스크린(16:9)], [사용자 지정 슬라이드 크기] 메뉴가 나타납니다.

QUICK GUIDE 사용자 정의 슬라이드 크기 설정

[디자인] 탭 〉 [슬라이드 크기]−[사용자 지정 슬라이드 크기]

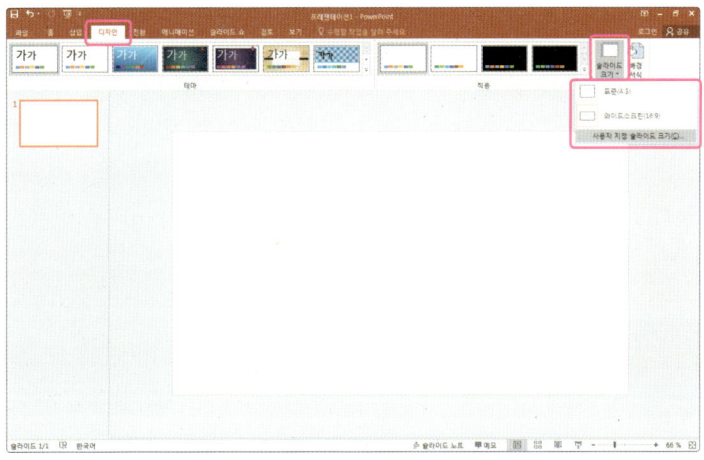

슬라이드 크기 설정

[표준(4:3)]과 [와이드스크린(16:9)]은 일반적인 문서에서 자주 쓰는 크기로 너비와 높이의 비율이 다릅니다. [사용자 지정 슬라이드 크기]는 크기를 자유롭게 지정할 수 있어 카드 뉴스, 포스터, 온라인 배너, 명함 등 디자인이 주가 되는 작업을 할 때 사용합니다.

다양한 크기의 슬라이드 디자인

슬라이드 크기는 자유자재로 조절할 수 있지만 대개는 파워포인트 버전에 따라 4:3이나 16:9 비율이 기본으로 설정되어 있습니다. 최신 버전은 주로 16:9 비율인 와이드스크린에 맞춰져 있습니다.

슬라이드 방향을 가로로 할지 세로로 할지도 정해야 합니다. 방향은 [디자인] 탭의 사용자 지정 영역에 있는 [슬라이드 크기]–[사용자 지정 슬라이드 크기] 메뉴를 선택하면 나타나는 슬라이드 크기 대화상자에서 정합니다. 슬라이드 크기 대화상자에서 슬라이드 너비와 높이를 변경하거나 슬라이드 방향을 [가로] 또는 [세로]로 정할 수 있습니다.

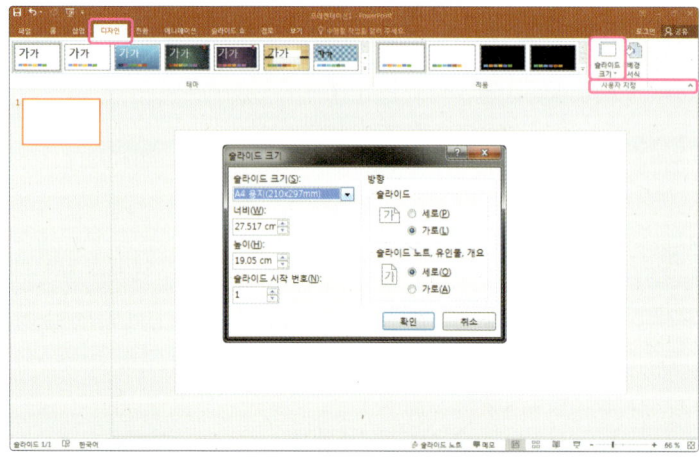

슬라이드 크기 대화상자

슬라이드 크기 대화상자에서 슬라이드 크기와 방향을 바꾸고 [확인] 버튼을 클릭하면 변경한 슬라이드 크기에 맞춰 슬라이드에 배치된 콘텐츠 크기를 한꺼번에 바꾸는 대화상자가 나타납니다. [최대화] 버튼을 클릭하면 콘텐츠가 슬라이드를 가득 채우도록 조정되고, [맞춤 확인] 버튼을 클릭하면 일부에 여백이 생기더라도 콘텐츠가 슬라이드 안에 모두 포함되도록 조정됩니다.

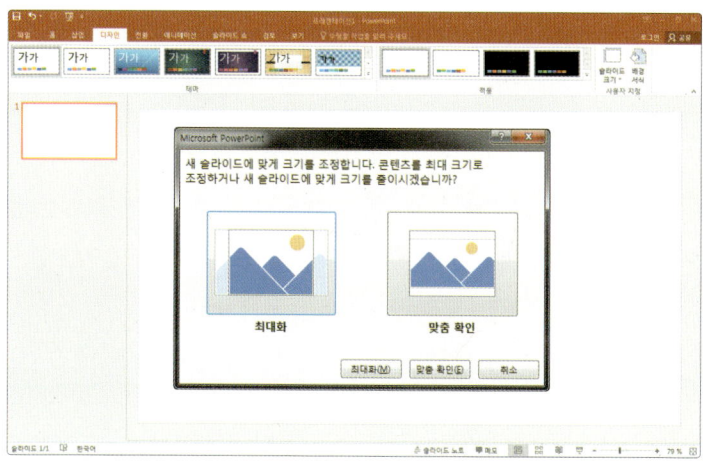

최대화/맞춤 확인 화면

슬라이드 크기와 방향을 정하고 난 다음에는 개체들을 균형 있게 배치하고 정렬하는데 도움을 줄 눈금선, 눈금자, 안내선을 설정합니다.

✿ **눈금선** 눈금선을 사용하면 슬라이드에 개체를 정확히 배치할 수 있고, 기존에 배치한 개체들이 균형감 있게 배치되었는지 쉽게 파악할 수 있습니다.

✿ **눈금자** 개체의 크기나 위치를 정확하게 배치하기 위해 사용합니다. 실제로 눈금자를 이용해 개체 크기를 확인하면서 작업하는 경우는 매우 드물지만, 명찰이나 테이블 명찰 등은 크기를 정확하게 인쇄해야 하므로 눈금자를 쓰면 작업하기 편리합니다.

✿ **안내선** 잘 된 레이아웃(배치)을 참고하거나 앞의 슬라이드에 배치한 개체를 다른 슬라이드에서도 동일한 위치에 배치할 때 유용합니다. 안내선에 맞춰 개체를 배치하거나 기본 배치된 개체에 따라 안내선을 드래그해서 옮길 수도 있습니다. 안내선은 마우스 오른쪽 버튼을 클릭해

삭제하거나 추가할 수 있습니다. 이렇게 배치한 안내선은 현재 파일의 모든 슬라이드에 동일하게 적용되므로 슬라이드 안에서 동일한 위치를 파악할 때 편리합니다.

QUICK GUIDE 눈금자, 눈금선, 안내선 표시

[보기] 탭 〉 표시 영역에서 [눈금자], [눈금선], [안내선] 체크

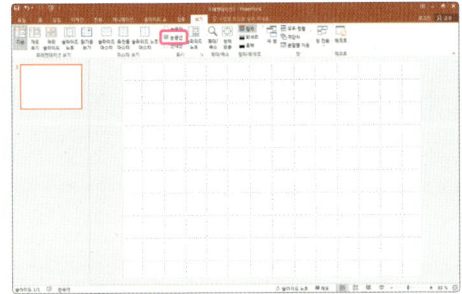

눈금선을 표시한 슬라이드

안내선을 표시한 슬라이드

사용할 폰트와 색상 정하기

파워포인트 문서에서는 텍스트 개체가 많은 비중을 차지합니다. 따라서 텍스트 개체를 보기 좋게 꾸미는 요소인 폰트와 색상도 신경 써야 합니다. 메시지나 상황에 맞는 폰트를 선정하고 색상을 이용해 내용을 구분하고 강조해야 합니다. 슬라이드 디자인에서는 어떤 폰트와 색상을 사용하느냐에 따라 전체 분위기가 달라지므로 폰트와 색상 계획을 미리 준비해야 합니다. 폰트와 색상을 아무런 계획 없이 무분별하게 사용하면 디자인의 통일성이 깨지고, 핵심 메시지를 제대로 전달할 수 없으므로 주의합니다.

폰트 계획 세우기

폰트는 크게 고딕체, 명조체, 굴림체, 궁서체, 손글씨체로 나눌 수 있습니다. 각 폰트의 특징은 다음과 같습니다.

❉ **고딕체** 전문성이 돋보이는 주제나 글에 사용하면 신뢰감을 높일 수 있습니다. 파워포인트 문서는 전문적인 정보를 전달하는 경우가 많으므로 고딕체를 많이 사용하며, 주로 메인타이틀이나 본문에 사용합니다.

❉ **명조체** 내용이 감성적이거나 부드러운 글에 잘 어울립니다. 메인타이틀을 뒷받침하는 서브타이틀에 사용하면 효과적입니다.

❉ **굴림체** 굴림체는 글자 획의 머리와 꼬리가 둥근 모양으로 내용을 부드럽게 전달할 때 적합합니다. 서브타이틀이나 콘셉트를 설명하는 장표에 사용해도 효과적입니다.

❉ **궁서체** 붓글씨 모양으로 진중한 메시지를 전달할 때 적합합니다. 다만 필자가 오랫동안 디자인해 온 경험에 비추어 보면 파워포인트 문서에는 그다지 적합하지 않습니다. 궁서체를 써서 디자인해 달라는 의뢰 역시 한 번도 없었을 정도로 인기가 없는 폰트입니다. 단, 예스러운 느낌을 내야 할 때 사용하면 효과적입니다.

❉ **손글씨체** 가장 가벼운 느낌을 주는 폰트지만 의외로 타이틀에 활용하는 경우도 많습니다. 고딕체와 어울리지 않는 통통 튀고 가벼운 아이디어나 서비스를 알리는 문서라면 타이틀을 손글씨체로 넣어 분위기를 살릴 수 있습니다.

대표적인 폰트는 사용자 컴퓨터나 파워포인트에 기본으로 설치되어 있지만, 전문성을 살린 작업을 해야 할 때는 유료 폰트를 사용하길 권합니다. 가독성과 디자인이 뛰어난 폰트는 유료인 경우가 많기 때문입니다. 한 번 쓸 때는 비용이 부담스럽지만 막상 써 보면 디자인 완성도가 배로 높아져 만족스러운 경우가 많습니다. 더욱이 한 번 사 두면 두루 사용할 수 있고 텍스트 굵기도 다양해 여러모로 활용하기 좋습니다.

무료 폰트도 잘 찾아보면 품질이 뛰어난 폰트가 있으므로 잘 활용하면 좋습니다. 다만 폰트를 새로 설치해서 쓸 때는 저작권을 꼼꼼히 확인하는 습관을 들여야 합니다. 사용 범위나 용도에 따라 유·무료가 달라지고 유료라 하더라도 비용이 달라질 수 있기 때문입니다.

신프로의 추천 폰트

대표적인 무료 폰트인 네이버 나눔체는 네이버 검색 창에서 "네이버 나눔"을 입력하여 찾을 수 있습니다. 네이버 한글한글 아름답게 캠페인(hangeul.naver.com)으로 접속하여 [나눔글꼴] 탭으로 이동하거나, http://hangeul.naver.com/2017/nanum으로 접속하여 [나눔글꼴 모음 설치하기]를 클릭한 후 폰트를 다운로드합니다.

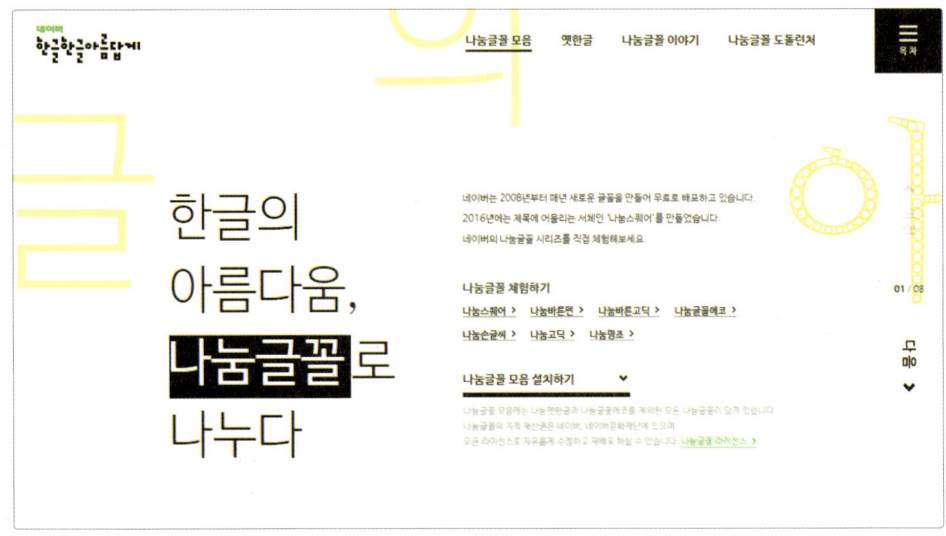

울퉁불퉁해 보이는 폰트 해결하기

워드 문서에 비해 파워포인트 문서는 글자 크기가 큰 편이지만 그렇다고 작은 글자를 쓰지 않는 것은 아닙니다. 내용이 많은 슬라이드라면 글자 크기를 작게 쓰는 경우도 많습니다. 글자를 크게 쓸 때는 상관없는데 작게 쓰면 글자 테두리가 매끈하지 않고 울퉁불퉁해 보이는 현상이 나타날 수 있습니다. 실무에서는 이런 경우에 '깨졌다'라고 말합니다.

신프로의 파워포인트 디자인

테두리가 울퉁불퉁한 글자

신프로의 파워포인트 디자인

테두리가 매끄러운 글자

이 문제를 해결하려면 텍스트를 드래그하고 마우스 오른쪽 버튼을 클릭한 다음 [텍스트 효과 서식] 메뉴를 선택합니다. 슬라이드 영역 오른쪽에 도형 서식 창이 나타나면 [텍스트 옵션 〉 텍스트 채우기 및 윤곽선] 탭에 있는 [텍스트 윤곽선]을 클릭하고 [실선]을 선택한 다음 투명도 옵션을 [100%]로 설정합니다.

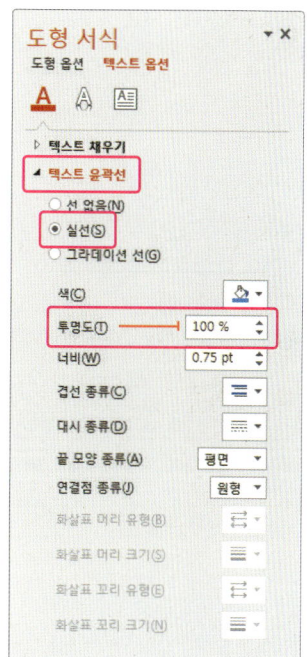

도형 서식 창

깨알Tip [실선]을 선택하고 하위 옵션이 나타나지 않으면 [텍스트 윤곽선]을 클릭해서 접은 다음 다시 펼쳐 보세요.

각 폰트의 특징을 미리 파악해 두고 적절한 폰트를 정합니다. 이때 가장 중요한 것은 각 슬라이드마다 어울리는 폰트를 정하는 것이 아니라는 점입니다. 즉, 전체 슬라이드 디자인이 통일성을 유지할 수 있도록 정해진 규칙에 따라 폰트를 일관되게 사용해야 한다는 점입니다. 이렇게 문서를 작업하기 전에 폰트 계획을 세우는 과정은 파워포인트 문서뿐만 아니라 모든 문서 작업과 디자인 작업에서 동일하게 적용되어야 합니다.

색상 계획 세우기

지인들을 보면 옷을 잘 매치하여 입거나 집안의 소품을 잘 배치하여 보기 좋게 꾸미는 사람이 있습니다. 이런 사람을 자세히 살펴보면 색감이 남달라 다양한 부분에 잘 활용하는 사람이 많습니다. 반면 색에 대한 감각이 떨어지는 사람은 무엇을 해도 촌스럽거나 부족해 보입니다. 색감은 분명 타고난 부분이 있지만 꾸준히 노력하면 충분히 높일 수 있는 감각입니다.

필자 역시 처음 파워포인트를 쓸 때는 촌스러운 색상을 써서 문서를 만든 적이 많았습니다. 하지만 지금은 확실히 달라졌습니다. 평소에 색에 관심을 기울이고 많은 자료를 참고하다 보니 어느 순간 보는 눈이 생겼습니다. 색을 참고할 자료는 눈을 살짝만 돌리면 주위에 널려 있습니다. 유명 브랜드 로고나 각종 프로모션 배너 등만 잘 봐도 큰 도움이 됩니다. 그렇게 참고한 색상 조합을 파워포인트 작업물에 접목만 해도 중간은 합니다.

파워포인트에서 색은 단순히 무언가를 예쁘게 표현하기 위해 쓰는 것이 아닙니다. 문서의 콘셉트를 극대화하거나 목적이나 방향에 따라 결정하기도 합니다. 여름 여행을 계획하는 내용이라면 시원한 바다가 떠오르는 파란색, 가을 관련 프로젝트라면 울긋불긋 물든 단풍잎 색을 쓰곤 합니다. 특정 기업의 프로젝트도 마찬가지입니다. 각 기업마다 색상을 사용하는 규칙이 문서로 따로 마련되어 있을 정도입니다. 따라서 기업 관련 프로젝트라면 기업의 정체성을 잘 드러내는 색상 규칙을 지키면서 문서를 만들어야 합니다.

이렇듯 어떤 문서를 만들 것인가에 따라서 색상 계획을 세우고 작업해야 합니다. 혹시 색감이 심하게 떨어진다고 생각되면 다음 방법을 참고하여 색을 선택하고 문서를 작성해 보기 바랍니다.

첫째, 주변을 돌아보면서 잘된 디자인을 참고하라.
둘째, 어울리는 색을 조합해 놓은 신프로의 색상표를 활용하라.

셋째, 색 추출 프로그램을 사용하여 색을 복사하라.

넷째, 색 조합 사이트를 이용하여 문서에 사용할 색을 결정하라.

신프로의 파워포인트 색상표는 잘된 디자인이나 제안서에서 어울리는 색을 추출하여 조합해 놓은 표입니다.

신프로의 파워포인트 색상표 http://naver.me/FyXgcHXM

활용 방법은 간단합니다. 색상표에서 마음에 드는 조합을 선택하고 파워포인트에서 각 색상에 표시된 RGB 색상 값을 적용하면 됩니다.

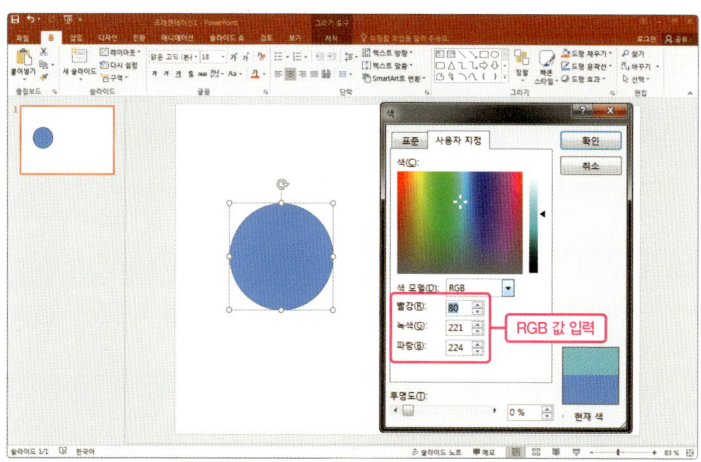

RGB 색상 값 입력하기

RGB는 알파벳 순서대로 Red, Green, Blue를 뜻합니다. 빛의 3원색인 빨강, 초록, 파랑을 혼합하여 색을 나타내는 방식입니다.

QUICK GUIDE | RGB 색상 값 활용하기

• 텍스트 선택 ➜ [홈] 탭 〉글꼴 영역에서 [글꼴 색]–[다른 색]–[사용자 지정] 탭에서 RGB 값 입력

• 도형 개체 선택 ➜ [홈] 탭 〉그리기 영역에서 [도형 채우기]–[다른 채우기 색]–[사용자 지정] 탭에서 RGB 값 입력

신프로의 색상표에 마음에 드는 조합이 없다면 색상 추출 프로그램이나 색 조합 사이트를 이용하길 바랍니다. 색상 추출 프로그램은 컴퓨터 화면에 있는 어떤 색상이든 클릭만 하면 RGB 색상 값을 알아낼 수 있는 프로그램입니다. 다양한 종류가 있지만 필자가 쓰는 프로그램은 무료로 사용할 수 있는 Color Cop(http://colorcop.net/download/)입니다. 검색을 하거나 직접 웹 사이트에 방문해서 다운로드하여 사용할 수 있습니다. 사용 방법은 간단합니다. 스포이트 아이콘을 클릭하고 추출할 색상을 클릭하면 끝납니다.

Color Cop

새로운 프로그램을 설치하기 싫다면 다양한 색 조합 사이트를 이용합니다. 색감이 뛰어나지 않아도 멋진 조합을 만들어 주는 웹 사이트가 있으므로 참고하면 더 나은 디자인을 완성할 수 있습니다.

✿ **Adobe Color CC** [만들기], [탐색], [내 테마] 탭으로 구성되어 있으며 색상 조합을 만들 거나 다양한 조합을 확인할 수 있습니다. 특히 [탐색] 탭에서는 인기도순, 사용 횟수순 등으로 색상 조합을 정렬할 수 있어 선택할 때 도움이 됩니다.

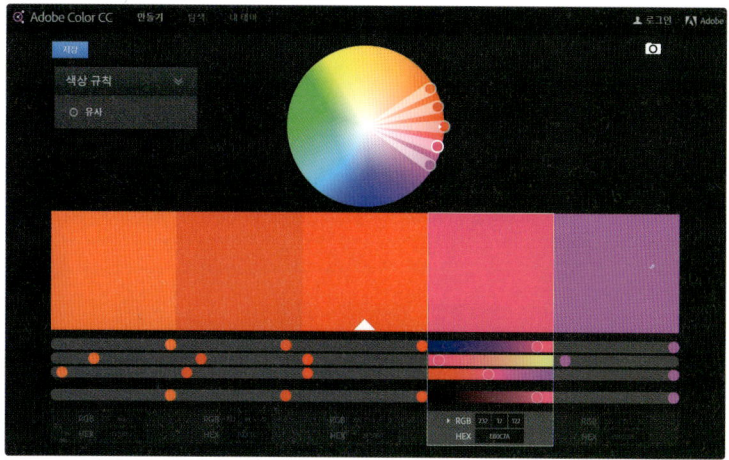

Adobe Color CC https://color.adobe.com

✿ **Design SEEDS** 이미지에서 색상을 추출하여 조합해 둔 사이트입니다. 자연스러운 배색 을 사용하고 싶을 때 참고하면 도움이 됩니다.

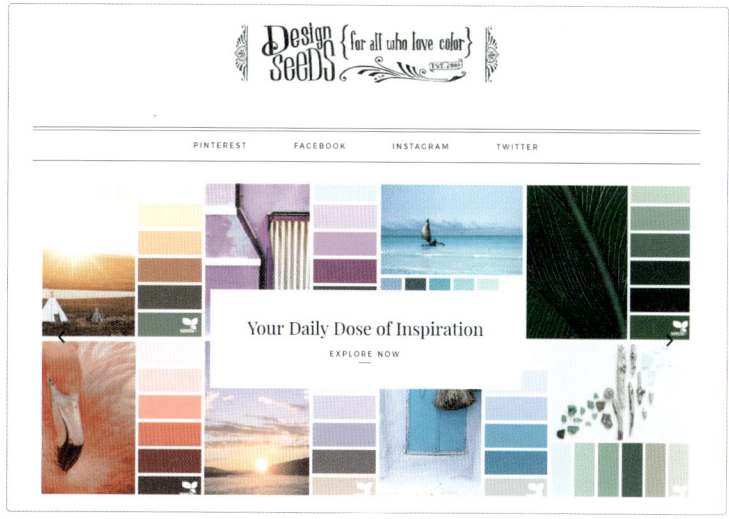

Design SEEDS https://www.design-seeds.com

폰트 및 색상 빠르게 적용하기

폰트와 색상 계획을 세웠다면 실제로 문서를 작업하면서 폰트와 색상을 활용할 수 있도록 돕는 기능을 알아 두면 좋습니다. 바로 서식 복사와 기본 텍스트 상자 설정 기능입니다.

서식 복사 기능은 말 그대로 다른 개체에 적용된 서식을 그대로 복사해서 사용하는 기능입니다. 특정 텍스트 상자에 적용된 글꼴, 색상, 크기 등의 서식을 다른 텍스트 상자에 동일하게 적용할 때 사용합니다. 서식을 복사할 때는 복사할 개체를 선택한 다음 [홈] 탭의 클립보드 영역에서 [서식 복사]를 클릭하고 슬라이드 영역에서 동일한 서식으로 적용할 개체를 선택하면 적용됩니다. 텍스트 상자라면 텍스트 상자 자체를 선택해도 되고 특정 텍스트만 드래그해서 선택해도 됩니다. 서식 복사 기능은 단축키를 이용하면 더 편리합니다. 서식 복사 단축키는 `Ctrl` + `Shift` + `C` 고 서식 붙여 넣기 단축키는 `Ctrl` + `Shift` + `V` 입니다.

기본 텍스트 상자 설정 기능은 새로운 텍스트 상자를 추가할 때마다 사용자가 지정한 글꼴, 색상, 크기가 기본으로 설정되도록 합니다. 원하는 글꼴, 색상, 크기가 설정된 텍스트 상자를 클릭하여 선택한 다음 마우스 오른쪽 버튼을 클릭하고 [기본 텍스트 상자로 설정] 메뉴를 클릭합니다. 새로운 텍스트 상자를 추가하면 앞서 기본으로 설정한 텍스트 상자의 글꼴, 색상, 크기가 적용됩니다.

QUICK GUIDE   서식 복사

- [홈] 탭 〉 [서식 복사] ➡ 개체 선택
- `Ctrl` + `Shift` + `C` ➡ `Ctrl` + `Shift` + `V`

 **텍스트 선택하기**

텍스트의 폰트나 색상 등을 바꿀 때 텍스트를 선택하는 방법에는 두 가지가 있습니다. 먼저 텍스트 상자 안에 있는 모든 텍스트를 동일한 폰트와 색상으로 수정할 때 사용하는 방법입니다. 해당 텍스트 상자의 테두리를 클릭하거나 해당 텍스트 상자가 모두 포함되도록 범위를 드래그해서 텍스트 상자 전체를 선택합니다.

다음은 텍스트 상자 안에 있는 텍스트 중 일부만 꾸밀 때 선택하는 방법입니다. 이럴 때는 해당 텍스트만 드래그해서 선택해야 합니다.

두 가지 방법 중 어느 방법을 이용하든 텍스트의 폰트와 색상을 바꿀 수 있습니다. 다만 텍스트를 선택한 다음 마우스 오른쪽 버튼을 클릭하면 나타나는 바로가기 메뉴가 약간 다릅니다. 상황에 따라 적절한 방법으로 텍스트를 선택하고 글꼴과 색상을 바꾸기 바랍니다.

텍스트 상자를 선택하면 나타나는 바로가기 메뉴

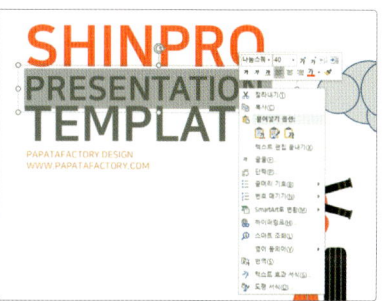

텍스트 일부를 드래그해서 선택하면 나타나는 바로가기 메뉴

간혹 텍스트를 드래그하고 마우스 오른쪽 버튼을 클릭하면 위와 같은 메뉴가 아니라 다음과 같은 메뉴가 나타나곤 합니다. 이 메뉴는 선택한 텍스트에 빨간색 밑줄이 그어졌을 때 나타나는 메뉴로 글자가 맞춤법에 어긋난다는 뜻입니다. 바로가기 메뉴에서 가장 위에 나타나는 메뉴가 맞춤법에 맞도록 제안한 텍스트입니다. 제안한 텍스트로 바꾸려면 해당 메뉴를 선택합니다. 입력한 텍스트가 맞춤법이 맞아도 나타날 수 있습니다. 이럴 때는 [모두 건너뛰기]를 선택하거나 [사전에 추가] 메뉴를 선택합니다.

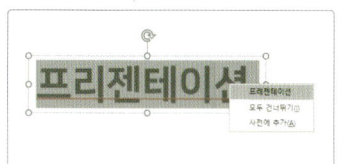

자동 맞춤법 검사

핵심 포인트로
끝내는
파워포인트 디자인

파워포인트에는 수많은 기능이 있습니다. 그만큼 기능을 익히는 데 시간이 오래 걸릴 수 있습니다. 하지만 미리부터 걱정할 필요는 없습니다. 어떤 프로그램이든 주로 쓰는 기능은 정해져 있기 때문입니다. 주요 기능을 익히고 나머지 기능은 필요할 때 천천히 익히면 됩니다. 더욱이 필자만의 작업 노하우와 핵심 포인트를 알고 나면 목적에 맞는 파워포인트 디자인을 쉽게 완성할 수 있습니다.

JUST DO POWER POINT WITH SHINPRO

LESSON

1

텍스트를 강조하는 다섯 가지 방법

파워포인트로 문서를 만들 때 가장 많은 부분을 차지하는 것이 텍스트입니다. 그만큼 텍스트를 잘 활용할 수 있어야 합니다. 화려하고 현란한 기법이 아니라 텍스트를 깔끔하게 배치하고 강조하는 것만으로도 훌륭한 문서를 만들 수 있습니다.

텍스트 강조하기

텍스트를 강조하는 방법은 매우 다양합니다. 쉽고 빠르지만 텍스트를 효율적으로 강조할 수 있는 대표적인 방법 다섯 가지를 살펴보겠습니다. 흔히 디자인을 하라고 하면 단번에 이목을 끄는 화려하고 현란한 디자인을 떠올립니다. 하지만 현란한 디자인은 시각 흐름을 방해해 가독성을 떨어트릴 수 있습니다. 그렇다면 어떻게 해야 할까요? 흔히 볼 수 있는 포털사이트 배너 광고나 포스터 디자인을 보면 텍스트를 어떻게 효과적으로 강조하는지 파악할 수 있습니다.

굵기로 강조하기

색상으로 강조하기, 출처 : 네이버 홍보 배너

굵기와 색으로 강조하기

주변의 디자인 사례를 잘 살펴보면 색상, 크기, 굵기, 그림, 도형을 활용한 방법이 대부분이라는 것을 알 수 있습니다. 파워포인트 디자인도 마찬가지입니다. 이 다섯 가지를 잘 활용하면 텍스트를 효과적으로 강조할 수 있습니다. 필자가 실제로 참여한 기업 프로젝트나 블로그에 공개한 자료를 보더라도 텍스트 강조 방법은 이 다섯 가지가 전부입니다. 특별하거나 현란한 강조법이 아니라 파워포인트 기본 기능만으로 텍스트를 강조하는 다섯 가지 방법을 알아보겠습니다.

 **모방은 창조의 어머니**

파워포인트 문서 작업은 디자인 작업입니다. 그렇다 보니 사용자들은 창의적인 아이디어와 디자인을 하기 위해 많은 시간을 쏟아 붓습니다. 당연합니다. 그럼에도 불구하고 여러분께 당부하고 싶은 말이 있습니다. 바로 '창의적이고 새로운 아이디어를 떠올리려고 너무 애쓰지 말라'는 말입니다.

새로운 아이디어는 많은 것을 보고 참고하고 변형하는 연습이 뒷받침되어야 떠오릅니다. 급하게 생각하지 않아도 됩니다. 천천히 실력을 쌓는 연습을 하세요. 주변에 있는 수많은 것에서 다양한 아이디어를 얻을 수 있습니다. 매일 마시는 유명 커피 브랜드의 컵홀더 디자인, 버스 옆면에 보이는 기업 광고, 검색 포털에 떠 있는 배너 광고, 길거리에 붙은 각종 행사 포스터, 간판 디자인, 친구의 티셔츠 디자인 등 모든 것이 파워포인트 디자인에 활용할 수 있는 아이디어입니다. 왜 아이디어가 떠오르지 않는지 고민하지 말고 주변에 보이는 참고 자료를 따라해 보는 작업부터 시작하세요.

색상으로 강조하기

텍스트를 강조하는 가장 기본적인 방법은 색상입니다. 서로 다른 색상을 사용하여 강조할 수 있습니다. 기본으로 사용하는 텍스트 색상에서 강조하고자 하는 단어나 문장만 다른 색상으로 표현합니다. 단순히 색상만 바꿔도 해당 메시지가 강조됩니다.

색상으로 강조한 이벤트 배너, 출처 : 네이버페이

색상으로 강조한 포스터 디자인

예제 파일 : part2_0001.pptx

QUICK GUIDE 색상으로 강조하기

[홈] 탭 〉그리기 영역에서 [텍스트 상자] 클릭 ➡ 슬라이드 클릭 후 텍스트 입력 ➡ [홈] 탭 〉글꼴 영역에서 글꼴 및 색상 변경

색상으로 강조한 메인타이틀

01 예제 파일을 열고 ①1번 슬라이드를 선택합니다.

02 ②리본 메뉴에서 [홈] 탭을 클릭하고 ③그리기 영역에서 [텍스트 상자] 아이콘을 클릭합니다.

03 ④슬라이드에서 메인타이틀이 들어갈 위치를 클릭하고 텍스트를 입력합니다.

04 ⑤텍스트 상자를 클릭하고 ⑥[홈] 탭의 글꼴 영역에서 글꼴과 크기를 변경합니다.

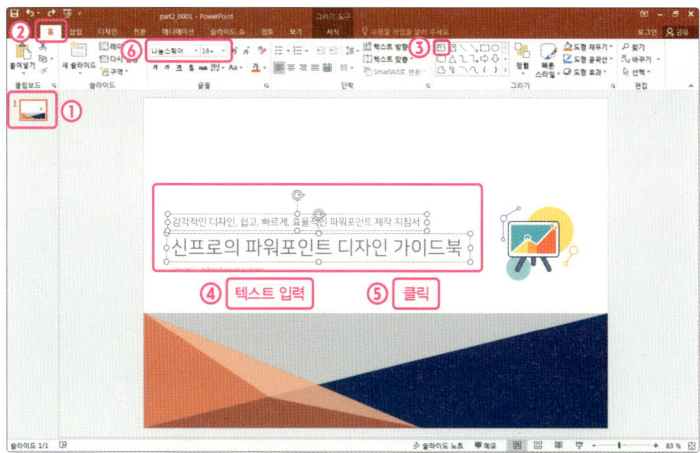

깨알Tip 텍스트 상자는 가로형과 세로형이 있습니다. 텍스트 상자를 삽입할 때는 원하는 위치에서 드래그하여 크기를 지정하지 말고 클릭한 다음 내용을 입력하고 추후에 조정하는 편이 낫습니다. 글자 양이나 글자 크기에 따라 상자 크기가 달라질 수 있기 때문입니다.

05 ⑦텍스트 상자에서 강조할 텍스트만 드래그하여 선택하고 ⑧글꼴 색을 변경합니다.

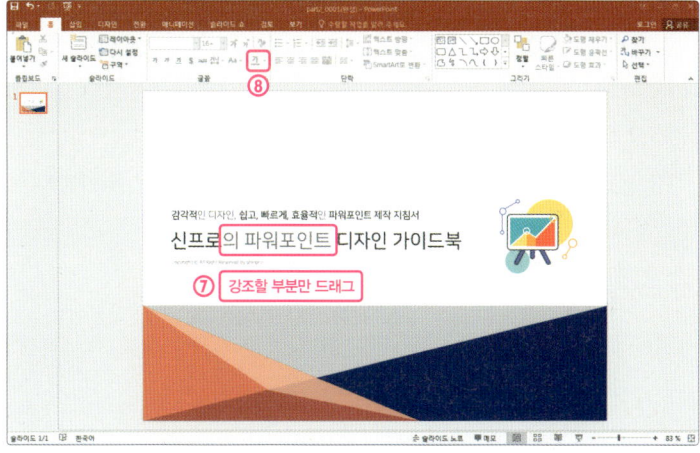

크기로 강조하기

색상만으로는 핵심 메시지가 강조되지 않는다면 글자 크기를 키워서 강조할 수 있습니다. 필자의 경험을 비춰 보면 처음부터 글자 크기를 키워서 강조하는 것보다는 1차로 색상을 이용해 강조하고 부족했을 때 글자 크기를 키워서 강조하는 것이 효과적입니다.

Let`s Start!!

예제 파일 : part2_0002.pptx

QUICK GUIDE 크기로 강조하기

강조할 텍스트 선택 ➡ [홈] 탭 〉 글꼴 영역에서 [글꼴 크기 크게] 클릭

크기로 강조한 메인타이틀

---

01 ①슬라이드에서 강조할 텍스트를 드래그합니다.

02 ②리본 메뉴에서 [홈] 탭을 클릭하고 ③글꼴 영역에서 [글꼴 크기 크게] 아이콘을 클릭합니다.

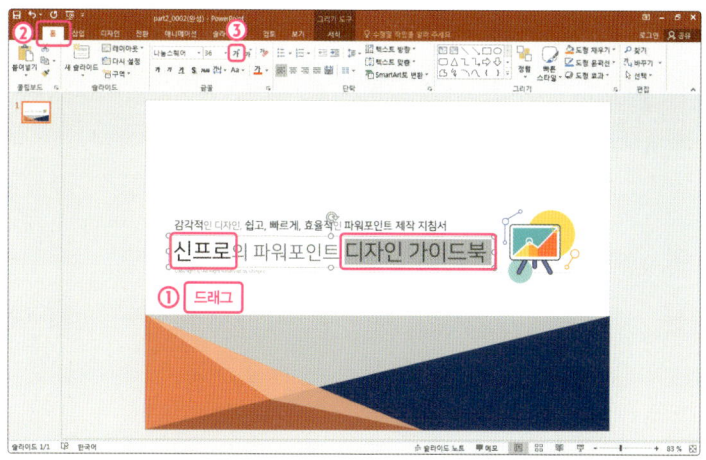

텍스트를 드래그하여 선택할 때 원하는 부분만 드래그하기 어렵다면 선택할 텍스트 앞에 마우스 커서
를 두고 `Shift` + `→` 를 눌러서 선택합니다.

굵기로 강조하기

1단계로 색상을 강조하고 2단계로 크기를 강조했다면 3단계로는 굵기를 강조할 수 있습니다.
폰트 목록을 확인하면 폰트 이름은 같은데 옆에 ExtraBold, Bold, Midium, Light(EB, B,
M, L 또는 숫자로 550, 540, 530, 520)가 붙어 있는 폰트가 있습니다. 바로 폰트가 자체적으
로 제공하는 굵기입니다. 이러한 폰트 굵기를 이용하면 원하는 수준으로 글자를 굵게 만들거나
가늘게 만들어 강조할 수 있습니다. 모든 폰트가 굵은 폰트를 제공하는 것은 아닙니다. 굵은 폰
트를 따로 제공하는 않는 폰트라면 파워포인트에 있는 [굵게] 아이콘을 클릭해서 굵게 만들 수
있습니다. 다만 [굵게] 기능을 이용하면 원하는 굵기보다 굵거나 가늘 수 있습니다.

굵기를 다르게 하여 강조하기

 **Let`s Start!!**

QUICK GUIDE 굵기로 강조하기

강조할 텍스트 선택 ➡ [홈] 탭 〉 글꼴 영역에서 글꼴 변경 또는 [굵게] 클릭

굵기로 강조한 메인타이틀

01 ①메인타이틀에서 강조할 텍스트를 드래그합니다.

02 ②리본 메뉴에서 [홈] 탭의 글꼴 영역에 있는 글꼴을 변경합니다. 여기서는 [나눔스퀘어]를 가장 굵은 [나눔스퀘어 ExtraBold]로 바꿨습니다.

03 같은 방법으로 서브타이틀에서 핵심 메시지를 강조합니다.

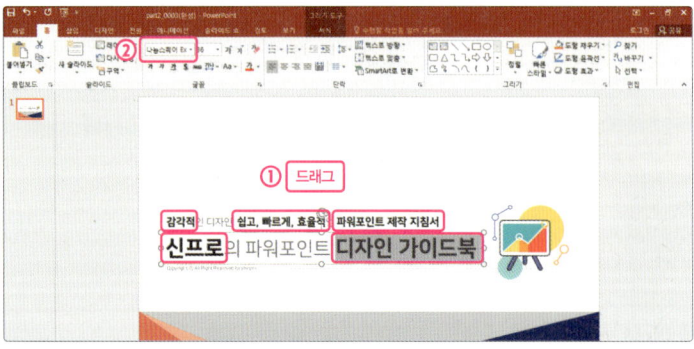

깨알Tip [나눔스퀘어] 글꼴은 네이버에서 무료로 제공하는 폰트입니다. [나눔스퀘어 Bold]는 파워포인트에 있는 [굵게] 기능을 적용한 것과 동일한 굵기로 굵어지고, [나눔스퀘어 ExtraBold]는 더 굵어지므로 더 뚜렷하게 강조됩니다.

그림으로 강조하기

'텍스트를 그림으로 강조한다?' 언뜻 생각하면 텍스트와 텍스트를 설명하는 이미지를 함께 배치한다는 말로 들릴 수 있습니다. 하지만 여기서 말하는 그림으로 강조하기는 텍스트에 그림을 입힌다는 말입니다. 포토샵 같은 이미지 프로그램에서 사용하는 클리핑 마스크와 유사한 개념입니다. 이 기능을 이용해 텍스트를 디자인하면 눈에 띄게 강조하는 효과를 낼 수 있고 시각적인 아름다움까지 표현할 수 있습니다. 물론 문서 전체의 톤앤매너와 어울리는 그림을 활용해야 합니다. 다음 사례를 보면 그림으로 강조하기가 무슨 뜻인지 쉽게 알 수 있을 것입니다.

 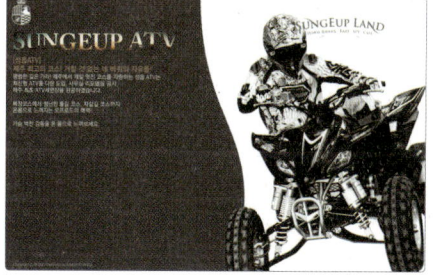

그림으로 강조한 텍스트

 **Let`s Start!!**

예제 파일 : part2_0004.pptx, 0003.jpg

QUICK GUIDE 그림으로 강조하기

강조할 텍스트 선택 ➡ 마우스 오른쪽 버튼 클릭 후 [텍스트 효과 서식] ➡ 도형 서식 창에서 [채우기 및 윤곽선]-[텍스트 채우기]-[그림 또는 질감 채우기]

01 ①예제 파일에서 그림으로 강조할 텍스트를 드래그합니다.

02 ②마우스 오른쪽 버튼을 클릭하고 ③[텍스트 효과 서식] 메뉴를 선택합니다.

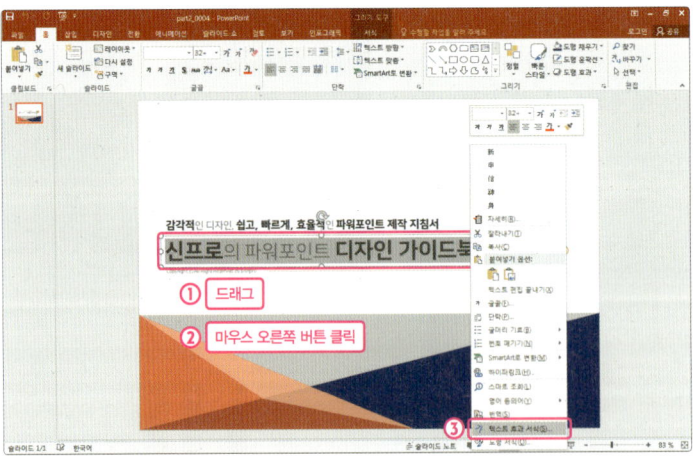

03 ④슬라이드 오른쪽에 도형 서식 창이 나타나면 [텍스트 채우기 및 윤곽선] 아이콘을 클릭하고 ⑤[텍스트 채우기]를 클릭해서 옵션을 펼칩니다.

04 ⑥텍스트 채우기 옵션에서 [그림 또는 질감 채우기]를 선택하고 ⑦[파일] 버튼을 클릭합니다.

05 그림 삽입 창이 나타나면 삽입할 그림을 찾아 선택하고 [삽입] 버튼을 클릭합니다. 여기서는 0003.jpg 파일을 선택합니다.

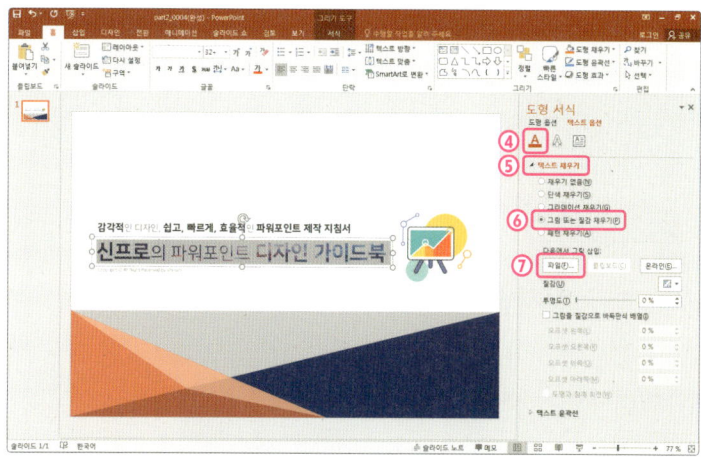

텍스트 채우기 옵션에서 원하는 그림 파일 삽입

도형으로 강조하기

도형을 활용하여 강조할 수도 있습니다. 텍스트에 도형을 조합하면 눈에 확 띄어 강조가 될 뿐만 아니라 형태에 변화가 생겨 디자인 요소로 활용하기도 좋습니다. 텍스트에 텍스트와 색상을 동일하게 맞춘 도형을 배치하면 내용을 자연스럽게 강조할 수 있습니다.

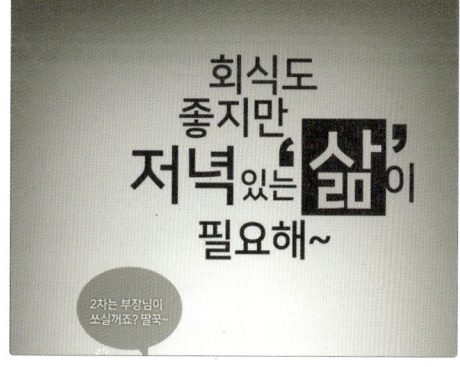

도형을 활용한 강조법

QUICK GUIDE 도형으로 강조하기

[홈] 탭 〉 그리기 영역에서 [직사각형], [타원], [이등변 삼각형] 클릭 ➡ 슬라이드에 도형 삽입 ➡ [서식] 탭 〉 그리기
영역에서 [도형 채우기], [도형 윤곽선] 설정 ➡ 슬라이드에서 도형 크기 변경 후 배치

01 ①[홈] 탭의 그리기 영역에서 [직사각형] 아이콘을 클릭하고 ②슬라이드의 적당한 위치에서 드래그하
여 직사각형을 그립니다.

02 ③[홈] 탭의 그리기 영역에서 [도형 채우기]는 텍스트와 동일한 색상으로 설정하고, ④[도형 윤곽선]
은 ⑤[윤곽선 없음]으로 설정합니다.

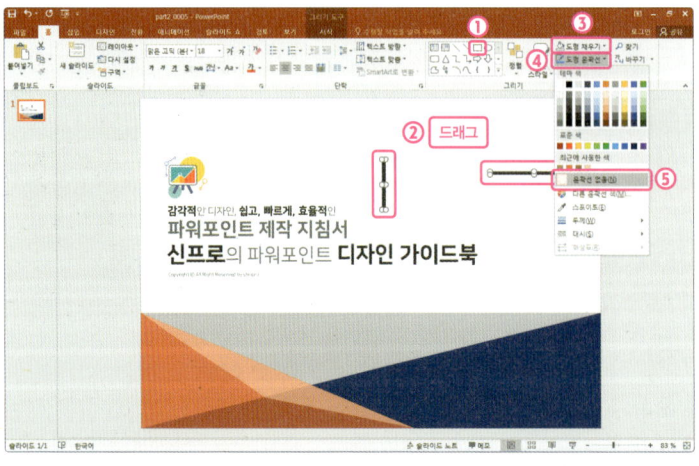

03 ⑥직사각형에 있는 조절점을 드래그하거나 Shift +방향키를 눌러 크기를 적당히 늘리거나 줄이고 텍스트와 자연스럽게 결합되도록 배치합니다. ⑦⑧[타원] 아이콘과 ⑨⑩[이등변 삼각형] 아이콘을 클릭해서 꾸미기용 개체를 준비합니다.

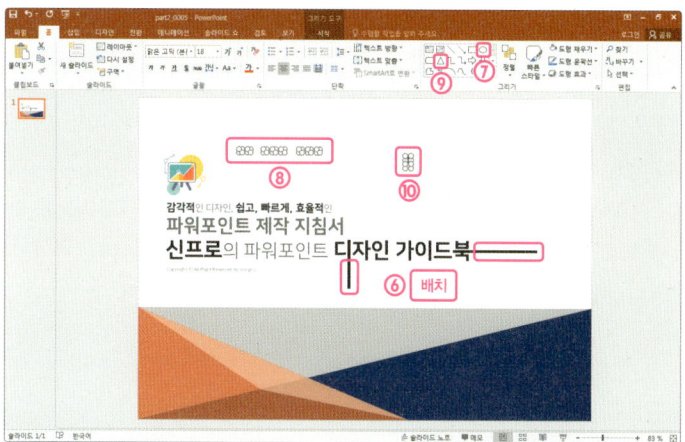

깨알Tip 도형을 옮길 때는 드래그해서 대략 옮길 수도 있지만 Ctrl +방향키를 이용하여 좀 더 정밀하게 옮길 수도 있습니다.

04 타원과 이등변 삼각형을 배치하여 텍스트를 강조하고 장식 효과를 더합니다.

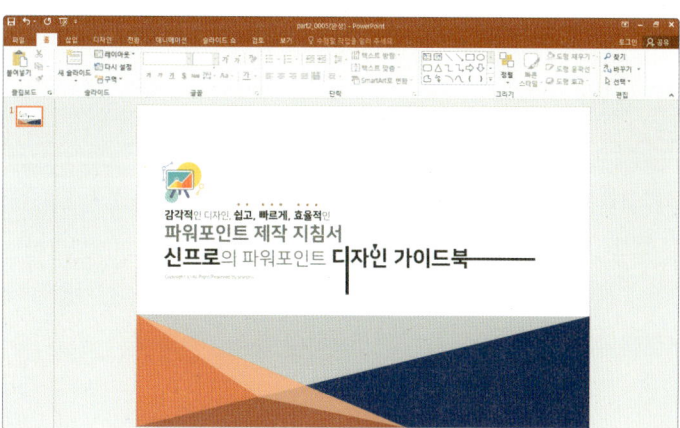

깨알Tip '인' 바로 위에 배치한 장식 도형은 [이등변 삼각형] 아이콘을 변형한 것으로 흰색과 검은색 이등변 삼각형을 겹쳐서 배치한 것입니다. 이등변 삼각형 하나를 만들고 채우기 색과 윤곽선을 검은색과 흰색으로 설정해도 동일한 효과를 낼 수 있습니다.

효과적인 텍스트 활용을 위한 필수 기능

파워포인트에서 제공하는 모든 기능을 알 필요는 없지만 꼭 필요한 기능은 알아 두는 것이 좋습니다. 프로그램에서 제공하는 다양한 기능은 두 번 할 일을 한 번에 할 수 있도록 도와주기 때문입니다. 예를 들어 텍스트와 텍스트 사이 간격을 넓히려고 Space Bar 를 계속 누르기보다는 문자 간격 기능을 이용해서 한 번에 해결하는 게 낫습니다.

지금까지 필자가 파워포인트를 다뤄 보니 텍스트는 네 가지 기능만 알아도 충분히 활용할 수 있습니다. 바로 [문자 간격], [균등 분할], [줄 간격], [텍스트 맞춤]입니다. 이 네 가지 기능은 모두 [홈] 탭의 글꼴 영역과 단락 영역에서 사용할 수 있습니다.

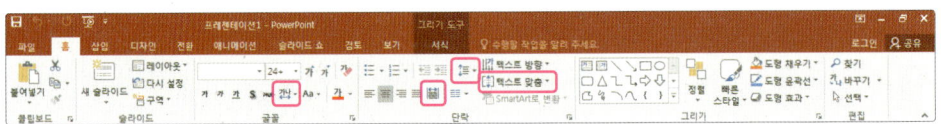

문자 간격 조정하기

[문자 간격]은 텍스트 간격을 빠르게 조정할 때 사용합니다. 총 다섯 가지 옵션이 있는데 [문자 간격] 아이콘을 클릭한 다음 [매우 좁게], [좁게], [표준으로], [넓게], [매우 넓게] 중 하나를 선택할 수 있습니다. 상황에 따라 선택할 수 있지만 주로 [표준으로]와 [좁게]를 사용합니다. 이외에도 [기타 간격]을 선택해서 원하는 만큼 수치를 입력하여 간격을 조정할 수 있습니다.

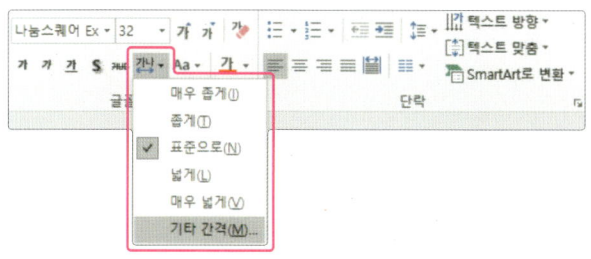

○ 예제 파일 : part2_0006.pptx

QUICK GUIDE 문자 간격

[홈] 탭 〉 글꼴 영역에서 [문자 간격]

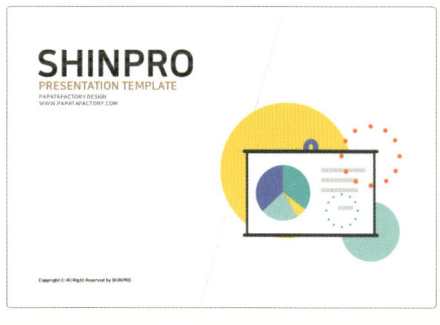

좁게

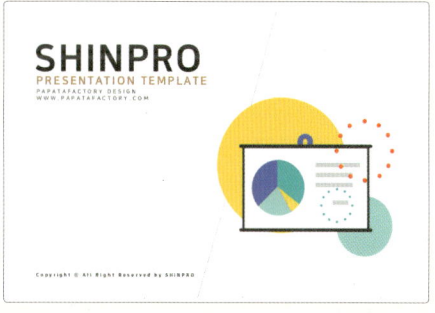

넓게

01 ①②예제 파일 2번 슬라이드에서 범위를 드래그하거나 Shift 를 누른 채로 클릭하여 간격을 조절할 텍스트 상자를 모두 선택합니다.

02 ③[홈] 탭의 글꼴 영역에서 [문자 간격] 아이콘을 클릭하고 ④[좁게]와 [넓게]를 선택하여 차이를 비교합니다.

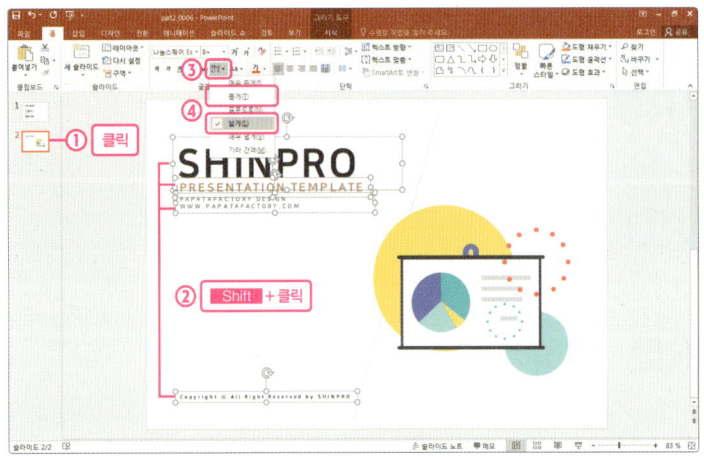

균등하게 분할하기

긴 문장을 여러 줄로 입력했을 때 각 줄마다 텍스트 수가 다르면 가장자리가 들쑥날쑥해 보기 좋지 않습니다. 이럴 때 텍스트 양쪽을 균등하게 맞추는 기능이 [균등 분할] 기능입니다. [균등 분할] 아이콘을 한 번 클릭하면 지정된 영역 양쪽으로 텍스트가 정렬됩니다. 이 기능은 타이틀을 입력할 때 자주 사용하는데 특히 표 안의 텍스트를 정렬할 때 사용하면 효과적입니다.

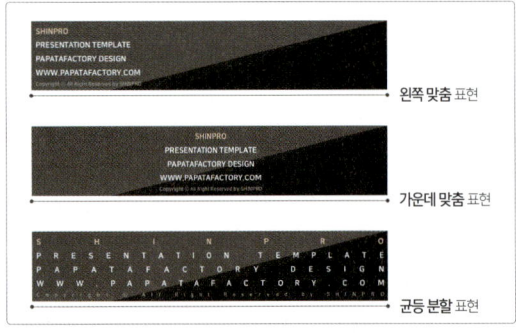

다양한 정렬 방법

QUICK GUIDE 균등 분할

[홈] 탭 〉 단락 영역에서 [균등 분할] 클릭

왼쪽 맞춤

균등 분할

01 ①②예제 파일을 열고 2번과 3번 슬라이드를 각각 확인합니다. 2번 슬라이드는 [왼쪽 맞춤], 3번 슬라이드는 [균등 분할]이 적용된 상태입니다.

02 ③각 슬라이드에서 텍스트 상자를 선택하고 ④[홈] 탭의 단락 영역에서 [왼쪽 맞춤] 또는 [균등 분할] 아이콘을 각각 클릭해서 변화를 살펴봅니다.

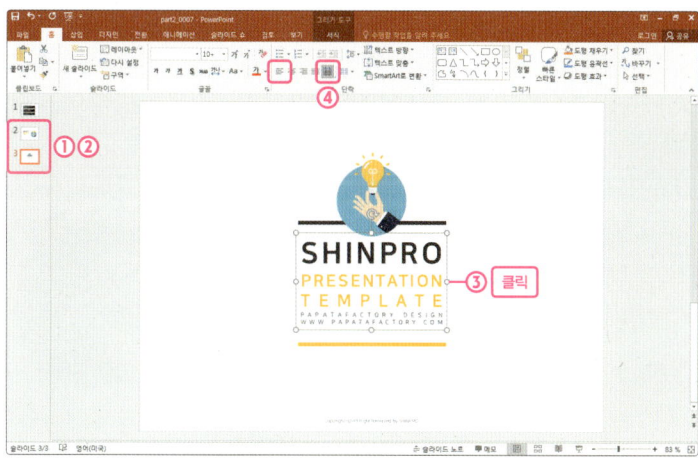

줄 간격 조정하기

[줄 간격] 기능을 이용하면 텍스트 상자에서 Enter 를 눌러 강제로 줄 바꿈을 하지 않고도 줄 간격을 조정할 수 있습니다.

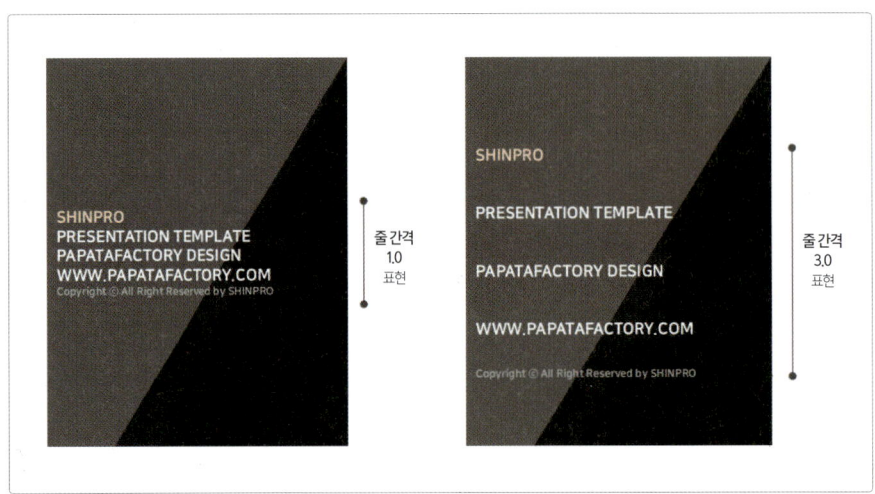

 **Let's Start!!**

📍 예제 파일 : part2_0008.pptx

QUICK GUIDE | 줄 간격

[홈] 탭 〉 단락 영역에서 [줄 간격] 클릭

줄 간격 1.0

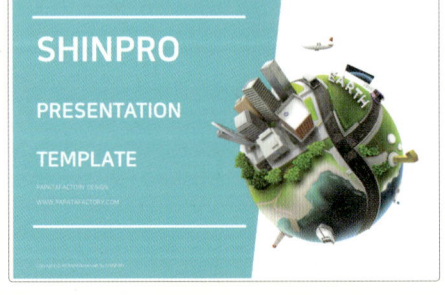

줄 간격 2.0

01 ①②예제 파일을 열고 2번과 3번 슬라이드를 각각 확인합니다. 줄 간격이 2번 슬라이드는 [1.0], 3번 슬라이드는 [2.0]으로 설정되어 있습니다.

02 ③각 슬라이드에서 텍스트 상자를 선택하고 ④[홈] 탭의 단락 영역에서 [줄 간격] 아이콘을 클릭한 다음 ⑤[1.0] 또는 [2.0]을 선택하고 변화를 살펴봅니다.

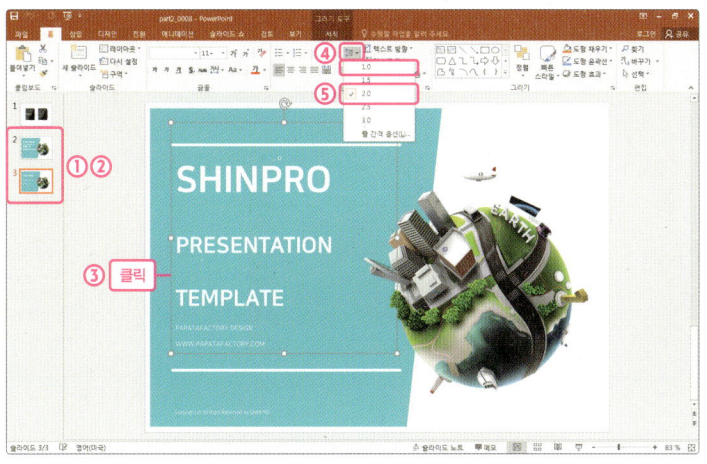

텍스트 위치 맞추기

[텍스트 맞춤]은 텍스트 상자에서 위/아래 여백이 충분할 때 텍스트를 어디에 배치할지 정하는 기능입니다. [위쪽], [중간], [아래쪽] 중 하나를 선택할 수 있으며, [기타 옵션]을 선택해서 여백을 세부적으로 조정할 수 있습니다. 텍스트 상자에서 뿐만 아니라 도형이나 표에서도 텍스트 위치를 맞출 때 유용하게 쓸 수 있습니다.

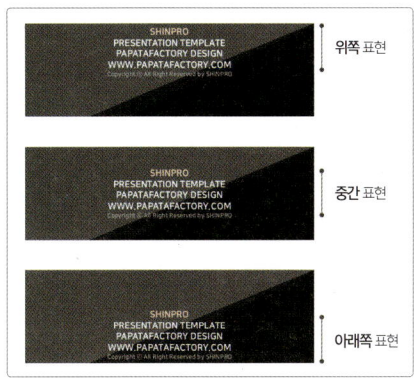

위쪽 표현	중간 표현	아래쪽 표현
SHINPRO PRESENTATION TEMPLATE PAPATAFACTORY DESIGN	SHINPRO PRESENTATION TEMPLATE PAPATAFACTORY DESIGN	SHINPRO PRESENTATION TEMPLATE PAPATAFACTORY DESIGN
20%		
	20%	
		20%
60%		
	60%	
		60%
20%		
	20%	
		20%

 Let`s Start!!

예제 파일 : part2_0009.pptx

QUICK GUIDE 텍스트 맞춤

[홈] 탭 〉 단락 영역에서 [텍스트 맞춤] 클릭

텍스트 위쪽 맞춤   텍스트 중간 맞춤   텍스트 아래쪽 맞춤

01 ①②예제 파일을 열고 2번과 3번 슬라이드를 각각 확인합니다. 2번 슬라이드는 표에서 [텍스트 맞춤]을 설정한 결과고, 3번 슬라이드는 도형에서 [텍스트 맞춤]을 설정한 결과입니다.

02 ③각 슬라이드에서 텍스트 맞춤할 개체를 선택하고 ④[홈] 탭의 단락 영역에서 [텍스트 맞춤] 아이콘을 클릭하고 ⑤위치를 선택합니다.

깨알Tip 표에서 [텍스트 맞춤]을 설정할 때 테두리를 클릭해서 표 전체를 선택하면 모든 셀 안에 있는 텍스트를 동일한 위치로 맞출 수 있고, 특정 셀 안에 있는 텍스트만 드래그해서 선택하면 해당 셀 안에 있는 텍스트만 텍스트 맞춤으로 위치를 변경할 수 있습니다.

텍스트 배열로 디자인하기

앞서 배운 텍스트 관련 기본 기능만 잘 활용해도 같은 내용을 다른 느낌으로 디자인할 수 있습니다. 집을 꾸밀 때 꽃병과 액자를 어디에 배치하느냐에 따라 집안 분위기가 달라집니다. 마찬가지로 슬라이드 디자인에서도 텍스트를 어디에 어떻게 배열하느냐에 따라 슬라이드 느낌이 달라집니다. 다음 예시는 part2_0010.pptx 예제 파일에서도 확인할 수 있습니다.

텍스트를 왼쪽 맞춤하고 슬라이드 한쪽으로 치우쳐 배치하기

텍스트를 균등 분할하고 가운데 배치하기

텍스트를 한 줄로 나열하기

텍스트 각도를 기울여 표현하기

깨알Tip 텍스트 상자나 도형 등의 개체를 기울일 때는 개체를 클릭하고 개체 위쪽에 표시되는 회
전 아이콘을 드래그합니다.

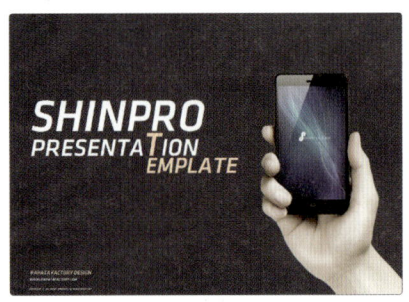

텍스트를 겹쳐 표현하기

다방면으로 유용한 도형 활용하기

도형은 파워포인트 디자인을 할 때 빼놓을 수 없는 개체입니다. 도형을 활용할 때 중요한 것은 도형의 크기와 색상입니다. 같은 도형이라도 얼마나 크게 배치하고 어떤 색상을 쓰느냐에 따라 전혀 다른 느낌을 낼 수 있습니다. 도형은 장식 요소뿐만 아니라 배경을 만들거나 도식을 만들 때도 활용할 수 있습니다. 이미지와 겹쳐 배치하여 필터처럼 활용할 수도 있습니다. 도형을 다루는 핵심 기능인 도형 변형과 투명도 효과를 자세히 살펴보겠습니다.

도형 변형하기

[홈] 탭에 있는 그리기 영역에서는 직사각형, 타원, 화살표 등 기본 도형을 다양하게 제공합니다. [도형 변형]은 기본 도형 이외의 도형을 표현하고 싶거나 기본 도형의 모양을 살짝 변형하고 싶을 때 사용하는 기능입니다. 도형을 변형하는 가장 효과적인 방법은 [점 편집]과 [도형 병합]입니다.

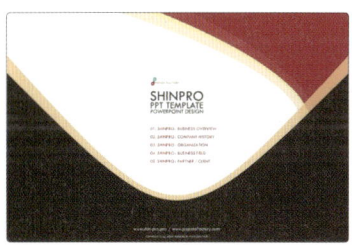
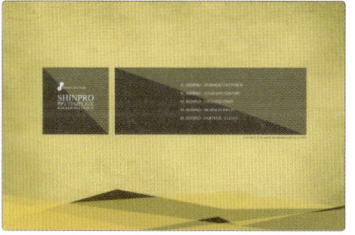

도형의 다양한 변형

점 편집으로 도형 변형하기

[점 편집]은 도형의 꼭짓점 위치를 변경하거나 직선을 곡선으로 변형하여 도형 모양을 자유롭게 변형하는 기능입니다. 심지어 변에 새로운 꼭짓점을 추가하거나 꼭짓점을 삭제할 수도 있습니다. 포토샵 작업 중 하나인 패스 편집 기능과 유사합니다.

점 편집으로 만든 도형

 **Let`s Start!!**

예제 파일 : part2_0011.pptx

QUICK GUIDE 점 편집

- 편집할 도형 선택 ➡ 마우스 오른쪽 버튼 클릭 후 [점 편집]
- 편집할 도형 선택 ➡ [서식] 탭 〉 도형 삽입 영역에서 [도형 편집]-[점 편집]

 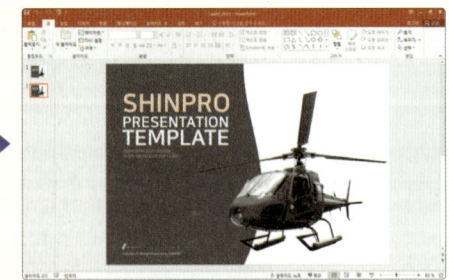

01 ①예제 파일을 열고 1번 슬라이드에서 배경으로 사용한 직사각형을 클릭합니다.

02 ②마우스 오른쪽 버튼을 클릭하고 ③[점 편집] 메뉴를 선택합니다.

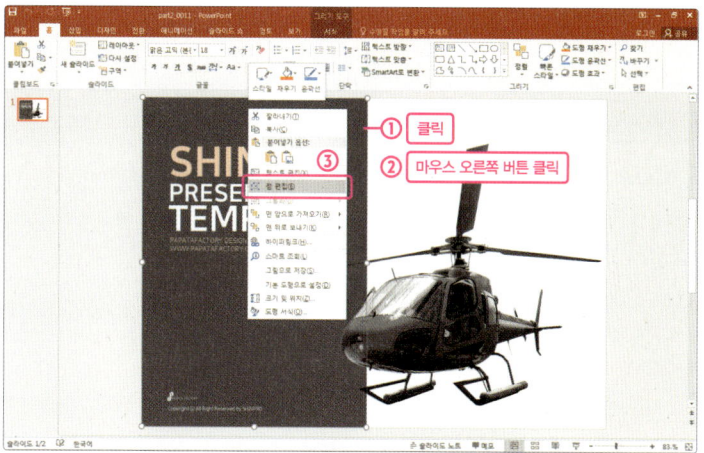

03 점 편집 상태가 되면 각 꼭짓점이 검은색 조절점으로 바뀝니다. ④오른쪽 아래에 있는 조절점을 클릭합니다. 선택한 조절점 양쪽으로 흰색 방향점이 나타납니다. ⑤위쪽에 있는 방향점을 오른쪽으로 살짝 드래그합니다. 직선이 곡선으로 바뀝니다.

04 ⑥이번에는 오른쪽 위에 있는 조절점을 클릭하고 ⑦아래쪽에 표시된 방향점을 살짝 왼쪽으로 드래그하여 볼록한 모양을 만듭니다. 점 편집 두 번으로 기본 도형이 완성도 높은 디자인 요소로 바뀌었습니다.

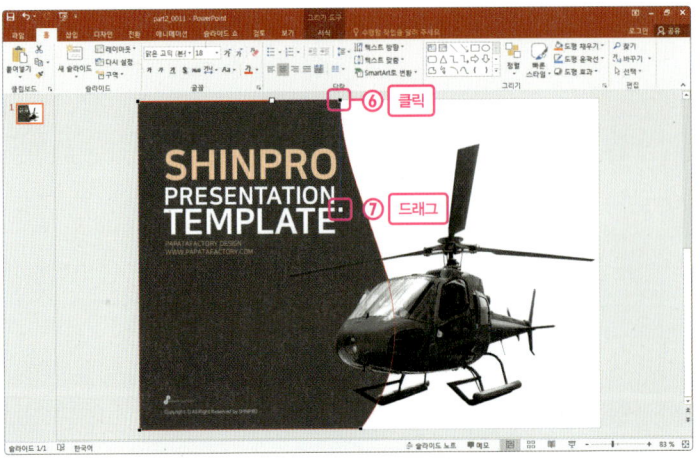

도형 병합으로 변형하기

[점 편집]으로 원하는 모양을 자유자재로 만들려면 손이 익을 때까지 어느 정도 연습을 해야 합니다. 조절점과 방향점을 움직였을 때 모양이 어떻게 바뀔지 정확하게 이해하고 있어야 하기 때문입니다. [점 편집]에 비해 [도형 병합]은 밑그림만 잘 그리면 원하는 모양을 쉽게 만들 수 있습니다. [도형 병합]은 [병합], [결합], [조각], [교차], [빼기] 중 하나를 선택할 수 있습니다.

도형 병합으로 만든 구름

도형 병합으로 만든 교집합 도식

QUICK GUIDE 도형 병합

병합할 도형 선택 ➡ [서식] 탭 〉 도형 삽입 영역에서 [도형 병합]–[병합] 선택 ➡ 도형 스타일 영역에서 [도형 윤곽
선]–[윤곽선 없음] 선택

01 예제 파일 1번 슬라이드를 열면 타원 뭉치 세 덩이가 구름 형태로 모여 있습니다. ①가장 왼쪽에 있는
타원 뭉치를 드래그하여 선택합니다.

02 ②[서식] 탭의 도형 삽입 영역에서 [도형 병합] 아이콘을 클릭하고 ③[병합] 메뉴를 선택합니다.

깨알Tip 구름 모양 타원 뭉치는 [홈] 탭의 그리기 영역에 있는 [타원] 아이콘을 클릭해서 타원을 여러 개 그린
다음 뭉게구름처럼 겹쳐서 만들 수 있습니다.

03 타원 뭉치가 도형 하나로 병합되었습니다. ④[서식] 탭에 있는 도형 스타일 영역에서 [도형 윤곽선] 아

이콘을 클릭하고 ⑤[윤곽선 없음] 메뉴를 선택합니다. 병합된 도형의 윤곽선이 사라집니다.

04 같은 방법으로 나머지 구름 뭉치도 병합하고 윤곽선을 없애 구름 모양으로 만듭니다.

도형 병합의 다양한 메뉴 살펴보기

도형 병합 기능을 잘 활용하면 다양한 도형을 손쉽게 만들 수 있습니다. 앞에서는 병합 기능만 활용했지만 복잡하고 기하학적인 도형을 만들려면 다른 기능도 적절히 활용할 수 있어야 합니다. 다음과 같이 타원을 겹쳐 놓은 상태에서 각 메뉴를 적용하면 어떻게 바뀌는지 살펴보겠습니다.

도형 병합 적용 전(타원을 겹친 상태)

✿ **병합** 여러 개체를 도형 하나로 합치는 기능입니다. 수학에서 말하는 합집합 개념과 유사합니다.

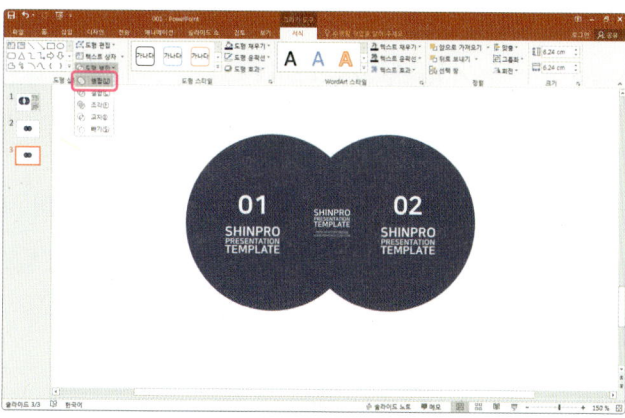

✿ **결합** 선택한 개체에서 겹쳐진 부분을 삭제하고 나머지 부분을 하나로 합치는 기능입니다. 수학에서 말하는 교집합 개념과 유사합니다.

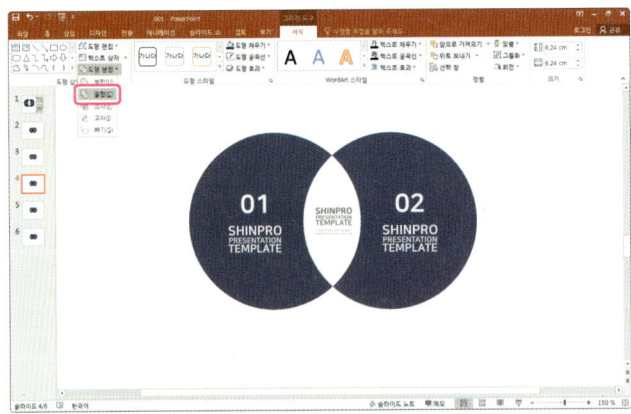

교집합을 표현하려면 결합 기능을 이용해도 되지만 투명도를 이용할 수도 있습니다. 투명도를 적용한 도형을 서로 겹치면 겹쳐진 부분의 색이 짙어지는 특징을 이용하는 방법입니다. 결합 기능을 이용하지 않고 각각의 원형에 투명도를 적용한 후 일부분을 겹치면 셀로판지를 여러 장 겹친 것처럼 겹친 부분만 짙게 표현됩니다.

✿ **조각** 겹치는 부분의 테두리를 기준으로 각 부분을 조각으로 분리하는 기능입니다. 이 기능을 사용하면 교집합을 좀 더 쉽게 표현할 수 있습니다.

✿ **교차** 교차는 결합과 반대로 겹치는 부분만 남기는 기능입니다. 점 편집으로 표현하기 어려운 도형은 교차 기능을 이용하면 쉽게 만들 수 있습니다.

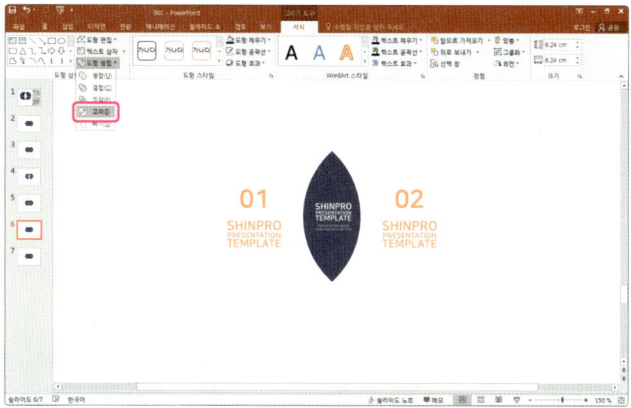

✿ **빼기** 빼기 기능은 먼저 선택한 도형에서 나중에 선택한 도형과 겹쳐진 부분을 제거하는 기능입니다. 선택한 개체 중 가장 먼저 선택한 도형이 빼기 기능을 적용하는 기준이 됩니다.

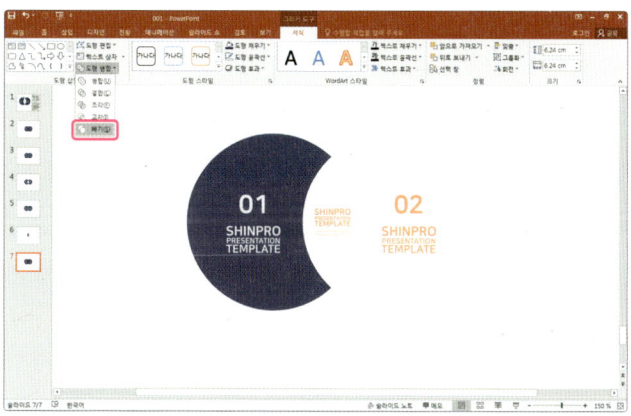

도형의 투명도 효과 활용하기

도형의 투명도 효과는 도형에 배경이 비쳐 보이게 하거나 도형과 도형을 겹쳐 표현할 때 사용합니다. 투명도 효과를 적용한 두 도형을 겹치면 겹친 부분이 겹치지 않은 부분보다 짙게 나타납니다. 이러한 특징을 잘 활용하면 도식을 디자인할 때 공통적인 내용을 효과적으로 표현할 수 있습니다.

투명도 효과는 이미지 위에 텍스트를 입력할 때도 유용합니다. 이미지 바로 위에 텍스트를 입력하면 텍스트가 화려한 색상이나 무늬에 묻혀 가독성이 떨어집니다. 이럴 때는 이미지 위에 투명도를 적용한 단색 도형을 배치하고 그 위에 텍스트를 입력하여 가독성을 높일 수 있습니다.

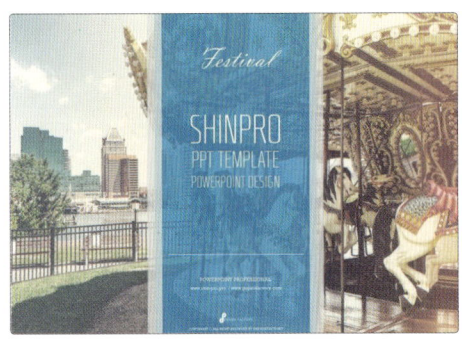

투명도를 활용한 다양한 사례

디자인 요소 만들기

투명도가 적용된 개체를 서로 겹쳤을 때 진한 정도가 다르게 표현되는 특징을 활용해 보겠습니다. 색상이 같은 개체를 여러 개 겹쳐서 배치한 다음 투명도를 적용하면 색상이 서로 다른 개체를 조화롭게 겹쳐 놓은 듯한 효과가 납니다.

도형에 투명도를 적용하지 않았을 때

도형에 투명도를 적용했을 때

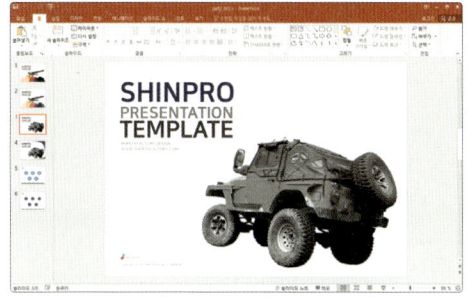

도형을 활용하지 않은 배경 디자인

투명도를 적용한 도형을 활용한 배경 디자인

Let's Start!!

예제 파일 : part2_0013.pptx

QUICK GUIDE 투명도 적용

[홈] 탭 〉 그리기 영역에서 [도형 채우기]-[다른 채우기 색] ➡ 색 대화상자에서 투명도 변경 ➡ [홈] 탭 〉 그리기 영역에서 [도형 윤곽선]-[윤곽선 없음]

투명도 적용 전

투명도 적용 후

01 ① ②5번 슬라이드에서 그룹으로 묶인 맨 왼쪽 도형을 클릭합니다. ③[홈] 탭의 그리기 영역에서 [도형 채우기]-[다른 채우기 색]을 선택합니다.

02 ④색 대화상자가 열리면 [사용자 지정] 탭을 클릭하고 ⑤색 모형이 [RGB]인 상태에서 색상 값을 [40, 45, 88], ⑥투명도를 [80%]로 설정한 다음 ⑦[확인] 버튼을 클릭합니다.

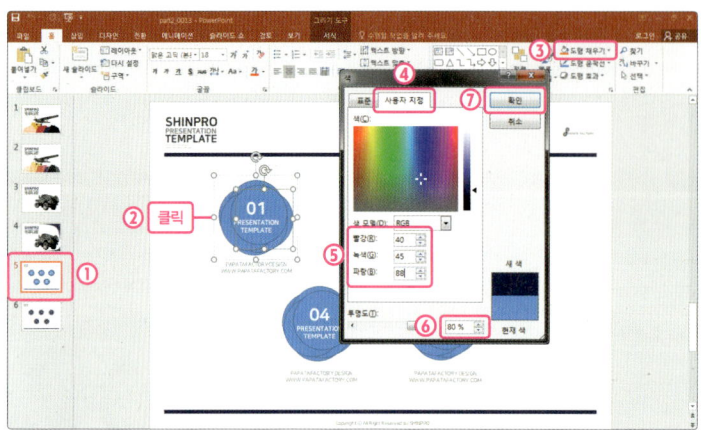

깨알Tip 슬라이드에 보이는 개체를 그리려면 [홈] 탭의 그리기 영역에 있는 [타원]을 이용해 정원을 여러 개 그립니다. 정원을 상하좌우로 조금씩 튀어나오도록 겹쳐서 배치하고 그룹으로 묶습니다(**Ctrl** + **G**). 타원을 그릴 때 **Shift** 를 누른 채로 드래그하면 정원이 그려집니다.

03 ⑧[홈] 탭의 그리기 영역에서 [도형 윤곽선]-[윤곽선 없음]을 선택합니다. 윤곽선이 사라지면 텍스트 크기를 조절하여 개체를 완성합니다. 같은 방법으로 나머지 개체도 그림과 같이 만듭니다.

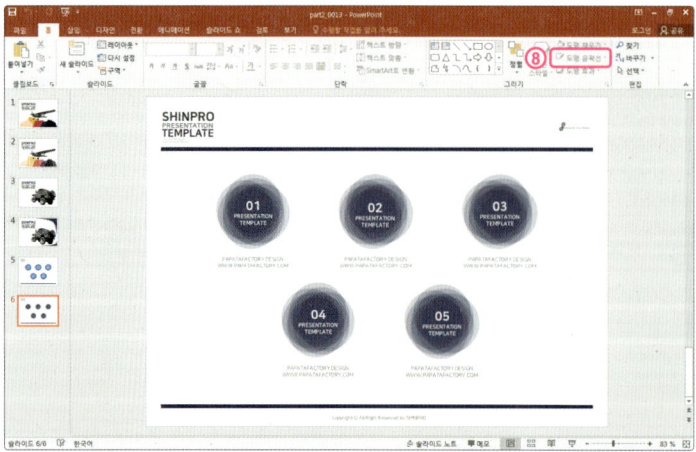

필터 효과처럼 활용하기

투명도를 적용한 도형 개체를 이용하면 밑에 깔린 이미지의 색감을 정리하고 동시에 위에 놓인 텍스트의 가독성을 높일 수 있습니다. 이처럼 투명도를 적용한 개체를 다른 개체 사이에 놓아 필터처럼 쓸 수 있습니다. 서로 다른 내용을 구분 짓거나 톤앤매너를 맞추는 데 효과적으로 활용할 수 있습니다.

◉ 예제 파일 : part2_0014.pptx

QUICK GUIDE 필터로 사용하기

[홈] 탭 〉 그리기 영역에서 [직사각형] 도형 선택 ➡ 이미지 위에서 드래그 ➡ [홈] 탭 〉 그리기 영역에서 [도형 채우기]-[다른 채우기 색] ➡ 색 대화상자에서 투명도 적용 ➡ 그리기 영역에서 [도형 윤곽선]-[윤곽선 없음]

 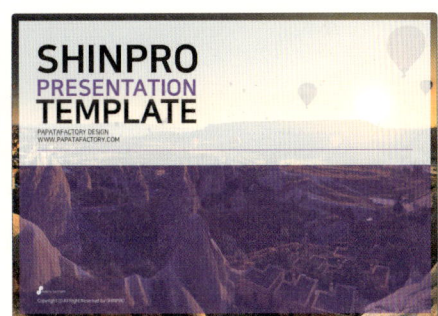

01 ①3번 슬라이드를 열고 ②[홈] 탭의 그리기 영역에서 [직사각형]을 클릭합니다.

02 ③슬라이드 아래쪽 절반 정도가 가려지도록 드래그해서 직사각형을 그립니다. ④[홈] 탭의 그리기 영역에서 [도형 윤곽선] – [윤곽선 없음]을 선택합니다. ⑤[도형 채우기] – [다른 채우기 색]을 선택하고 ⑥색 대화상자에서 색상 값을 [112, 48, 160], ⑦투명도를 [40%]로 설정하고 ⑧[확인] 버튼을 클릭합니다.

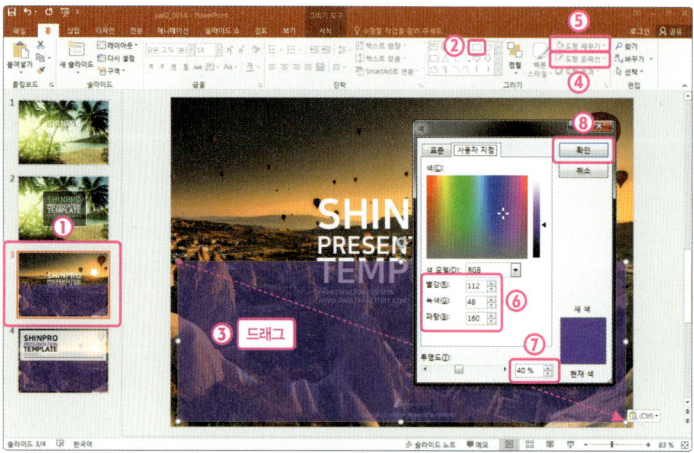

03 ⑨직사각형을 복사해서(⎡Ctrl⎤ + ⎡C⎤) 붙여 넣고(⎡Ctrl⎤ + ⎡V⎤) ⑩색상을 흰색(255, 255, 255)으로 변경한 다음 위쪽에 배치합니다. ⑪배치한 직사각형 두 개를 선택하고 ⑫[홈] 탭의 그리기 영역에서 [정렬] – [뒤로 보내기]를 두 번 정도 실행하여 직사각형을 타이틀과 배경 이미지 사이에 배치합니다.

04 타이틀 텍스트의 색상 및 위치를 적당하게 조절하여 슬라이드를 완성합니다.

깨알Tip 개체 순서는 106쪽에서 자세히 다룹니다.

연결, 구조, 강조, 디자인 요소로
선 활용하기

직선 하나도 훌륭한 디자인 요소가 될 수 있습니다. 심플하고 간결함을 표현하고 싶을 때 얇은 직선 하나를 추가해 보세요. 필자의 관점에서 선은 연결, 구분, 강조, 디자인 요소로 활용할 수 있습니다. 네 가지 관점을 가지고 간단한 선 편집 방법을 익히면 도식을 표현하거나 표를 작업할 때 유용하게 활용할 수 있습니다.

선 그리고 편집하기

먼저 간단한 선 편집 방법을 알아보고 연결, 구분, 강조, 디자인 요소의 관점에 따라 선을 활용해 보겠습니다. 다음 사례는 part2_0015.pptx 예제 파일에서도 확인할 수 있습니다.

[홈] 탭의 그리기 영역에는 직선, 화살표, 곡선 등이 있습니다. 선의 종류를 선택하고 슬라이드에서 드래그하면 선을 쉽게 그릴 수 있습니다. [도형 윤곽선]을 클릭하면 나타나는 하위 메뉴를 이용해 선을 쉽게 편집할 수 있습니다.

선 두께 편집

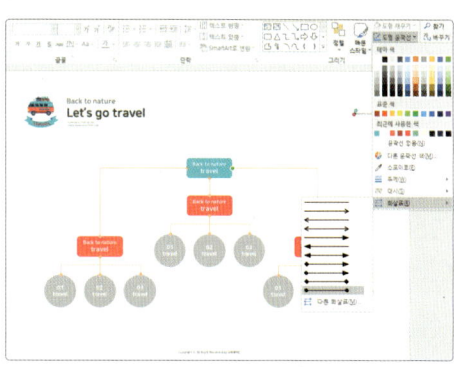

화살표 종류 편집

[도형 윤곽선]-[두께(대시)]-[다른 선]을 선택하면 나타나는 도형 서식 창에서는 선을 훨씬 더 다양한 형태로 편집할 수 있습니다.

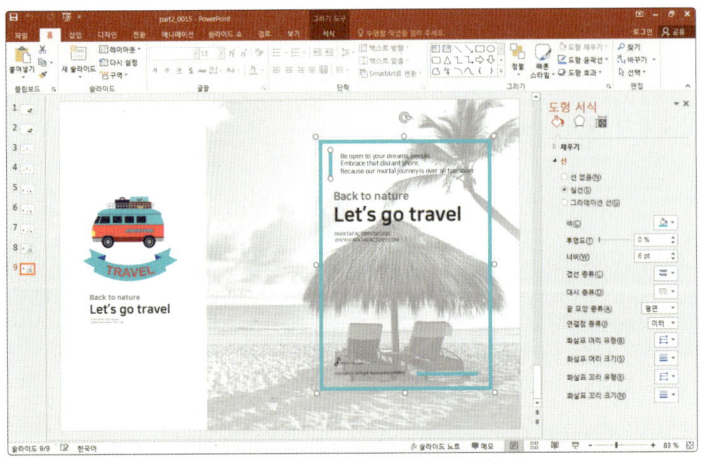

도형 서식 창의 다양한 선 편집 옵션

QUICK GUIDE | **선 그리고 편집하기**

[홈] 탭 〉 그리기 영역에서 다양한 선 종류 선택 ➡ 슬라이드에서 드래그 ➡ [홈] 탭의 그리기 영역에서 [도형 윤곽선]-[두께], [대시], [화살표] 선택

선의 쓰임새 알기

선을 그리는 방법과 편집하는 방법을 알면 다음과 같이 다양한 용도로 쓸 수 있습니다. 개체와 개체를 연결하는 선부터 디자인 요소로 활용할 수 있는 선까지 선의 다양한 용도를 알아보겠습니다.

선으로 연결하기

선을 활용해 개체와 개체의 연결을 표현합니다. 다음과 같이 회사 조직도에서 흔하게 볼 수 있는 형태가 선의 연결입니다. 이외에도 이미지에 대한 설명이나 특정 부분을 가리키며 설명할 때도 선을 활용해 디자인할 수 있습니다.

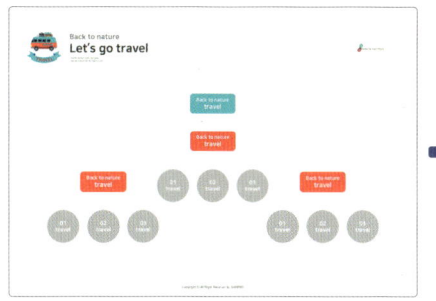

조직도의 흐름을 선으로 연결하기

메시지와 이미지를 선으로 연결하기

선으로 구분하기

서로 다른 내용이나 개체를 구분할 때 선을 이용하여 효과적으로 디자인할 수 있습니다. 다음과 같이 상위 개념과 세부 내용을 구분할 때도 선 하나를 넣어 깔끔하게 정리할 수 있습니다. 이처럼 위와 아래, 왼쪽과 오른쪽, 대각선 등 개체들의 위치나 배치에 따라 선을 적절히 넣으면 내용이 깔끔하게 정리됩니다.

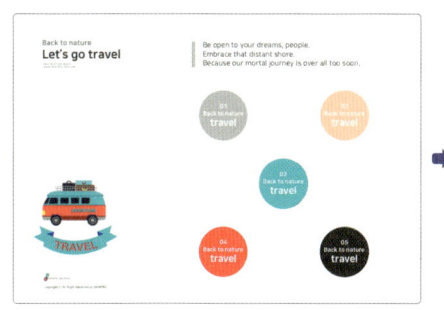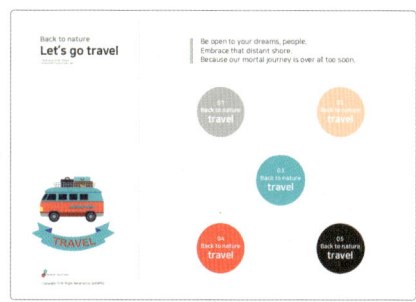

선으로 도식과 타이틀 영역을 구분

선으로 강조하기

중요한 텍스트에 밑줄을 긋거나 이미지나 도형 개체에 윤곽선을 넣어 원하는 부분을 강조할 수 있습니다. 단 이미지나 도형에 윤곽선을 넣을 때는 색상과 두께를 적절하게 설정해야 합니다. 자칫하면 강조하려는 내용보다 윤곽선이 도드라져 보일 수 있으므로 주의합니다.

두꺼운 테두리로 도식 강조

디자인 요소로 활용하기

선은 연결, 구분, 강조하는 데 쓸 수 있지만 디자인 요소로도 쓸 수 있습니다. 문서 전체의 도형 안쪽에 그어진 선, 톤앤매너를 맞추기 위해 반복해서 사용한 선, 반복해서 사용한 테두리만 들어간 사각형 등을 디자인 요소로 활용하면 통일된 인상을 줄 수 있습니다.

타이틀을 강조하기 위해 선을 디자인 요소로 활용

LESSON 5

자연스럽게 변하는
그라데이션 활용하기

그라데이션은 그래픽 디자인에서 자주 사용하는 기법으로 색상과 색상 사이가 자연스럽게 변하도록 중간에 색을 섞어서 표현한다거나 색상을 시작은 진하고 끝은 연하게 표현한다거나 하는 등 색이 변하는 과정을 자연스럽게 표현하는 기법입니다.

어두운 색에서 밝은 색으로 슬라이드 배경을 다양한 방향에서 채울 수 있고, 개체를 그라데이션으로 채워 디자인 요소로 활용할 수 있습니다. 해가 뜨고 질 때의 노을을 떠올리면 그라데이션을 쉽게 이해할 수 있습니다. 그라데이션 표현 방법은 크게 선형, 방사형, 사각형, 경로형으로 나눌 수 있고, 그라데이션 방향은 왼쪽, 오른쪽, 위, 아래 등으로 설정할 수 있습니다. 이외에도 각도와 시작 지점 등을 바꿔가며 다양하게 연출할 수 있습니다. 그라데이션 편집 방법을 살펴보고 활용 사례를 살펴보겠습니다. 다음 사례는 part2_0016.pptx 예제 파일에서도 확인할 수 있습니다.

그라데이션 사용하기

도형과 같은 면이 있는 개체를 그라데이션으로 채우려면 [홈] 탭의 그리기 영역에서 [도형 채우기]-[그라데이션]을 선택하고 기본으로 제공하는 그라데이션 중 원하는 형태를 선택해서 적용합니다. 슬라이드 배경이나 직선 등에 그라데이션을 적용하거나 좀 더 세부적으로 옵션을 설정하려면 개체를 마우스 오른쪽 버튼으로 클릭하고 [도형(배경) 서식] 메뉴를 선택하면 나타나는 도형(배경) 서식 창을 이용합니다. 선택한 개체에 따라 도형(배경) 서식 창의 옵션이 다르게 나타납니다.

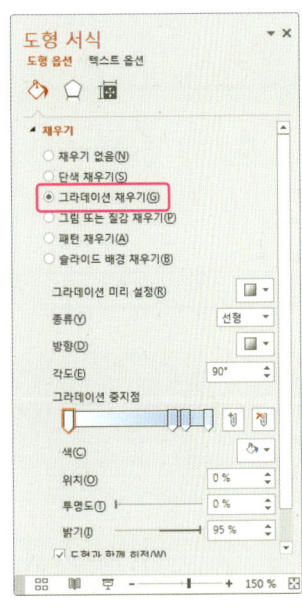
도형을 선택했을 때

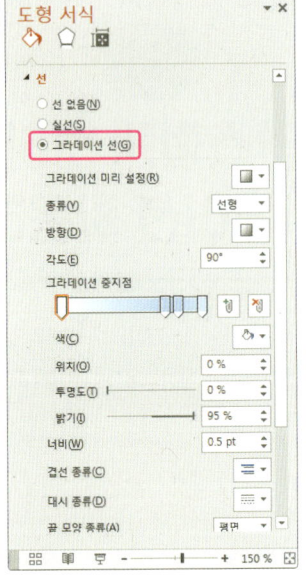
선을 선택했을 때

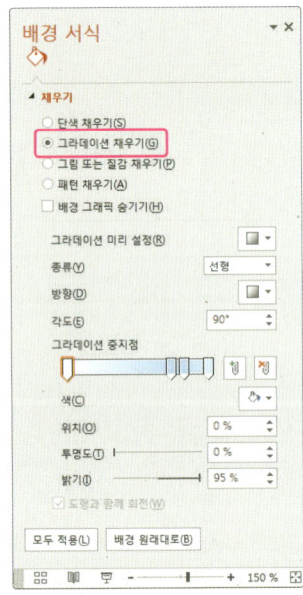
배경을 선택했을 때

도형(배경) 서식 창이 나타나면 채우기 영역에서 [그라데이션 채우기]를 선택하고 세부 옵션을 설정합니다. 선 개체를 선택했다면 선 영역에서 [그라데이션 선]을 선택합니다. 그라데이션의 세부 옵션에는 종류, 방향, 각도 설정, 그라데이션 중지점, 원하는 색상 선택 등이 있습니다. 중지점을 추가하여 다양한 색상으로 구성된 그라데이션을 연출할 수 있으며, 슬라이드에서 적용된 색상을 보면서 투명도나 밝기 옵션 등을 조정해 원하는 그라데이션을 완성할 수 있습니다.

QUICK GUIDE 그라데이션 채우기

- [홈] 탭 〉 그리기 영역에서 [도형 채우기]-[그라데이션]
- 마우스 오른쪽 버튼 클릭 후 [도형(배경) 서식] ➡ 도형(배경) 서식 창에서 [그라데이션 채우기] ➡ 세부 옵션 설정

그라데이션의 쓰임

그라데이션 채우기는 자칫 잘못 사용하면 시선을 분산시켜 디자인을 망칠 수 있습니다. 다음과 같이 최소한으로 사용하길 권합니다.

슬라이드 배경으로 활용하기

슬라이드 배경에 그라데이션을 적용하고 시선이 쏠리는 위치에 핵심 메시지를 배치하면 내용을 효과적으로 강조할 수 있습니다. 슬라이드 배경에 그라데이션을 채울 때는 슬라이드 자체에 그라데이션을 채울 수도 있지만 그렇게 하면 수정할 때 번거로울 수 있습니다. 이럴 때는 슬라이드와 같은 크기로 직사각형을 그리고 그 직사각형에 그라데이션을 채우는 게 낫습니다. 다음 사례는 직사각형을 그리고 도형 서식 창에서 [그라데이션 채우기]를 선택한 다음 종류를 각각 [선형]과 [원형]으로 설정한 슬라이드입니다.

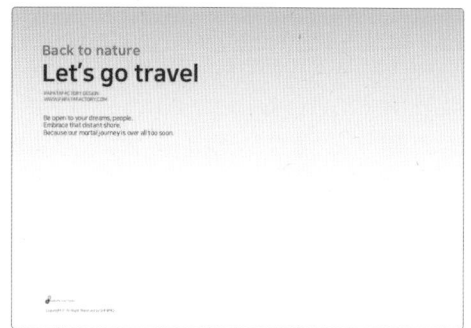

선형 그라데이션 채우기

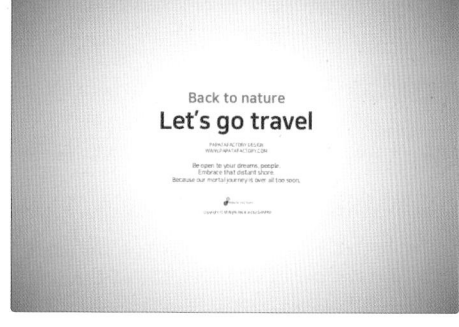

원형 그라데이션 채우기

디자인 요소로 활용하기

그라데이션을 도형이나 선에 적용하여 디자인 요소로 활용하면 디자인을 한층 돋보이게 꾸밀 수 있습니다. 일반적인 직선을 한쪽이 자연스럽게 흐려지도록 처리하여 단순한 디자인 요소로 활용할 수도 있고, 화살표에서 화살촉 반대 방향이 흐려지도록 처리하여 시선의 흐름을 매끄럽게 연출할 수도 있습니다.

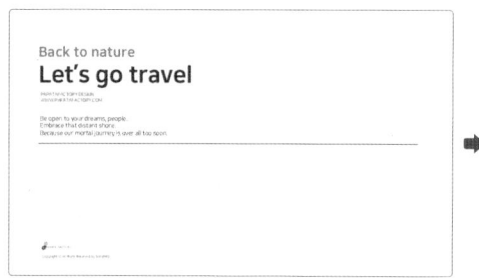

직선에 그라데이션을 적용하기 전

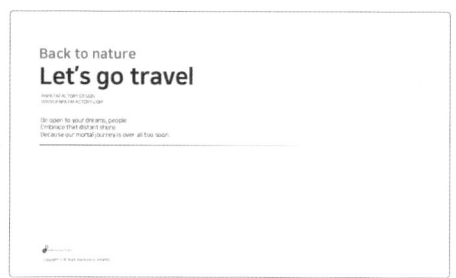

직선에 그라데이션을 적용한 후

화살표에 그라데이션을 적용하기 전

화살표에 그라데이션을 적용한 후

그라데이션 자유자재로 다루기

그라데이션을 다양한 옵션으로 채우려면 개체를 마우스 오른쪽 버튼으로 클릭하고 [도형(배경) 서식] 메뉴를 선택합니다. 도형(배경) 서식 창에서 [그라데이션 채우기]를 선택하면 나타나는 옵션을 자세히 살펴보겠습니다.

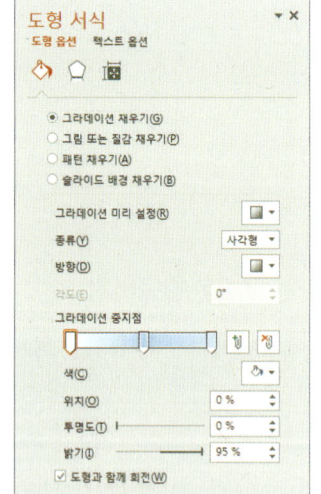

도형 서식 창의 그라데이션 옵션

✿ **그라데이션 미리 설정** 그라데이션 스타일 중 원하는 스타일을 바로 적용할 수 있습니다. 그라데이션을 익숙하게 다루지 못할 때 쓰면 편리합니다.

✿ **종류 및 방향** 종류에는 선형, 방사형, 사각형, 경로형이 있고, 방향에는 왼쪽, 오른쪽, 위쪽, 아래쪽, 가운데 등이 있습니다. 그라데이션은 종류가 같아도 방향이 다르면 또 다른 느낌이 납니다. 따라서 그라데이션을 적용할 때는 종류를 먼저 선택하고 방향을 선택합니다.

선형 그라데이션

방사형 그라데이션

사각형 그라데이션

경로형 그라데이션

✿ **각도** 선형 그라데이션을 선택했을 때만 활성화됩니다. 방향 옵션보다 세밀하게 조정할 수 있습니다.

✿ **그라데이션 중지점** 중지점은 그라데이션 바 오른쪽에 있는 추가/삭제 아이콘을 클릭해서 변경할 수 있습니다. 각 중지점을 선택하고 색, 위치, 투명도, 밝기를 변경할 수 있습니다. 각 옵션을 변경하면 선택한 개체에 실시간으로 반영되므로 슬라이드 영역을 보면서 옵션을 변경할 수 있습니다.

슬라이드 디자인의 완성,
레이아웃 정리하기

파워포인트 문서를 디자인할 때 담고 있는 메시지를 효과적으로 전달하려면 각 개체, 즉 콘텐츠를 보기 좋게 잘 보이도록 정리해야 합니다. 아무리 좋은 콘텐츠라도 무엇을 보고 어디를 봐야 할지 모르겠거나 보려고 해도 제대로 읽을 수 없다면 아무 의미가 없습니다. 각 개체나 텍스트의 줄 간격이나 균형이 맞지 않으면 보고 싶지 않은 슬라이드로 전락합니다. 그만큼 개체 간의 배치, 즉 레이아웃은 중요한 포인트입니다. 레이아웃은 하루아침에 배울 수 있는 것이 아닙니다. 평소에 보기 좋은 디자인을 참고해서 꾸준히 연습해야 합니다. 몇 가지 디자인 레이아웃을 참고해서 개체를 배치하는 요령을 살펴보겠습니다.

참고 디자인 레이아웃 따라하기

핀터레스트처럼 참고할 디자인이 있는 웹 사이트에서 원하는 자료를 다운로드하거나 캡처한 다음 파워포인트로 가져와 레이아웃을 따라해 보면 좋습니다. 다른 자료를 참고하거나 레이아웃 작업을 할 때는 안내선이나 눈금자가 필수입니다. 눈금자, 눈금선, 안내선은 [보기] 탭의 표시 영역에 있는 [눈금자], [눈금선], [안내선]을 체크하면 나타납니다. 특히 안내선은 자유롭게 위치를 옮기고 추가/삭제할 수 있기 때문에 개체를 배치하거나 레이아웃 작업을 할 때 매우 유용합니다. 다음 이미지의 레이아웃을 참고하여 슬라이드 디자인을 완성해 보겠습니다.

Let`s Start!!

⊙ 예제 파일 : part2_0017.pptx

QUICK GUIDE | **레이아웃 따라하기**

[삽입] 탭 〉 이미지 영역에서 [그림] ➡ [보기] 탭 〉 표시 영역에서 [안내선] ➡ 슬라이드에서 안내선 선택 후 `Ctrl` +
드래그

01 ①[삽입] 탭의 이미지 영역에서 [그림]을 클릭합니다. 참고할 이미지를 선택하여 불러온 다음 슬라이드
에 적당히 배치합니다.

02 ②[보기] 탭의 표시 영역에서 [안내선]을 체크합니다. ③슬라이드에서 `Ctrl` 을 누른 채로 안내선을
드래그하여 참고할 레이아웃에 맞춰 배치합니다.

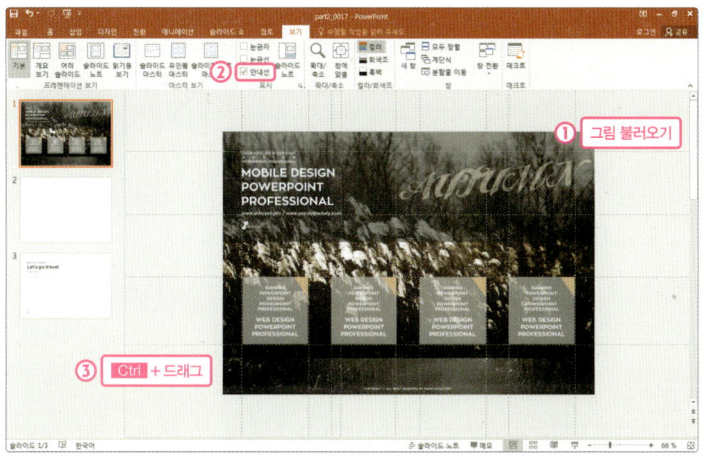

깨알Tip 안내선을 드래그하면 안내선 위치를 옮길 수 있습니다. `Ctrl` 을 누른 채로 드래그하면 안내선을 추
가할 수 있습니다. 안내선이 잘 선택되지 않으면 슬라이드 바깥쪽 여백에서 선택합니다.

03 레이아웃에 맞춰 안내선을 배치한 다음 삽입한 그림 개체를 삭제(`Delete`)하거나 새로운 슬라이드
를 추가해 보면 안내선만 그대로 남습니다. 안내선을 기준으로 앞서 실습한 도형 및 텍스트 기능을 활
용하여 다음과 같은 슬라이드를 완성할 수 있습니다.

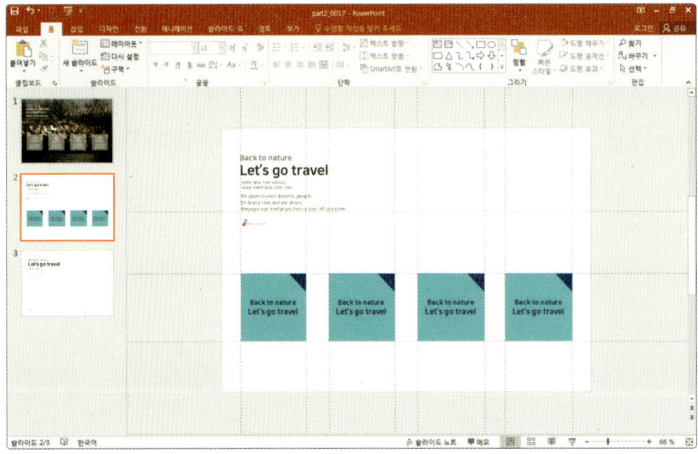

깨알Tip 안내선은 마우스 오른쪽 버튼을 클릭하고 [눈금 및 안내선] 메뉴를 선택해서 추가할 수 있습니다. 반대로 추가한 안내선은 슬라이드 바깥쪽 여백으로 드래그하여 삭제할 수 있습니다.

개체 맞춤 배치하기

디자인 작업이 대략 마무리되면 개체와 개체 간격이 잘 맞는지, 균형 있게 배치되었는지 등 전체적인 배분을 맞추고 정리하는 작업을 해야 합니다. 파워포인트 2013 버전부터 자동으로 위치나 간격을 잡아 주는 기능이 추가되었지만 전체를 다시 한 번 훑어보면서 정렬하는 습관을 들이도록 합니다. 정렬하거나 배치할 개체를 선택하고 [서식] 탭의 정렬 영역에서 [맞춤]을 클릭하면 다양한 메뉴가 나타납니다.

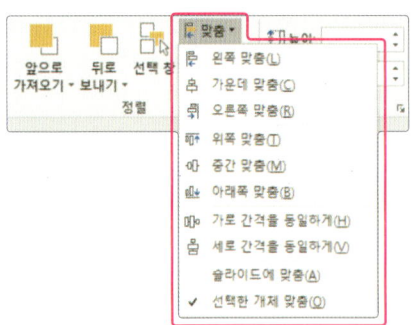

QUICK GUIDE

개체 선택 〉[서식] 탭 〉[정렬] 영역에서 [맞춤] 선택

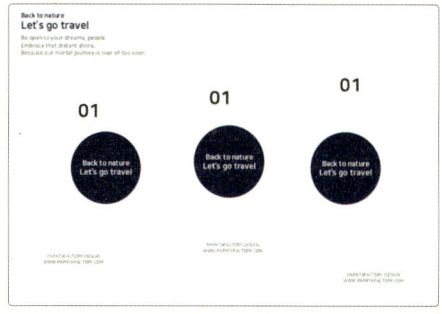

맞춤 전

맞춤 후

01 2번 슬라이드를 보면 일련번호, 도형, 설명으로 구성된 개체 아홉 개가 자유롭게 배치되어 있습니다. 일련번호부터 정렬해 보겠습니다. ①일련번호를 드래그해서 범위로 설정하거나 Shift 를 누른 채로 일련번호 개체를 클릭하여 선택합니다.

02 먼저 가로로 배치된 일련번호 개체의 수평을 맞춰야 합니다. ②[서식] 탭의 정렬 영역에서 [맞춤]을 클릭합니다. ③[위쪽 맞춤], [중간 맞춤], [아래쪽 맞춤] 중 [중간 맞춤]을 선택합니다. ④같은 방법으로 도형 개체를 선택하고 수평을 맞춘 다음 ⑤설명글을 선택하여 수평을 맞춥니다.

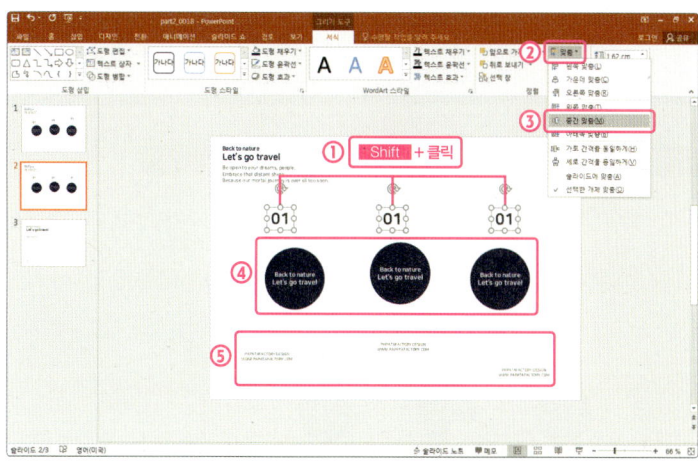

03 수평을 맞췄다면 수직도 맞춰야 합니다. 개체 크기가 서로 다르므로 왼쪽이나 오른쪽 맞춤을 하면 한 쪽으로 치우쳐 보이므로 가운데 맞춤을 합니다. ⑥첫 번째 열에 배치된 일련번호, 도형, 설명글 개체를 드래그해서 범위로 설정합니다. ⑦[서식] 탭의 정렬 영역에서 [맞춤]을 클릭하고 ⑧[가운데 맞춤]을 선 택합니다. ⑨같은 방법으로 두 번째 열과 ⑩세 번째 열도 세트로 묶고 가운데 맞춤으로 정렬합니다.

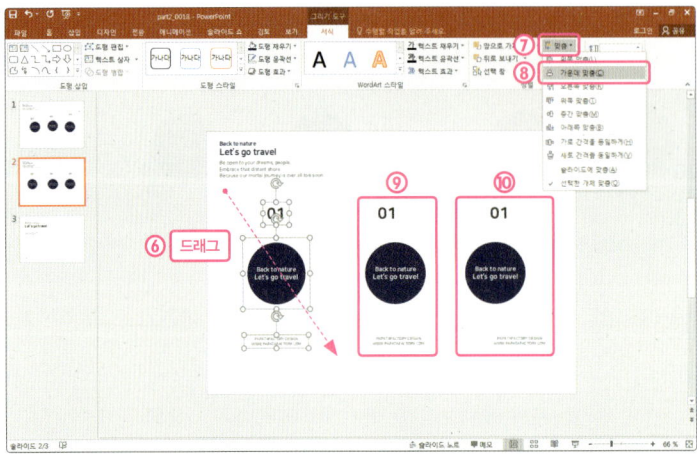

04 각 세트를 실수로라도 흐트러지지 않도록 그룹으로 묶어 두면 좋습니다. ⑪첫 번째 세트를 드래그해 서 범위로 설정하고 ` Ctrl ` + ` G ` 를 눌러 그룹으로 묶습니다. ⑫같은 방법으로 두 번째 세트와 ⑬ 세 번째 세트도 그룹으로 묶습니다.

05 각 세트를 그룹으로 묶었으므로 그룹과 그룹의 간격을 맞춰야 합니다. ⑭그룹 세 개가 모두 포함되도 록 드래그하여 범위로 설정하고 ⑮⑯[서식] 탭의 정렬 그룹에서 [맞춤]−[가로 간격을 동일하게]를 선 택합니다.

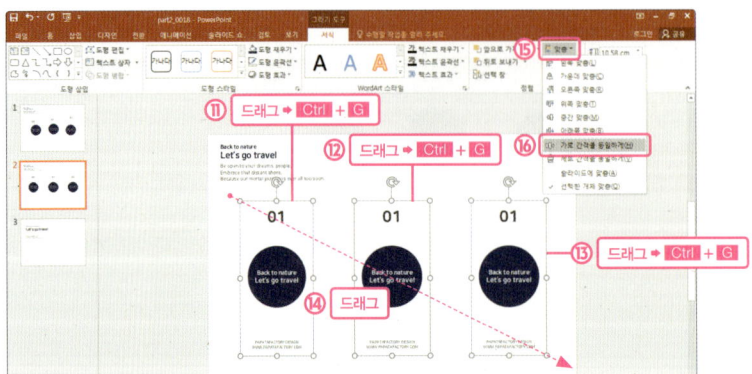

[서식] 탭의 정렬 영역에서 [그룹화]-[그룹]을 선택하거나 마우스 오른쪽 버튼을 클릭하고 [그룹화]-[그룹]을 선택해서 그룹으로 묶을 수도 있습니다. 그룹을 해제할 때는 동일한 메뉴의 [그룹 해제]를 선택하거나 단축키 `Ctrl` + `Shift` + `G` 를 누릅니다.

06 ⑰ 그룹 세 개가 모두 선택된 상태에서 `Ctrl` + `G` 를 눌러 그룹 세 개를 하나로 묶습니다. ⑱ ⑲ 개체가 슬라이드 가운데 배치되도록 [서식] 탭의 정렬 영역에서 [맞춤]-[가운데 맞춤]을 선택합니다.

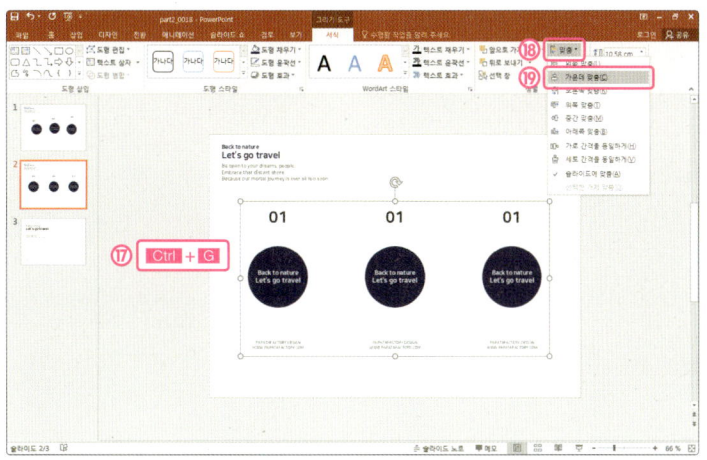

 **맞춤 기능 살펴보기**

슬라이드 한 개에도 꽤 많은 개체가 배치됩니다. 이러한 개체들이 따로 놀지 않게 하려면 간격과 정렬을 잘 맞춰 보기 좋게 정렬해야 합니다. 그러려면 맞춤 기능의 하위 메뉴를 잘 알고 있어야 합니다. 물론 개체를 하나씩 정렬할 때는 눈금자나 안내선을 이용해도 충분합니다. 하지만 개체가 많을 때는 전체적인 균형감을 고려해야 하고 작업 시간도 줄여 나가야 하므로 한꺼번에 위치를 맞추고 정렬하는 게 효율적입니다.

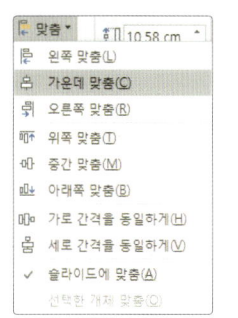

❋ **왼쪽 맞춤** 선택한 여러 개체를 왼쪽으로 맞춥니다. 다만 텍스트 상자를 왼쪽 맞춤할 때는 [홈] 탭의 단락 영역에서 [왼쪽 맞춤]을 실행하고 [서식] 탭의 정렬 영역에서 [맞춤]-[왼쪽 맞춤]을 실행해야 정확하게 왼쪽으로 정렬됩니다. 텍스트 상자는 안에 입력된 텍스트가 아니라 텍스트 상자의 크기를 기준으로 정렬되기 때문입니다.

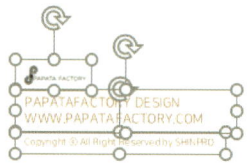

❋ **가운데 맞춤** 선택한 여러 개체를 가운데로 맞춥니다. 왼쪽 맞춤과 마찬가지로 텍스트 상자라면 먼저 [홈] 탭의 단락 영역에서 [가운데 맞춤]을 실행한 다음 실행해야 합니다. 선택한 개체들을 슬라이드를 기준으로 가운데에 맞추려면 맞춤 기능의 하위 메뉴 중 [슬라이드에 맞춤]을 체크하고 [가운데 맞춤]을 실행합니다.

❋ **오른쪽 맞춤** 선택한 여러 개체를 오른쪽으로 맞춥니다. 마찬가지로 텍스트 상자는 [단락] 탭에서 [오른쪽 맞춤]을 먼저 실행해야 합니다.

✿ **위쪽/중간/아래쪽 맞춤** 선택한 개체 또는 슬라이드를 기준으로 위, 아래, 중간으로 맞춥니다. 맞춤 기준은 하위 메뉴인 [슬라이드에 맞춤] 또는 [선택한 개체 맞춤] 중 하나를 선택할 수 있습니다.

✿ **가로 간격을 동일하게** 선택한 여러 개체의 좌우 간격을 동일하게 맞춥니다. 다음과 같이 개체가 가로로 나열되어 있을 때 사용합니다.

✿ **세로 간격을 동일하게** 선택한 여러 개체를 기준으로 상하 간격이 동일하게 맞춥니다. 다음과 같이 개체가 세로로 나열되어 있을 때 사용합니다. 다른 맞춤과 마찬가지로 간격을 맞추는 기능도 기준을 슬라이드와 선택한 개체 중 하나로 선택할 수 있습니다.

개체 앞/뒤 순서 정렬하기

슬라이드에 개체를 여러 개 배치할 때는 개체 간격 맞춤과 더불어 앞뒤 배치 순서를 정렬하는 방법도 알아야 합니다. 개체의 앞/뒤 순서에 따라 전혀 다른 디자인이 될 수 있습니다. 개체의 앞/뒤 순서는 배치한 순서에 따라 정해집니다. 가장 먼저 만든 개체가 가장 뒤에 놓이고 마지막에 만든 개체가 가장 앞에 놓입니다.

개체의 앞/뒤 순서를 바꾸려면 정렬 기능을 이용합니다. 정렬 기능을 사용하려면 원하는 개체를 드래그해서 선택하고 [홈] 탭의 [정렬] 아이콘을 클릭한 다음 '개체 순서' 항목에 있는 메뉴를 이용합니다. 개체를 마우스 오른쪽 버튼으로 클릭하면 나타나는 바로가기 메뉴를 이용해도 됩니다.

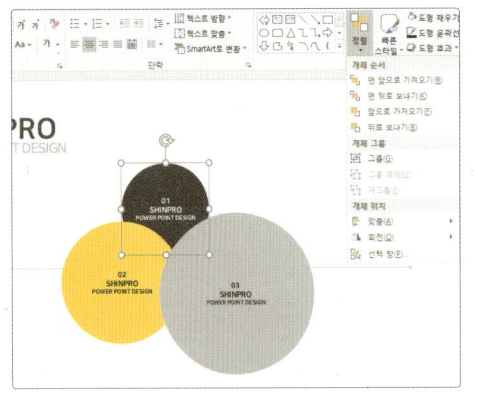
리본 메뉴 이용하기

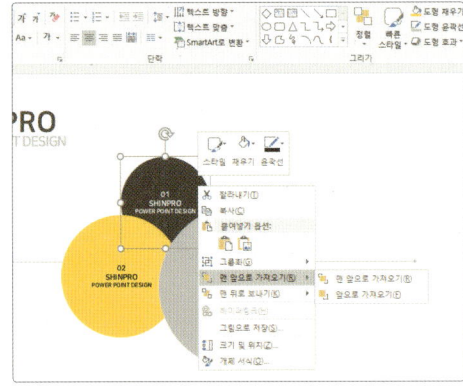
바로가기 메뉴 이용하기

깨알Tip [서식] 탭의 정렬 영역에서 [앞으로 가져오기], [뒤로 보내기] 아이콘을 이용하는 방법도 있습니다.

✿ **앞으로 가져오기** 현재의 개체 배치 순서에서 한 단계만 앞으로 가져옵니다.

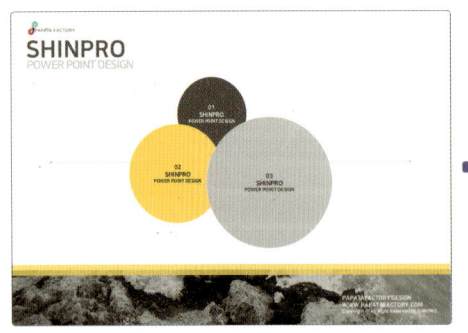

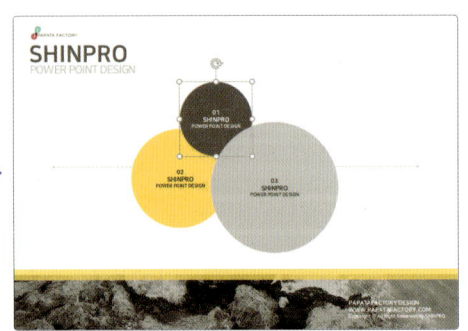

✿ **맨 앞으로 가져오기** 현재 슬라이드에 있는 모든 개체 중 맨 앞으로 가져옵니다.

✿ **뒤로 보내기** 현재의 개체 배치 순서에서 한 단계만 뒤로 보냅니다.

✿ **맨 뒤로 보내기** 현재 슬라이드의 모든 개체 중 맨 뒤로 보냅니다.

LESSON

7

메시지에 힘을 실어 주는 이미지 활용하기

이미지는 내용을 효과적으로 전달할 때 큰 도움이 됩니다. 예를 들어 흰색 배경 슬라이드 위에 'LOVE' 라는 글자만 있는 것보다 하트 이미지나 연인 사진을 함께 배치하면 메시지가 좀 더 효과적으로 전달됩니다. 또한 '사랑'이 남녀의 사랑만 의미하지 않을 수도 있습니다. 이럴 때는 '사랑'이 의미하는 적절한 이미지를 넣어 의미를 더 명확하게 전달할 수 있습니다.

적합한 이미지 찾기

전달하려는 메시지에 맞는 이미지를 모두 촬영하고 만들면 좋겠지만, 비용이나 시간이 허락하지 않는 경우가 많습니다. 이럴 때를 대비하여 원하는 이미지를 구할 수 있는 다양한 경로를 알아 둬야 합니다.

무료 이미지 사이트

가장 쉽게 이용할 수 있는 곳이 무료 이미지 사이트입니다. 조금만 시간을 내도 고해상도 무료 이미지를 어렵지 않게 찾을 수 있습니다. 대표적인 무료 이미지 사이트에는 픽사베이(https://pixabay.com)와 플리커(https://www.flickr.com/)가 있습니다. 무료 이미지 사이트를 직접 접속하여 원하는 이미지를 찾아보면서 확인해 보기 바랍니다.

깨알Tip http://www.letscc.net, https://unsplash.com, http://imagebase.net, http://imcreator.com/free, https://www.morguefile.com, https://splitshire.com, http://getrefe.tumblr.comhttp://pubilcdomainarchive.com, http://littlevisuals.co, http://foodiesfeed.com, http://www.gratisography.com 등의 무료 이미지 사이트가 있습니다.

픽사베이

플리커

구글 이미지 검색

구글은 세계적인 검색 엔진입니다. 그만큼 다양한 자료가 넘쳐납니다. 구글 이미지(https://images.google.com) 역시 마찬가지입니다. 구글 이미지 검색 창에 원하는 이미지를 키워드로 입력하여 검색해 봅니다. 이때 검색어를 영문으로 입력하면 더 많은 자료를 찾을 수 있습니다.

구글 이미지 검색은 자료가 방대하다는 것도 장점이지만 검색한 다음 [도구] 버튼을 클릭하여 이미지 크기, 색상, 유형, 사용 권한 등으로 이미지를 필터링할 수 있다는 점도 큰 장점입니다. 여기서 중요한 옵션이 사용 권한입니다. 검색한 이미지를 자유롭게 사용할 수 있는지 확인하는 옵션입니다. 다음은 사용 권한을 따로 설정하지 않은 경우와 [수정 후 재사용 가능]으로 설정했을 때 나타나는 차이입니다. 비교적 자유롭게 사용할 수 있는 이미지를 찾으려면 [수정 후 재사용 가능]으로 설정하여 이미지를 검색하는 것이 좋습니다.

필터링 전

필터링 후

깨알Tip 배경이 없는 이미지를 찾을 때는 구글 이미지 검색에서 찾고자 하는 키워드와 png를 함께 입력해서 검색합니다.

유료 이미지 사이트

유료 이미지 사이트는 말 그대로 이미지를 사용하려면 비용을 결제해야 하는 사이트입니다. 비용을 지불해야 쓸 수 있는 이미지이므로 무단으로 사용하면 저작권법에 따라 처벌받을 수 있습니다. 비용을 내고 사용 권한을 얻었다 하더라도 영구히 쓸 수 있는 이미지가 있고 아닌 이미지가 있습니다. 용도, 횟수, 기간, 파일 크기 등에 따라 비용이 달라지거나 제한하는 이미지도 있습니다.

정액제로 이용할 수 있는 유료 이미지 사이트는 무료 이미지 사이트보다 더욱 다양한 이미지를 보유한 경우가 많으므로 그만큼 품질 높은 이미지를 검색할 수 있습니다. 콘셉트에 맞는 이미지를 찾을 수 있도록 최적화된 사이트입니다. 유료 이미지는 이미지를 상업적인 용도로 사용하는 회사에서 주로 이용합니다. 개인이 이용하기에는 비용이 부담스러울 수 있기 때문입니다. 다만 개인이라도 기업의 의뢰를 받아 진행하는 프로젝트라면 저작권을 침해하지 않는 유료 이미지를 사용하는 것이 좋습니다. 대표적인 유료 이미지 사이트에는 셔터스톡(www.shutterstock.com)과 게티이미지코리아(www.gettyimageskorea.com)가 있습니다.

셔터스톡

게티이미지 코리아

원하는 모양으로 이미지 자르기

이미지는 어떤 방식으로 활용하느냐에 따라 다양하게 쓸 수 있습니다. 이미지를 슬라이드에 삽입할 때는 [삽입] 탭의 이미지 영역에서 [그림] 아이콘을 클릭하여 선택합니다. 이미지 파일을 슬라이드로 드래그해서 바로 삽입할 수도 있습니다. 어떤 방법이든 편한 방법을 쓰면 됩니다. 이미지를 삽입하고 원하는 모양으로 자르는 방법을 살펴보겠습니다.

 **Let`s Start!!**

QUICK GUIDE | 이미지를 원하는 모양으로 자르기

[삽입] 탭 〉 이미지 영역에서 [그림]−삽입할 이미지 선택 ➡ 편집할 이미지 더블클릭 ➡ [서식] 탭 〉 크기 영역에서
[자르기]−[도형에 맞춰 자르기]−원하는 도형 선택

 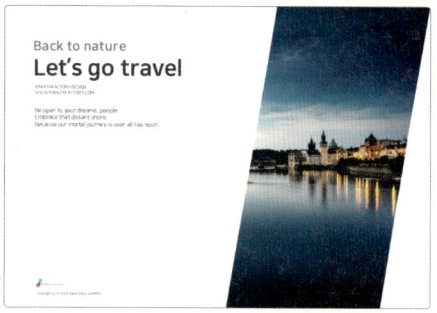

01 ①[삽입] 탭의 이미지 영역에서 [그림]을 클릭하고 ②예제 파일인 img0023.jpg 파일을 찾아 삽입합
니다. 삽입한 이미지를 더블클릭하면 [서식] 탭이 표시됩니다.

02 ③크기 영역에서 [자르기] 아이콘의 펼침 버튼을 클릭하고 ④⑤[도형에 맞춰 자르기]−[평행 사변형]
을 선택합니다.

03 ⑥이미지를 평행 사변형으로 자릅니다.

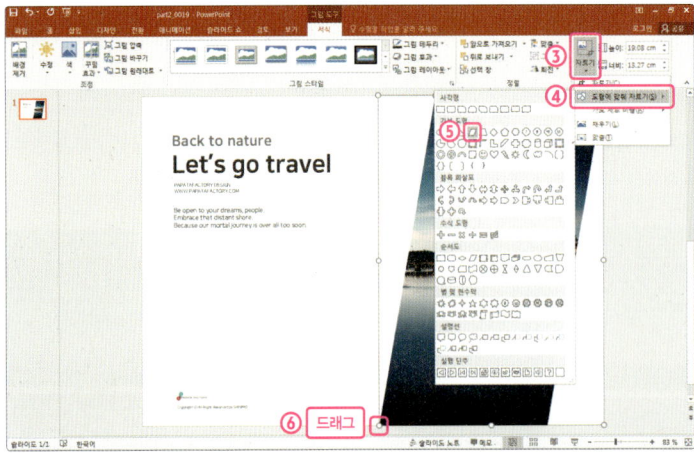

깨알Tip [자르기] 아이콘을 클릭하면 이미지가 자르기 편집 상태로 바뀝니다. 특정한 모양이 아닌 현재 모양에서 상하좌우를 원하는 크기로 잘라낼 수 있습니다.

04 ⑦자른 이미지가 아닌 부분을 클릭하여 이미지 편집을 마칩니다. ⑧잘라진 이미지를 드래그하여 슬라이드 오른쪽에 배치하면 디자인이 완성됩니다.

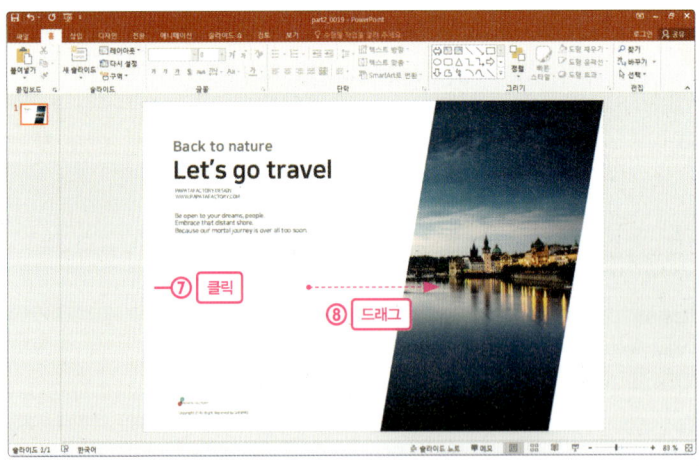

QUICK GUIDE │ 이미지를 원하는 비율로 자르기

이미지를 삽입하고 원하는 도형으로 자르기 ➡ [서식] 탭 〉 크기 영역에서 [자르기]–[가로 세로 비율]–원하는 비율
선택

01 ①슬라이드에 이미지를 삽입합니다.

02 ②[서식] 탭의 크기 영역에서 [자르기] 펼침 버튼을 클릭하고 ③④[도형에 맞춰 자르기]–[타원]을
선택합니다.

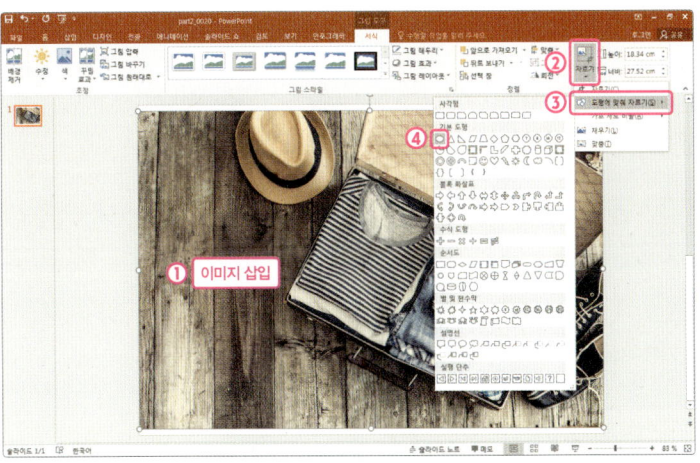

03 ⑤[자르기] 펼침 메뉴에서 ⑥⑦[가로 세로 비율]−[1:1]을 선택합니다.

04 타원이 정원으로 바뀌면서 표시될 이미지 영역을 선택할 수 있는 상태가 됩니다. ⑧이미지를 드래그해서 정원에 표시될 부분을 선택하고 ⑨ Esc 를 누르거나 이미지 이외의 다른 부분을 클릭해서 편집을 마칩니다.

05 ⑩ 이미지를 배경으로 사용할 도형 위로 드래그해서 배치하면 디자인이 완성됩니다.

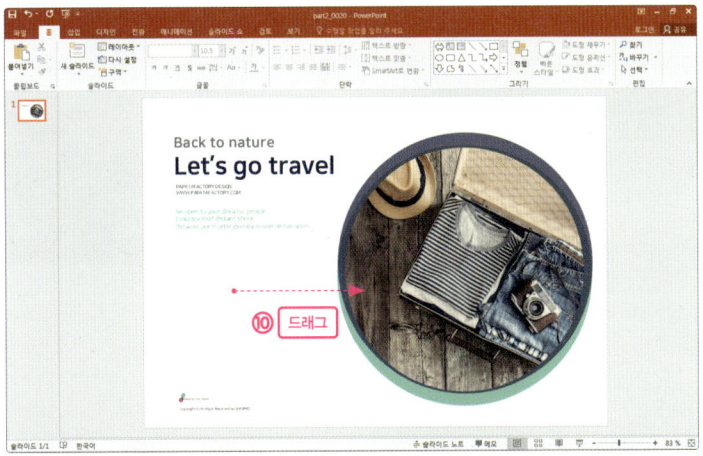

깨알Tip 비율을 변경하거나 자른 이미지는 [서식] 탭의 조정 영역에서 [그림 원래대로]–[그림 및 크기 다시 설정]을 선택해서 처음 상태로 되돌릴 수 있습니다.

이미지 배치를 바꿔 변화 주기

이미지를 원하는 모양으로 잘라서 배치하는 것보다 일상적으로 사용하는 방법은 단순 배치입니다. 단순히 이미지를 삽입하고 이미지 주위에 표시되는 조절점을 드래그해서 크기만 변경하여 배치하거나 [자르기] 아이콘을 클릭해서 원하는 크기로 잘라 배치합니다. 이렇게 크기를 조절하거나 잘라낸 이미지를 어느 위치에 배치하느냐에 따라 전혀 다른 느낌을 낼 수 있습니다. 다음과 같이 위치에 따라 달라지는 느낌을 확인하고 적절한 상황에 활용해 보세요.

오른쪽에 배치

왼쪽에 배치

위쪽에 배치

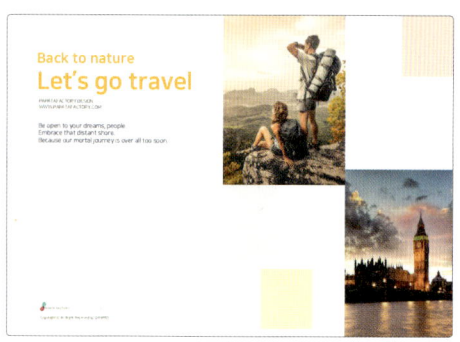

아래쪽에 배치

바둑판 형태로 배치

중앙에 배치

파일 용량을 줄이는 이미지 압축 기능

슬라이드에 삽입하는 이미지는 컴퓨터 화면뿐만 아니라 빔 프로젝트를 이용해서 큰 화면으로 보는 경우가 많습니다. 그만큼 고해상도 이미지여야 문제가 없지만 그렇다고 한없이 해상도가 높아지면 파일 용량이 커져 컴퓨터에 부담을 줄 수 있습니다. 간혹 작업을 하다 보면 컴퓨터가 멈추거나 꺼지곤 합니다. 이런 상황을 막으려면 이미지 파일을 최적의 상태로 압축해서 작업해야 합니다. 이미지를 압축하려면 먼저 이미지를 선택하고 [서식] 탭의 조정 영역에서 [그림 압축] 버튼을 클릭합니다.

[서식] 탭의 조정 영역

그림 압축 대화상자가 열리면 압축 옵션과 대상 출력을 선택합니다. 그림 압축 대화상자의 각 옵션은 다음과 같습니다.

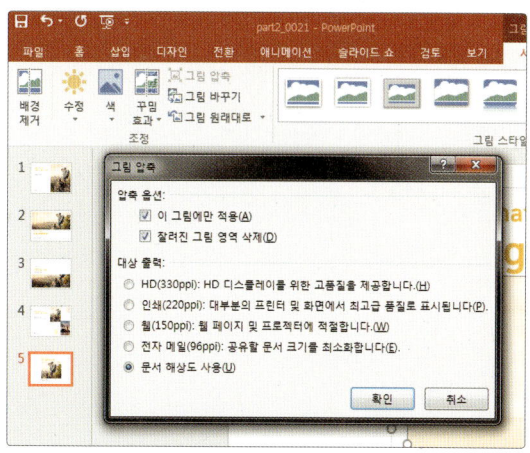

✿ **압축 옵션 〉이 그림에만 적용** 선택한 그림에만 압축을 적용합니다. 체크를 해제하면 현재 파워포인트 파일에 삽입된 모든 이미지를 압축합니다.

✿ **압축 옵션 〉잘려진 그림 영역 삭제** 자르기 기능을 이용해 화면에 표시되지 않는 영역을 완전히 제거합니다. 단, 이 옵션에 체크하면 편집한 그림을 원래대로 되돌릴 수 없습니다.

✿ **대상 출력** 용도에 따라 이미지 압축 정도를 선택합니다. 150ppi 정도면 프레젠테이션용은 물론 인쇄용으로도 적절하므로 최적의 상태로 압축할 수 있습니다.

PART

3

표현력 향상을 위한
요소 디자인 연습

Part 2에서는 텍스트, 도형, 선, 그라데이션, 이미지 등의 활용법을 익혔습니다. 이제 배운 내용을 바탕으로 표, 그래프, 도해/도식과 같은 디자인 요소를 만들어 보겠습니다. 표, 그래프, 도해/도식 등은 디자인을 할 때 매우 유용하게 쓸 수 있는 요소입니다. 특히 보고서나 기획서 같은 보고용 문서에 자주 사용하므로 다양하게 표현하는 방법을 살펴보겠습니다.

요약하고 정리하는 데 탁월한 표 디자인

표는 많은 내용을 요약하고 정리해서 보여 줘야 할 때 가장 흔하게 쓰는 방법입니다. 표는 파워포인트의 기본 기능을 이용하면 간단히 만들 수 있습니다. 삽입한 표에서 셀 색, 테두리 색, 두께 등을 조절하면 전혀 다른 느낌을 연출할 수 있습니다. 기본 표도 좋지만 전체적인 디자인 콘셉트에 맞춰 표를 편집하면 훨씬 감각적인 슬라이드를 만들 수 있습니다.

표를 삽입하고 테두리 편집하기

표를 쓰기 위해 가장 먼저 알아야 하는 기능인 표를 삽입하고 테두리를 편집하는 방법을 살펴보겠습니다.

✿ **표 삽입하기** [삽입] 탭의 표 영역에서 [표]를 클릭하면 아래쪽에 [표 영역], [표 삽입], [표 그리기], [Excel 스프레드시트]가 나타납니다. 원하는 행과 열 개수만큼 [표 영역]을 드래그하면 슬라이드에 표가 바로 삽입됩니다.

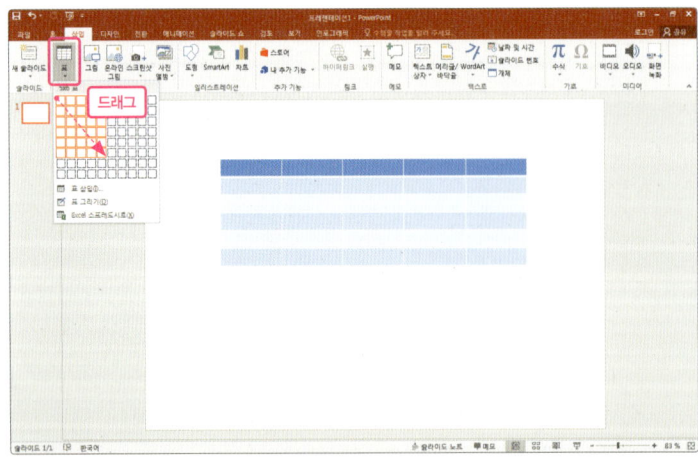

표 삽입 대화상자를 이용해서 표를 만들 수도 있습니다. [삽입] 탭의 표 영역에서 [표]-[표 삽입]을 선택하면 표 삽입 대화상자가 나타납니다. 열 개수와 행 개수를 입력하고 [확인] 버튼을 누르면 표가 삽입됩니다.

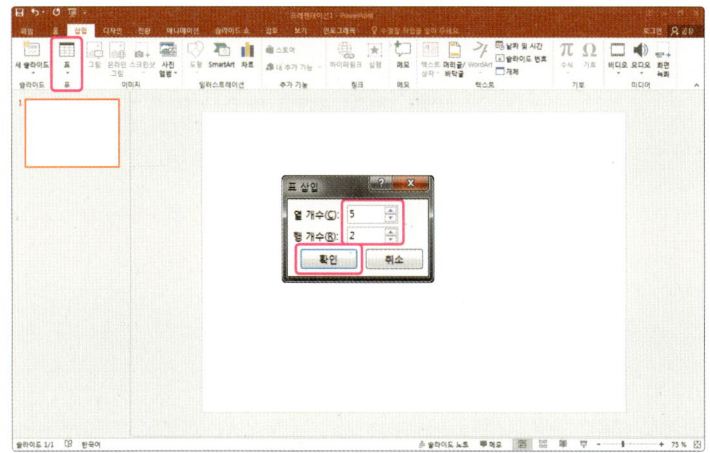

[삽입] 탭의 표 영역에서 [표]-[표 그리기]를 선택한 다음 기존 표를 드래그하면 행/열이 추가됩니다. 아예 빈 영역을 드래그하면 새로운 표가 그려집니다.

QUICK GUIDE **표 삽입하기**

• [삽입] 탭 〉 표 영역에서 [표] ➡ [표 영역]에서 원하는 열과 행 개수만큼 드래그

• [삽입] 탭 〉 표 영역에서 [표]-[표 삽입] ➡ 표 삽입 대화상자에서 열 개수와 행 개수 입력

• [삽입] 탭 〉 표 영역에서 [표]-[표 그리기] ➡ 슬라이드에서 드래그

✿ **표 편집하기** 표는 주로 표를 클릭하면 나타나는 [디자인] 탭과 [레이아웃] 탭에서 편집합니다. [디자인] 탭의 표 스타일 영역에는 다양한 색상으로 구성된 표 스타일이 보입니다. 원하는 스타일을 클릭만 하면 표에 스타일이 적용됩니다.

표 스타일

표 스타일을 이용하지 않고 각 테두리의 색이나 두께를 세부적으로 편집할 수도 있습니다. 테두리 색을 바꾸고 싶다면 [디자인] 탭의 테두리 그리기 영역에서 [펜 색]을 클릭하고 원하는 색상을 선택합니다. 자동으로 [표 그리기]가 실행되고 마우스 포인터가 연필 모양으로 바뀝니다. 이 상태에서 색을 바꿀 테두리를 드래그하거나 클릭하면 해당 테두리 색으로 변경됩니다.

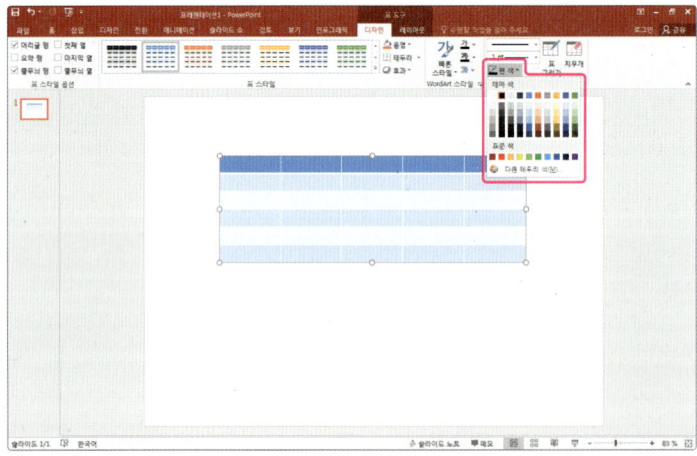

테두리 두께나 종류도 비슷한 방법으로 편집합니다. [디자인] 탭의 테두리 그리기 영역에서 펜 스타일(테두리 종류)이나 펜 두께(테두리 두께)를 펼치고 변경할 종류나 두께를 선택합니다. 역시 마우스 포인터가 연필 모양으로 바뀌면 편집할 테두리를 드래그하거나 클릭해서 변경합니다.

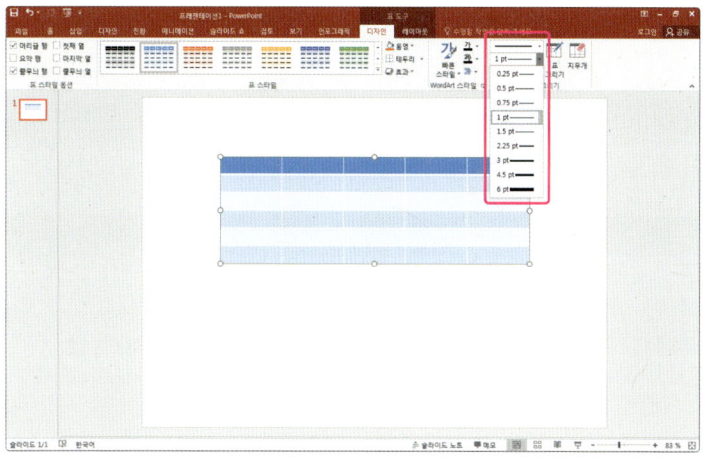

QUICK GUIDE 테두리 편집하기

- **색** 표 선택 ➡ [디자인] 탭 〉 테두리 그리기 영역에서 [펜 색] ➡ 테두리 드래그
- **종류** 표 선택 ➡ [디자인] 탭 〉 테두리 그리기 영역에서 [펜 스타일] ➡ 테두리 드래그
- **두께** 표 선택 ➡ [디자인] 탭 〉 테두리 그리기 영역에서 [펜 두께] ➡ 테두리 드래그

✿ **테두리 일괄 편집하기** [표 그리기] 기능을 이용하면 원하는 테두리만 빠르게 편집할 수 있습니다. 하지만 표 전체 테두리 또는 안쪽 테두리와 같이 특정 테두리를 일괄적으로 편집할 때는 [테두리] 기능을 사용하는 것이 효과적입니다. 표를 선택하고 테두리 그리기 영역에서 펜색, 펜 스타일, 펜 두께 등을 설정한 다음 표 스타일 영역에서 [테두리]를 클릭하고 일괄 변경할 영역을 선택하면 변경됩니다.

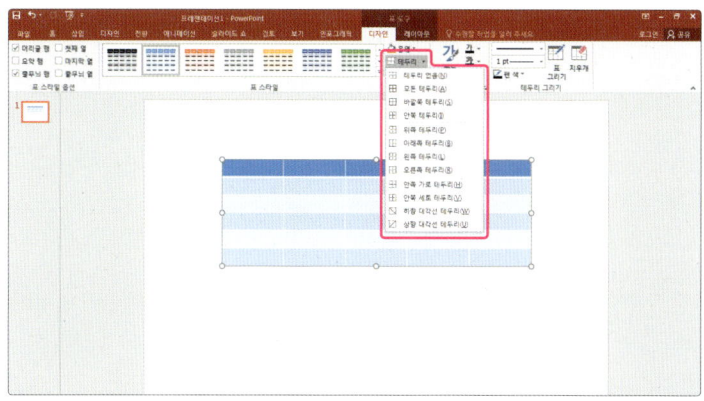

✿ **셀에 색상 채우기** 타이틀을 강조하거나 항목을 구분하기 위해 셀에 색을 채우고 싶을 때는 [음영] 또는 [도형 채우기]를 이용합니다. 표에서 색으로 채울 셀을 클릭하거나 드래그합니다. 음영을 채우려면 [디자인] 탭의 표 스타일 영역에서 [음영]을 클릭하고 채울 색을 선택합니다. 도형에 색을 채우려면 [홈] 탭의 그리기 영역에서 [도형 채우기]를 클릭하고 색을 선택합니다.

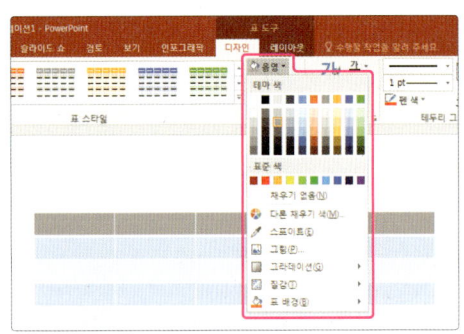

지금까지 배운 내용을 간단히 정리하면 [삽입] 탭의 표 영역에서 [표]를 클릭하여 표 삽입 ➡ [디자인] 탭의 테두리 그리기 영역에서 색이나 두께 등을 선택 ➡ [디자인] 탭의 표 스타일 영역에서 [테두리]를 클릭하고 범위를 선택하기로 순서를 요약할 수 있습니다.

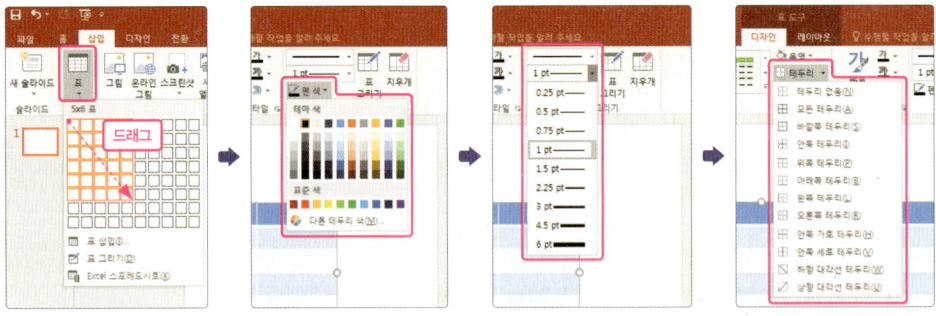

✿ **레이아웃 수정** 표를 삽입한 다음에도 행이나 열을 추가할 수 있습니다. 여러 셀을 하나로 병합할 수 있으며 셀 하나를 여러 셀로 나눌 수도 있습니다. 이러한 표 레이아웃은 [레이아웃] 탭의 행 및 열 영역에서 편집할 수 있습니다. 이외에도 맞춤 영역에서 각 셀의 텍스트 위치를 조정할 수 있고, 셀 크기 영역에서 열 너비나 행 높이를 세부적으로 조절할 수 있습니다.

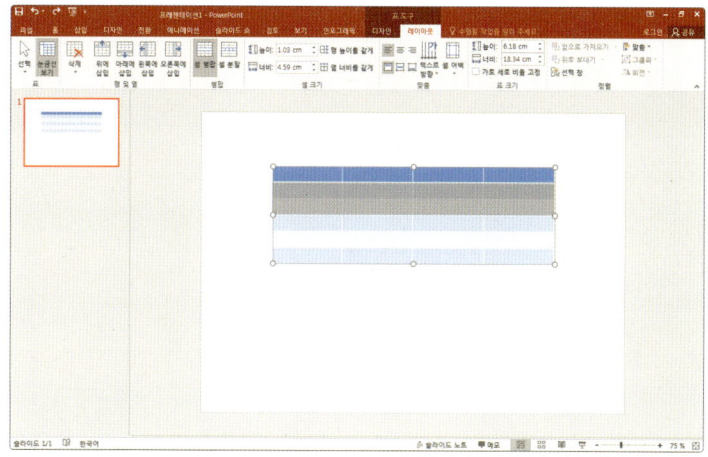

리본 메뉴가 아니더라도 특정 행이나 열을 범위로 지정한 다음 마우스 오른쪽 버튼을 클릭하면 나타나는 메뉴를 이용해서 행이나 열을 삽입하거나 삭제할 수 있습니다.

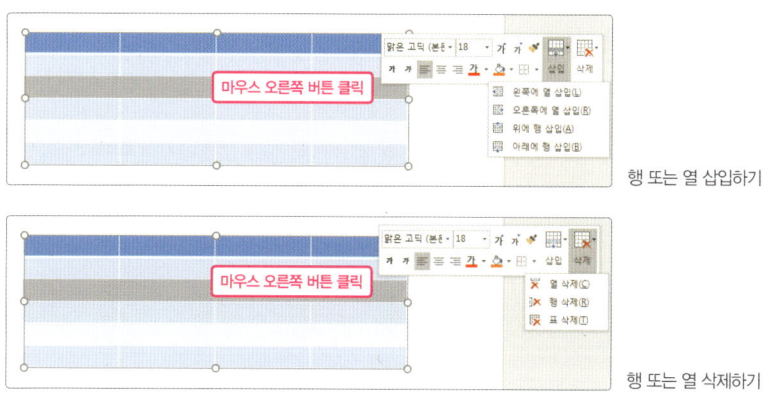

행 또는 열 삽입하기

행 또는 열 삭제하기

다양한 스타일로 표 디자인하기

표와 관련된 기본 기능만 알아도 디자인 콘셉트에 맞는 표를 쉽게 디자인할 수 있습니다. 표의 종류도 특정 열/행만 강조하는 스타일, 행/열 구분선이 없는 스타일 등 다양하게 골라 쓸 수 있습니다. 가장 기본적인 스타일로 표를 디자인해 보고, 완성한 표 디자인을 변형하여 다양한 스타일로 연출해 보겠습니다.

 **Let`s Start!!**

QUICK GUIDE | 표 디자인하기

[홈] 탭 〉표 영역에서 [표] ➡ 표를 선택하고 스타일 및 테두리 서식 변경 ➡ 1행을 드래그 ➡ [디자인] 탭 〉표 스타일
영역에서 [음영]－[다른 채우기 색] ➡ 색 대화상자에서 색 및 투명도 설정 ➡ 1행에 텍스트를 입력하고 서식 변경

01 각 나라별 여행 계획을 표로 정리해 보겠습니다. ①[삽입] 탭의 표 영역에서 [표]를 클릭하고 표 영역을
[5×6]이 되도록 드래그해서 표를 삽입합니다.

02 ②표의 바깥쪽 테두리를 클릭합니다. ③[디자인] 탭의 표 스타일 영역에서 스타일 목록을 펼치고 ④
[스타일 없음, 표 눈금]을 선택합니다.

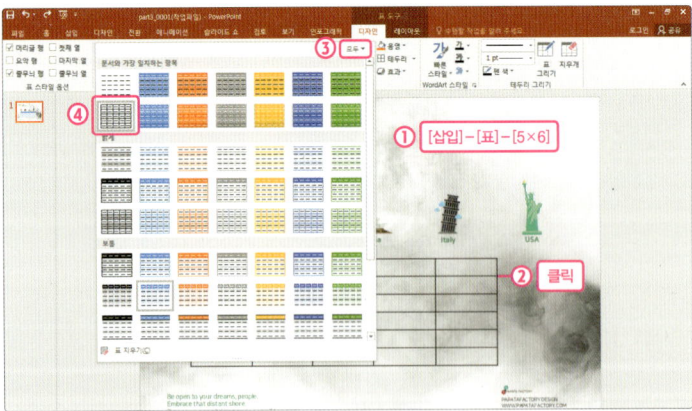

03 ⑤조절점 및 테두리를 드래그해서 위쪽 나라별 아이콘과 간격이 맞도록 크기와 위치를 조절합니다.

04 표 테두리를 변경해 보겠습니다. 표가 선택된 상태에서 ⑥[디자인] 탭의 테두리 그리기 영역에 있는 펜
색을 [검정, 텍스트 1, 25% 더 밝게], 선 두께를 [0.25pt]로 설정합니다.

05 설정한 테두리 스타일을 적용해 보겠습니다. ⑦⑧[디자인] 탭의 표 스타일 영역에서 [테두리] 펼침 버튼을 클릭하고 [모든 테두리]를 선택합니다.

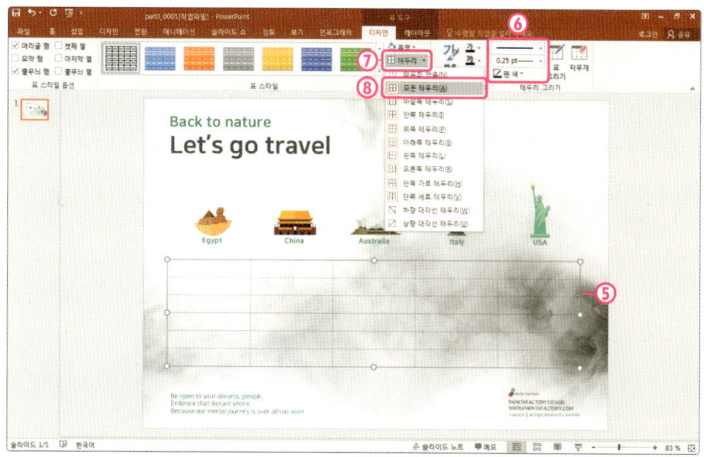

06 ⑨테두리 그리기 영역에서 테두리 종류를 [테두리 없음]으로 설정하고 표 스타일 영역에서 [테두리] 펼침 버튼을 클릭한 다음 [왼쪽 테두리], [오른쪽 테두리]를 각각 선택해서 다음과 같이 좌우가 뚫린 표를 완성합니다.

07 맨 위에 있는 1행을 제목 행으로 보이도록 강조해 보겠습니다. ⑩맨 위에 있는 행을 드래그하고 [디자인] 탭의 표 스타일 영역에서 [음영]–[다른 채우기 색]을 선택한 다음 색상을 [R63 / G155 / B120], 투명도를 [70%]로 설정합니다.

08 강조한 제목 행에 텍스트를 입력하고 ⑪[홈] 탭의 단락 영역에서 [가운데 맞춤]을 클릭한 다음 ⑫ ⑬ [텍스트 맞춤]–[중간]을 선택합니다.

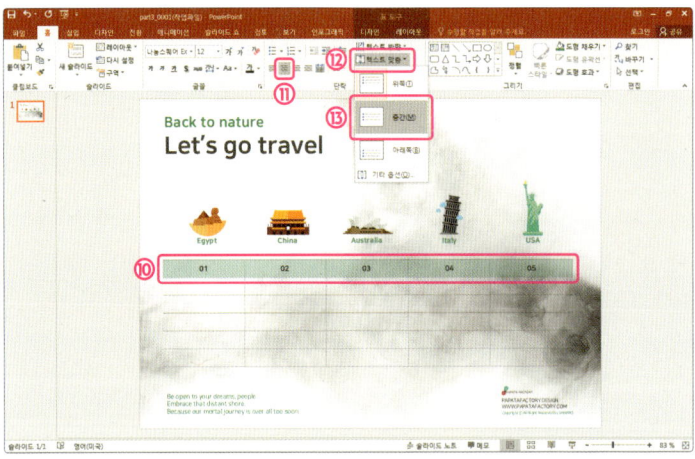

✿ **1행 강조** 앞의 실습에서는 제목 행을 채우기 색을 넣어 강조했습니다. 좀 더 강조하고 싶다면 위와 아래 테두리를 두껍게 표현해 봅니다.

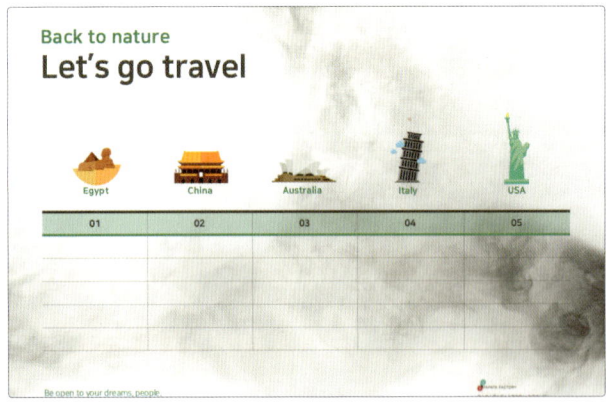

예제 파일/part3_0002.pptx

QUICK GUIDE 1행 강조하기

1행 선택 ➡ [디자인] 탭 〉 테두리 그리기 영역에서 [펜 두께]–[3pt] ➡ 표 스타일 영역에서 [테두리]–[위쪽 테두리], [아래쪽 테두리] ➡ [펜 색]–[다른 테두리 색]–[R63 / G155 / B120] ➡ [테두리]–[아래쪽 테두리] ➡ [펜 색]–[다른 테두리 색]–[R64 / G64 / B64] ➡ [테두리]–[위쪽 테두리]

✿ **테두리로 강조** 채우기 색을 모두 빼고 제목 행의 위/아래 테두리만 강조하면 간결한 느낌을 연출할 수 있습니다. 여기에 더해 마지막 행의 아래쪽 테두리를 강조하면 안정감을 줄 수 있습니다.

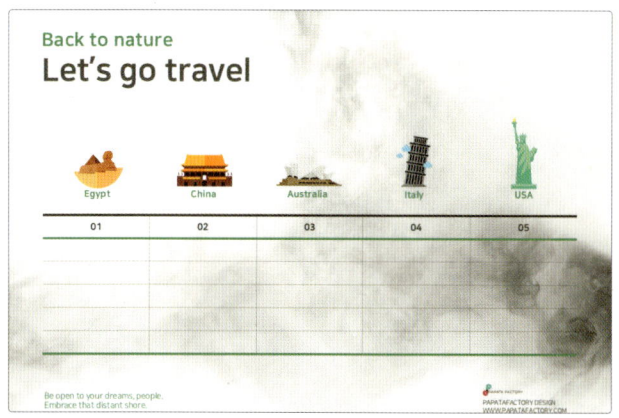

예제 파일/part3_0003.pptx

QUICK GUIDE 테두리로 강조하기

1행 선택 ➡ [디자인] 탭 〉 표 스타일 영역에서 [음영]−[채우기 없음] ➡ 6행 선택 ➡ 테두리 그리기 영역에서 [펜색]−[다른 테두리 색]−[R63 / G155 / B120] ➡ [테두리]−[아래쪽 테두리]

✿ **열 구분선 없애기** 열을 구분하는 세로 줄을 없애면 각 행에 포함된 내용을 한 줄로 확인할 수 있어 좋습니다. 표 디자인 역시 훨씬 간결해지므로 심플한 디자인에 어울립니다.

예제 파일/part3_0004.pptx

✿ **간격으로 열 구분하기** 열이 명확하게 구분되도록 열과 열 사이에 여백을 넣을 수 있습니다. 다음 표는 열과 열의 간격을 자유롭게 조정하기 위해 [1×6] 표를 디자인해서 복제한 다음 일정한 간격으로 나란히 배치한 것입니다.

예제 파일/**part3_0005.pptx**

간격으로 열을 구분하고 제목 행에 채우기 색을 적용하면 제목 행을 더욱 강조할 수 있고, 간격으로 생기는 여백을 메울 수 있어 좋습니다.

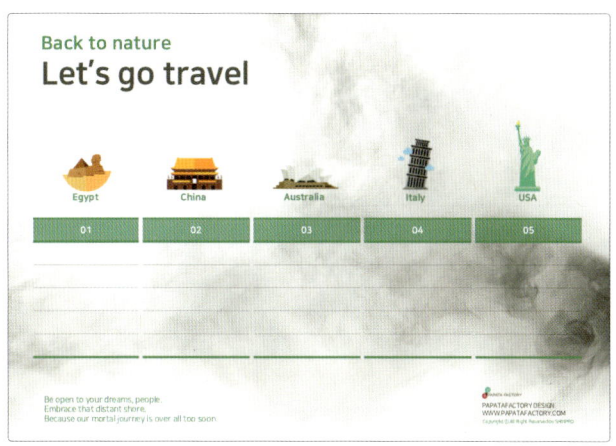

예제 파일/part3_0007.pptx

열을 구분하는 다양한 방법

열은 선이나 간격으로 구분할 수 있습니다. 특히 간격은 간격 너비를 자유롭게 조절할 수 있어 편리합니다. 다만 각 열을 별도의 표로 만들어야 하므로 수정할 때 번거로울 수 있습니다. 수정하기 쉽게 표를 만들려면 다음과 같은 방법을 쓸 수 있습니다.

✿ **투명한 열 추가하기** 투명한 열, 말 그대로 눈에 보이지 않는 열을 추가하여 각 열을 구분하는 방법입니다. 예를 들어 5×6 표가 필요하다면 9×6 표를 삽입하고 2, 4, 6, 8 열의 간격을 최소로 줄입니다.

2, 4, 5, 6 열을 각각 드래그해서 범위로 설정한 다음 [디자인] 탭의 표 스타일 영역에서 [테두리]-[테두리 없음]을 선택합니다. 이렇게 만들면 표를 여러 개 따로 만들지 않아도 되므로 수정할 때 훨씬 편리합니다.

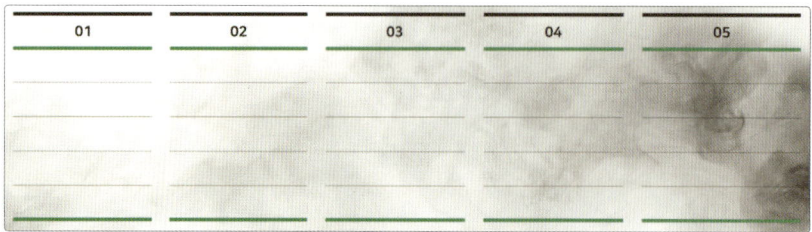

[레이아웃] 탭의 셀 크기 영역에서 간격을 자유롭게 조절할 수 있습니다. 간격을 동일하게 편집하려면 간격을 자동으로 맞추는 [행 높이를 같게]와 [열 너비를 같게]를 활용하고, 셀 크기를 원하는 만큼 조절하려면 [높이]나 [너비]에 숫자를 직접 입력하여 조절합니다.

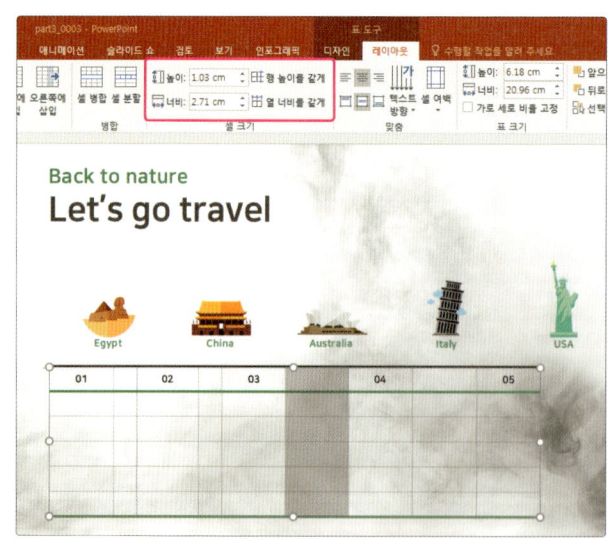

깨알Tip 셀 너비를 빠르게 줄이려면 줄이고 싶은 영역의 세로 선을 더블클릭합니다. 셀에 입력된 글줄의 길이에 맞춰 너비가 줄어듭니다.

✿ 간격으로 1행 강조하기 제목 행과 나머지 행의 간격을 좀 더 넓혀 제목 행을 강조할 수도 있습니다. 다음 그림과 같이 제목 행으로 쓸 5×1 표와 내용 행으로 쓸 5×5 표를 각각 삽입하고 약간 간격을 두어 배치합니다.

예제 파일/**part3_0006.pptx**

LESSON

2

내용을 전달하는 데 탁월한 그래프 디자인

보고서를 만들 때는 수치 자료를 분석하여 표로 정리하는 게 일반적입니다. 하지만 표만 봐서는 각 수치를 빠르게 비교하기 어려워 수치가 담고 있는 의미를 놓칠 수 있습니다. 이럴 때 활용하는 것이 그래프입니다. 통계나 수치 정보를 그래프로 표현하면 내용을 시각적으로 빠르게 전달할 수 있어 효과적입니다. 파워포인트에서 제공하는 일반적인 차트와 그래프 기능을 활용하되, 각 계열을 편집하고 아이콘이나 이미지 등을 추가로 배치하면 내용을 더욱 효과적으로 전달할 수 있습니다.

그래프 기본 기능 파악하기

파워포인트는 매우 다양한 기본 차트와 차트를 편집할 수 있는 다양한 기능을 제공합니다. 기본 차트를 응용해서 디자인하기 전에 차트를 삽입하고 편집하는 방법을 살펴보겠습니다.

✿ **차트 삽입하기** 표 삽입과 마찬가지로 차트를 삽입할 때도 [삽입] 탭을 이용합니다. [삽입] 탭의 일러스트레이션 영역에서 [차트]를 클릭하면 차트 삽입 대화상자가 열립니다. 여기서 차트 종류와 세부 모양을 선택합니다.

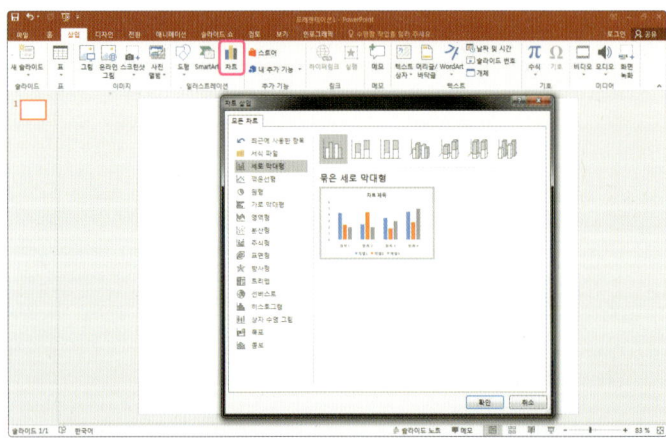

✿ **데이터 입력하기** 삽입할 차트를 선택하면 임의의 데이터가 입력된 엑셀 표가 실행되고 표 내용에 맞는 그래프가 삽입됩니다. 여기서 계열, 항목 이름, 데이터 값 등을 변경하면 삽입된 차트에 바로 반영됩니다.

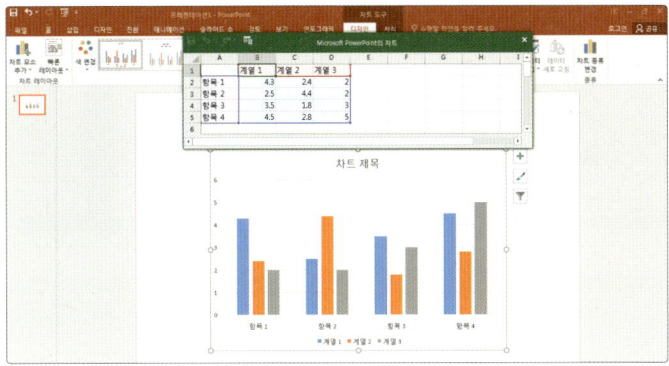

✿ **데이터 추가/삭제하기** 차트를 삽입하면 기본 데이터로 계열 세 개와 항목 네 개가 입력되어 있습니다. 계열과 항목을 추가하고 싶다면 계열 3 오른쪽과 항목 4 아래쪽에 각각 계열과 항목 값을 추가로 입력합니다. 반대로 계열이나 항목을 삭제하고 싶다면 음영으로 표시된 영역에서 조절점을 드래그해서 범위를 줄입니다. 다음과 같이 실제 입력된 값은 계열 3까지지만 범위를 계열 1로 줄이면 차트에 계열 1만 표시됩니다.

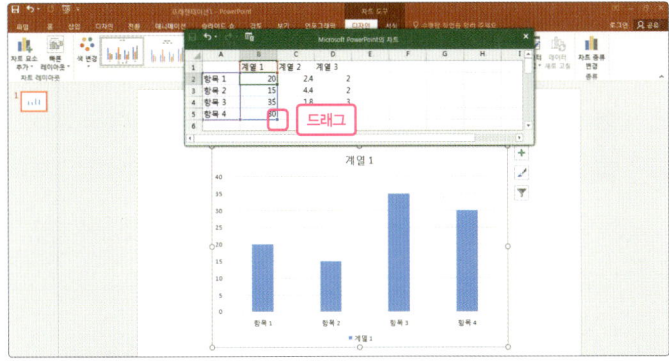

기본 데이터 범위와 값을 입력한 다음에는 엑셀 창을 닫아도 차트가 사라지지 않습니다. 기본 디자인으로 완성된 차트를 그대로 사용해도 되지만 대개는 디자인 콘셉트에 맞게 편집해서 사용합니다. 당장 계열 색만 바꿔도 다른 느낌을 연출할 수 있습니다. 항목이나 계열 이름에 사용된 폰트나 색상을 바꾸거나 배치를 조정할 수도 있지만, 텍스트를 모두 삭제하여 차트만 남기기도 합니다. 이때 제목이나 데이터 값 등 차트의 각 요소를 기본으로 제공하는 기능이 아닌 별도의 텍스트 상자 등을 이용해 배치하면 디자인을 좀 더 자유롭게 변형할 수 있습니다.

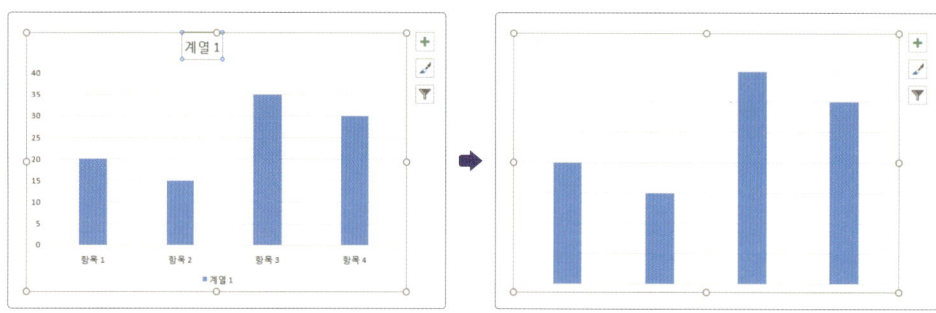

텍스트 요소를 모두 삭제하여 깔끔하게 표현한 차트

✿ **항목 색상 변경하기** 차트에서 각 계열 색을 변경하려면 도형 윤곽선이나 채우기 색상을 변경할 때와 마찬가지로 변경할 계열을 클릭하고 [홈] 탭의 그리기 영역을 이용합니다. 계열을 클릭하면 동일한 계열이 모두 선택되고, 한 번 더 클릭하면 해당 항목의 계열만 선택됩니다.

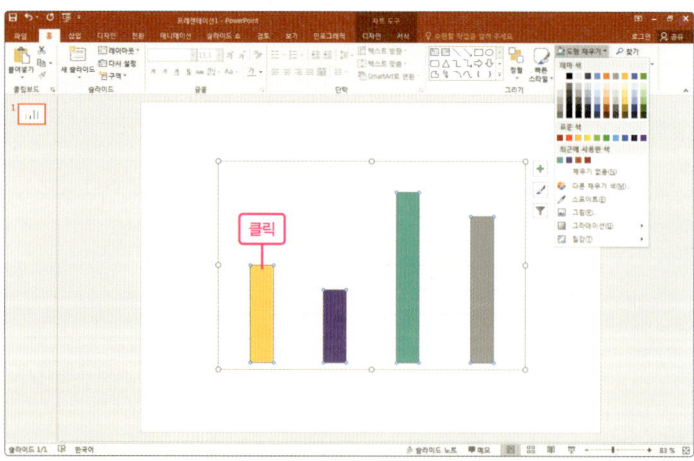

✿ **계열 서식 변경하기** 색상을 바꾸는 것 이외에도 막대그래프의 막대 간격이나 너비를 조정할 수 있습니다. 계열을 클릭하고 마우스 오른쪽 버튼을 클릭한 다음 [데이터 계열 서식]을 선택합니다.

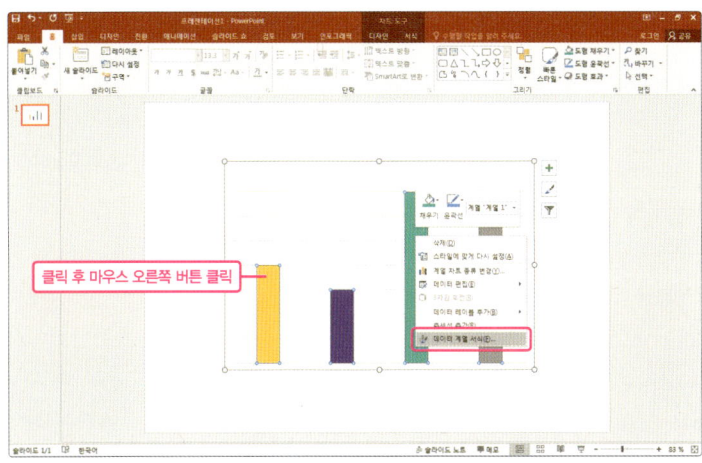

슬라이드 오른쪽에 데이터 계열 서식 창이 나타나면 간격 너비 옵션을 조정합니다. 간격 너비 값이 커질수록 항목 사이 간격은 넓어지고 계열 막대의 너비는 줄어듭니다.

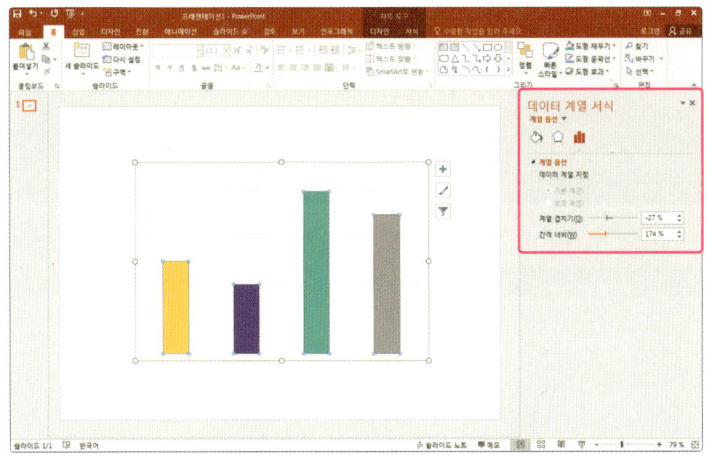

QUICK GUIDE | **계열 서식 변경하기**

계열 클릭 ➡ 마우스 오른쪽 버튼 클릭 후 [데이터 서식] ➡ 데이터 계열 서식 창에서 계열 옵션 변경

다양한 스타일로 차트 디자인하기

차트를 삽입한 다음에는 차트 안에 텍스트, 아이콘, 이미지 등을 추가하여 디자인합니다. 차트에서 강조할 값의 색을 특별하게 처리하거나 차트 값과 관련된 이미지 등을 활용하면 내용이 풍성한 차트를 완성할 수 있습니다.

 Let's Start!!

○ 예제 파일 : part3_0008.pptx

QUICK GUIDE 차트 디자인하기

[삽입] 탭 〉 일러스트레이션 영역에서 [차트] ➡ [세로 막대형]−[묶은 세로 막대형] ➡ 불필요한 요소 클릭 후
Delete ➡ 데이터 계열 서식 변경 ➡ 막대그래프 도형 채우기 색 변경

01 ①[삽입] 탭의 일러스트레이션 영역에서 [차트]를 클릭합니다.

02 ②차트 삽입 대화상자에서 [세로 막대형]−[묶은 세로 막대형]을 선택하고 ③[확인] 버튼을 클릭합니다.

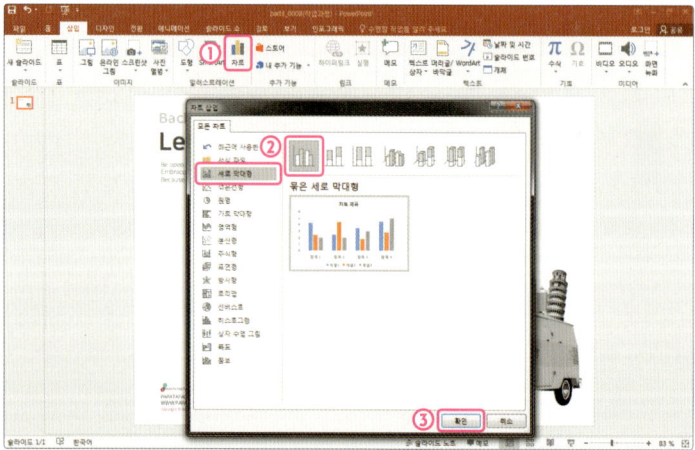

03 ④항목과 계열을 입력할 수 있는 엑셀 창이 열립니다. 데이터 입력 범위인 파란색 조절점을 왼쪽으로 드래그해서 계열 1만 남기고 항목 값을 [20, 15, 35, 30]으로 수정합니다. ⑤엑셀 창을 닫으면 표는 사라지고 차트만 남습니다.

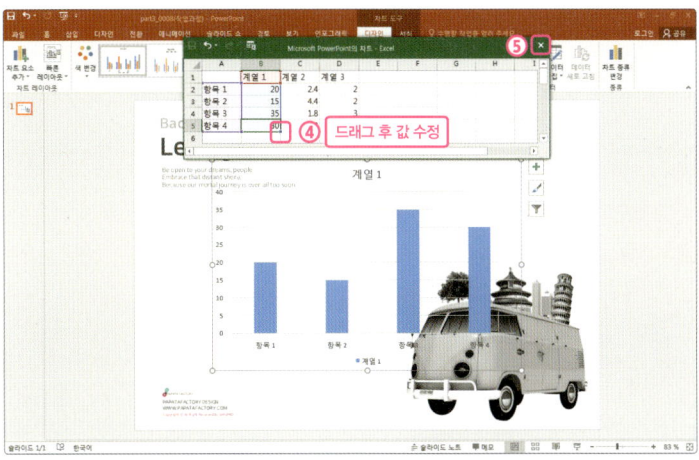

04 ⑥차트에 텍스트와 이미지를 삽입할 것이므로 그래프 도형과 눈금선을 제외한 나머지 요소를 모두 클릭하여 선택하고 Delete 를 눌러 삭제합니다.

05 ⑦그래프 도형을 더욱 강조해 보겠습니다. 눈금선을 선택하고 ⑧⑨[홈] 탭의 그리기 영역에서 [도형 윤곽선]－[다른 윤곽선 색]을 선택한 다음 옅은 회색([R242 / G242 / B242])으로 변경합니다.

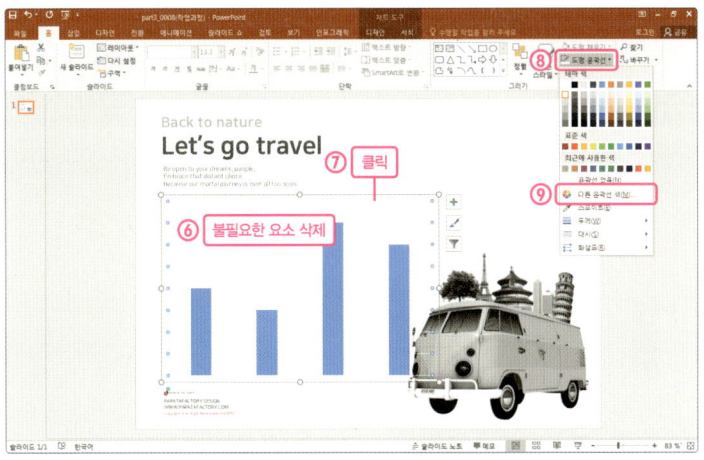

06 ⑩막대그래프 도형을 마우스 오른쪽 버튼으로 클릭하고 [데이터 계열 서식]을 선택하여 데이터 계열 서식 창을 엽니다.

07 ⑪계열 옵션에서 계열 겹치기를 [0%], 간격 너비를 [150%]로 설정하여 막대 굵기를 변경합니다.

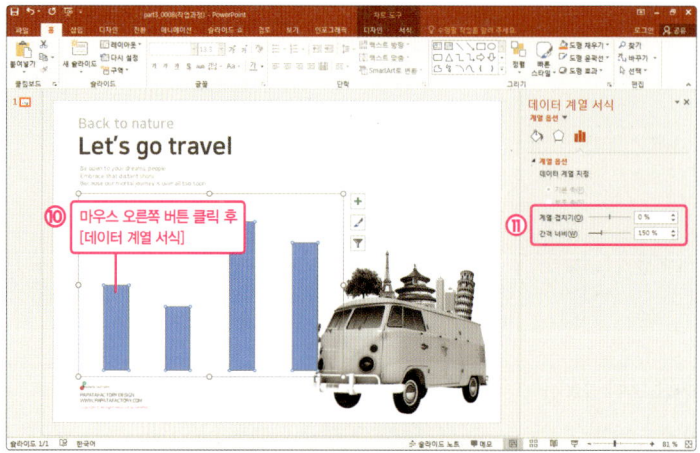

08 각 항목을 구분해 보겠습니다. ⑫막대그래프 도형을 각각 선택하고 ⑬[홈] 탭의 그리기 영역에서 도형 채우기 색을 서로 다르게 변경합니다.

09 ⑭각 항목의 데이터 값을 텍스트로 입력해서 꾸밉니다. ⑮이해도를 높여 줄 관련 있는 아이콘을 넣어 배치합니다.

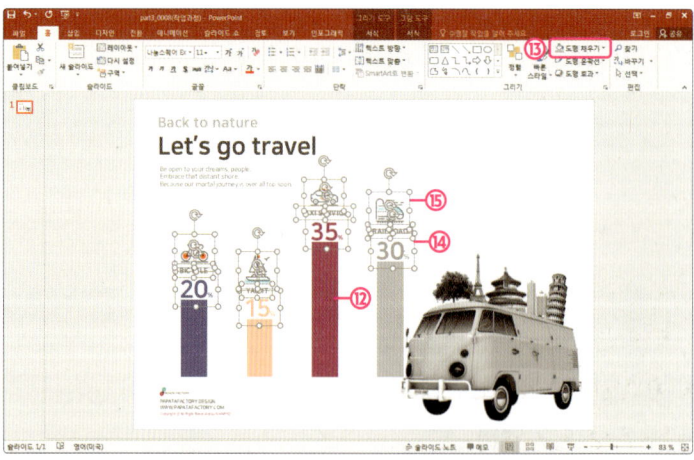

10 배경 이미지 뒤에 차트를 배치해 보겠습니다. ⑯자동차 이미지를 마우스 오른쪽 버튼으로 클릭하고 ⑰[맨 앞으로 가져오기]-[맨 앞으로 가져오기]를 선택해서 마무리합니다.

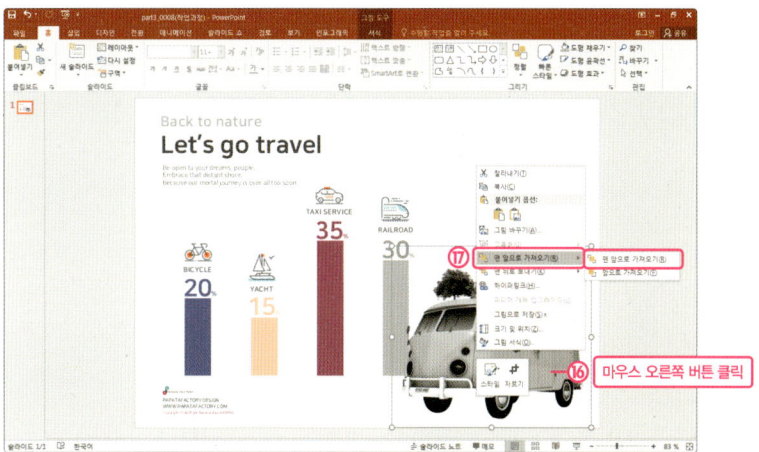

✿ **항목 강조하기** 특정 항목을 별도 영역에 한 번 더 표시하여 강조할 수 있습니다. 아이콘이 반복해서 표시되어 너무 도드라질 수 있으므로 계열 막대 안쪽에 배치했습니다. 이처럼 무언가를 강조할 때는 전체 균형이 무너지지 않도록 신경 써야 합니다.

part3_0009.pptx

QUICK GUIDE 항목 강조하기

[홈] 탭 〉 그리기 영역에서 [원형: 비어 있음] 도형 ➡ 톤앤매너 정리 및 오브젝트 배치 ➡ 아이콘 및 텍스트 위치 변경 ➡ 텍스트 색상 변경 ➡ 아이콘 선택 후 [서식] 탭 〉 조정 영역에서 [색]-[흑백: 25%]

항목을 강조하기 위해 특정 항목을 반복해서 표시할 수도 있지만 다음과 같이 계열 막대 자체를 꾸밀 수도 있습니다. 다음 디자인은 [홈] 탭의 그리기 영역에서 [직각 삼각형] 도형을 그리고 크기, 방향, 색상 등을 변경하여 해당 계열 막대 위에 겹쳐서 배치한 것입니다.

part3_0014.pptx

✿ **차트 종류 변경하기** 항목별 계열이 하나만 있을 때는 막대그래프보다 원형 차트가 더 적합합니다.

part3_0010.pptx

QUICK GUIDE 도넛 차트로 변경하기

차트 선택 ➡ [디자인] 탭 〉[차트 종류 변경] ➡ [원형]-[도넛형] ➡ 텍스트 및 아이콘 배치 ➡ [홈] 탭 〉아이콘 선택 후 [서식] 탭 〉조정 영역에서 [그림 원래대로]

앞의 스타일에서 배경 이미지를 바꾸고 아이콘을 계열 안쪽에 배치하면 또 다른 느낌을 연출할
수 있습니다.

part3_0012.pptx

지금까지 내용을 참고해서 차트 종류를 방사형 차트와 가로 막대형 차트 등으로 변경해 보고,
바뀐 차트에 맞게 텍스트와 아이콘 개체의 위치를 바로 잡아 봅니다.

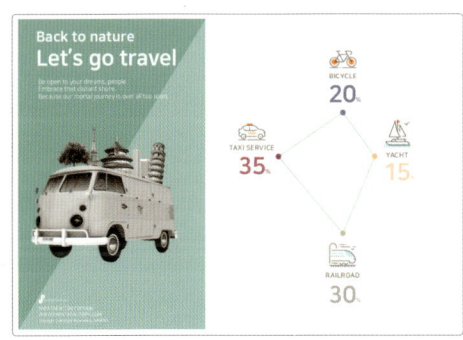

방사형 〉 표식이 있는 방사형 차트 **part3_0013.pptx**

가로 막대형 〉 묶은 가로 막대형 차트 **part3_0014.pptx**

흐름과 순서를 효과적으로 전달하는 도식/도해 디자인

순서를 표시하거나 내용의 흐름을 전달할 때 글로만 표현하면 이해하기도 어렵고 딱딱해 보일 수 있습니다. 이럴 때 네모, 세모, 동그라미 같은 도형을 이용하면 보기에도 좋고 내용도 명확하게 전달할 수 있습니다. 도형 등을 이용해 이해하기 쉽게 정리하는 작업을 도식화 표현이라고 합니다. 파워포인트에서는 SmartArt 기능을 이용하면 도식화를 표현을 쉽게 할 수 있습니다.

도식화 표현을 위한 기본 기능 파악하기

파워포인트에서 도식화 표현을 하려면 두 가지 기능을 알아야 합니다. 하나는 기본적인 도형 다루기고 남은 하나는 SmartArt 기능입니다. 도형을 다루는 방법은 앞에서 충분히 연습했고 이후에도 도형을 위주로 실습을 진행하므로 여기서는 SmartArt 기능만 간단히 소개하겠습니다.

✿ **SmartArt 삽입하기** [삽입] 탭의 일러스트레이션 영역에서 [SmartArt]를 클릭합니다. SmartArt 그래픽 선택 대화상자에서 원하는 형태를 선택할 수 있습니다. SmartArt 그래픽은 범주가 총 여덟 가지고 각 범주마다 다양한 모양을 선택할 수 있습니다.

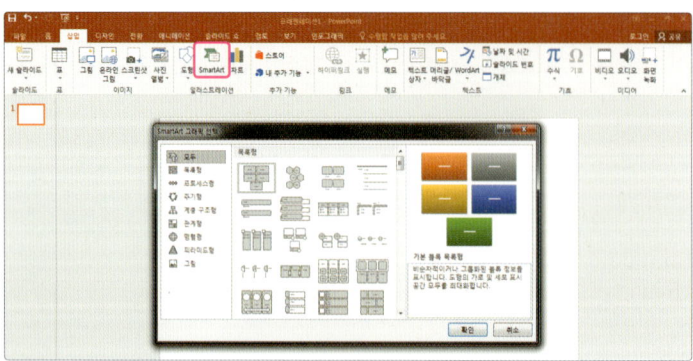

✿ **SmartArt 편집하기** 삽입한 SmartArt는 [디자인] 탭의 SmartArt 스타일 영역에 있는 스타일 목록 중 하나를 선택해서 빠르게 변형할 수 있습니다. [색 변경]을 클릭하여 색상 테마도 변경할 수 있습니다.

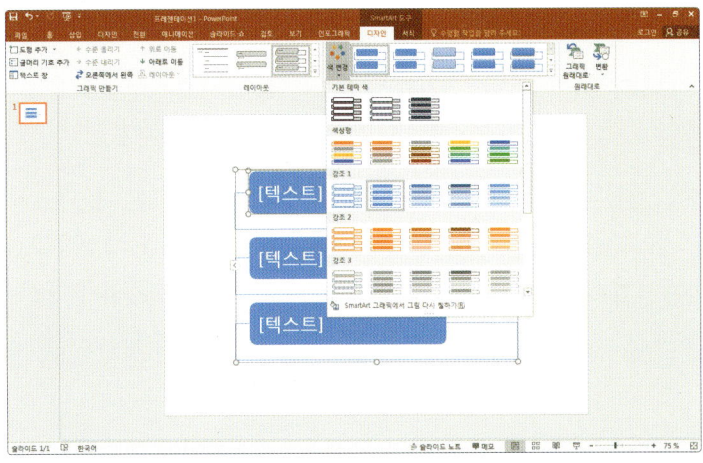

SmartArt 그래픽은 여러 도형과 텍스트 상자를 편리하게 쓸 수 있도록 조합해 놓은 그래프입니다. 따라서 각 개체를 선택하고 [서식] 탭을 이용해서 테두리나 채우기 색 등을 자유롭게 변경할 수 있습니다.

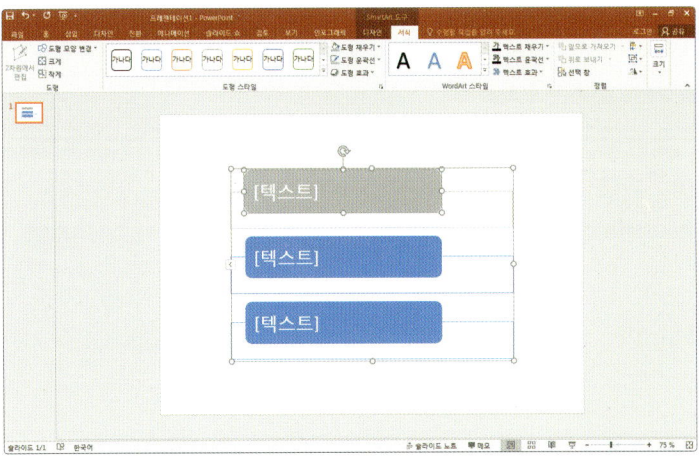

[삽입] 탭 〉 일러스트레이션 영역에서 [SmartArt] ➡ 사용할 SmartArt 선택 ➡ [디자인] 탭 〉 SmartArt 스타일 영역에서 [색 변경]

그리기 기능을 이용한 도식화 표현하기

많은 정보, 데이터, 지식을 그래픽 요소로 시각화하는 것을 도식화 표현이라고 합니다. 이런 도식화 표현을 좀 더 강화한 것이 요즘 유행하는 인포그래픽(Infographics)입니다. 도식화 표현을 쓰는 범위나 횟수가 늘다 보면 정형화된 SmartArt만으로는 원하는 도식을 표현하기 어렵다고 느낄 수 있습니다. 이럴 때는 도형 그리기 기능을 이용하여 좀 더 자유로운 형태로 도식을 표현할 수 있어야 합니다.

도형을 이용한 도식화는 기본적으로 도형을 삽입하고 도형 채우기 색, 윤곽선 색, 투명도를 조절하여 디자인합니다. 디자인 개체는 개수에 맞춰 복사하고 배치한 다음 핵심 내용을 입력하는 순서로 만듭니다. 다양한 도식화 표현을 연습하고 참고하다 보면 자연스럽게 콘셉트에 맞춰 변형하는 방법까지 배울 수 있을 것입니다.

 Let`s Start!!

📍 예제 파일 : part3_0015.pptx

[홈] 탭 〉 그리기 영역에서 [타원] 그리기 ➡ [도형 채우기]-[채우기 없음] ➡ [도형 윤곽선]-[다른 윤곽선 색] ➡ 슬라이드에서 Shift + Ctrl +드래그, 배치

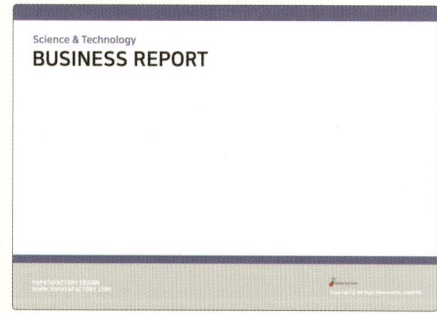

01 ①[홈] 탭의 그리기 영역에서 [타원] 도형을 선택합니다. ②슬라이드에서 `Shift` 를 누른 채로 드래그하여 정원을 그립니다.

02 ③[홈] 탭의 그리기 영역에서 [도형 채우기]-[채우기 없음]을 선택하고 [도형 윤곽선]을 클릭한 다음 원하는 색상으로 바꿉니다.

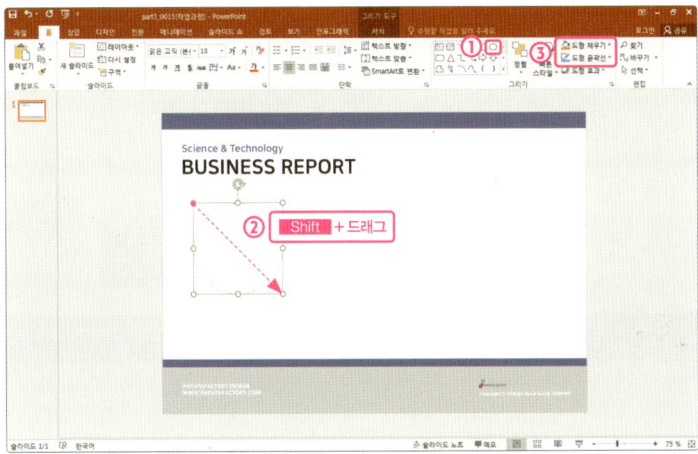

03 ④테두리만 남은 정원을 `Shift` + `Ctrl` 를 누른 채로 드래그해서 다음과 같이 정원을 다섯 개 배치합니다.

04 ⑤배치한 정원 중 두 번째와 네 번째 정원만 테두리 색을 바꿔 구분합니다. ⑥각 원에 대표하는 이미지나 텍스트를 입력해서 도식화를 완성합니다.

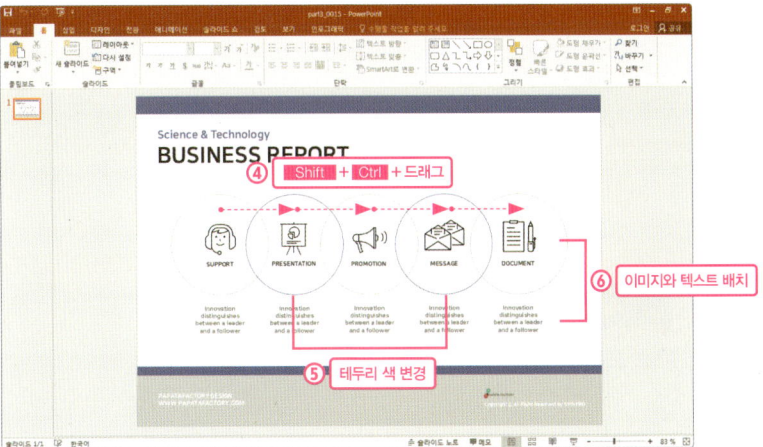

 **Let`s Start!!**

📍 예제 파일 : part3_0016.pptx

QUICK GUIDE | **위쪽 모서리가 둥근 사각형으로 만든 도식화**

[홈] 탭 〉 그리기 영역에서 [사각형: 둥근 위쪽 모서리] 그리기 ➡ [도형 윤곽선]–[윤곽선 없음] ➡ [도형 채우기]–[다른 채우기 색] ➡ 그리기 영역에서 [직사각형] 그리기 ➡ [도형 윤곽선]–[윤곽선 없음] ➡ [도형 채우기]–[다른 채우기 색] ➡ 슬라이드에서 `Shift` + `Ctrl` +드래그, 배치

01 ①[홈] 탭의 그리기 영역에서 [사각형: 둥근 위쪽 모서리] 도형을 선택합니다. ②슬라이드에서 드래그하여 위쪽 모서리리가 둥근 사각형을 그립니다.

02 ③위쪽 모서리가 둥근 사각형 위에 있는 노란색 조절점을 좌우로 드래그하여 곡률을 적당히 조절합니다.

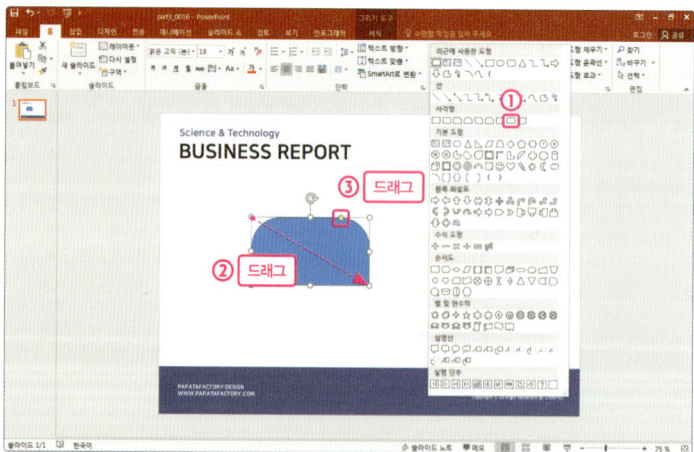

03 ④[홈] 탭의 그리기 영역에서 [도형 윤곽선]-[윤곽선 없음]을 선택하고 [도형 채우기]를 클릭한 다음 적당한 색으로 변경합니다.

04 ⑤[홈] 탭의 그리기 영역에서 [직사각형] 도형을 선택합니다. ⑥슬라이드에서 드래그하여 직사각형을 그린 다음 ⑦윤곽선은 없애고 채우기 색을 바꿔 다음과 같이 배치합니다. ⑧위쪽 모서리가 둥근 사각형과 직사각형 세트를 필요한 만큼 복제하여 배치하고, 두 번째와 네 번째에 있는 도형 세트의 색상을 변경합니다.

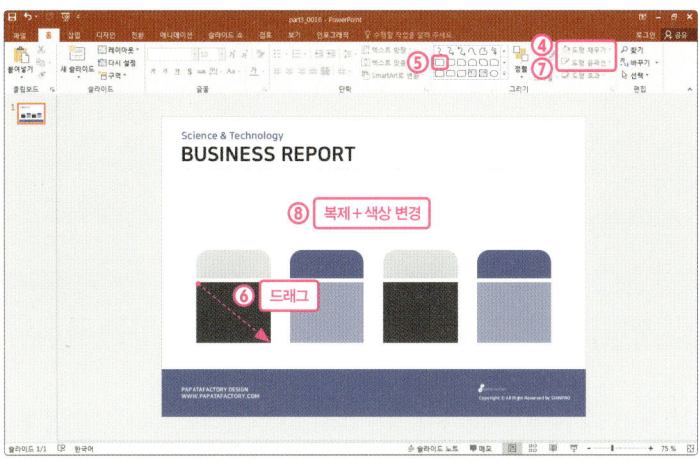

05 ⑨어울리는 아이콘 이미지와 텍스트를 배치하여 도식화를 마무리합니다.

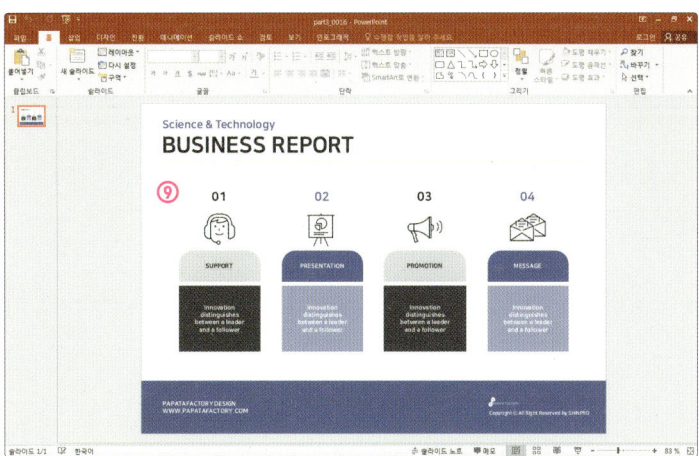

 **Let`s Start!!**

📍 예제 파일 : part3_0017.pptx

QUICK GUIDE 다이아몬드 도형을 이용한 도식화

[홈] 탭 〉 그리기 영역에서 [다이아몬드] 그리기 ➡ [도형 윤곽선]–[윤곽선 없음] ➡ [도형 채우기]–[다른 채우기 색]
➡ 색 대화상자에서 투명도 적용 ➡ 슬라이드에서 Shift + Ctrl +드래그, 배치

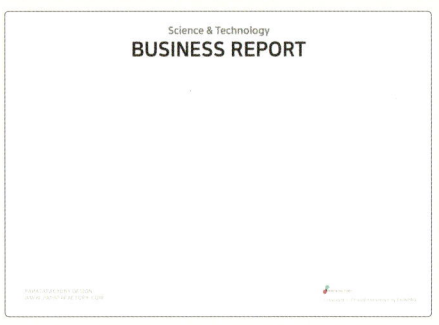 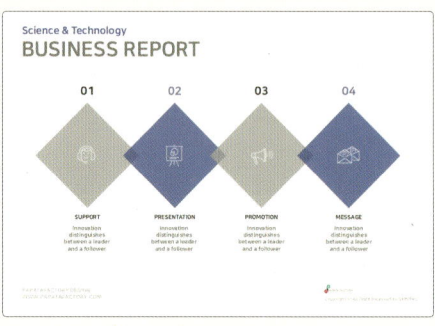

01 ①[홈] 탭의 그리기 영역에서 [다이아몬드] 도형을 선택합니다. ②슬라이드에서 드래그하여 다이아몬드 도형을 그립니다.

02 ③[홈] 탭의 그리기 영역에서 [도형 윤곽선]–[윤곽선 없음]을 선택합니다. 계속해서 [도형 채우기]–[다른 채우기 색]을 선택합니다.

03 도형을 겹쳐서 배치할 것이므로 도형에 투명도를 적용하겠습니다. ④색 대화상자의 [사용자 지정] 탭에서 원하는 색상을 선택하고 ⑤투명도를 [20%]로 설정한 다음 ⑥[확인] 버튼을 클릭합니다.

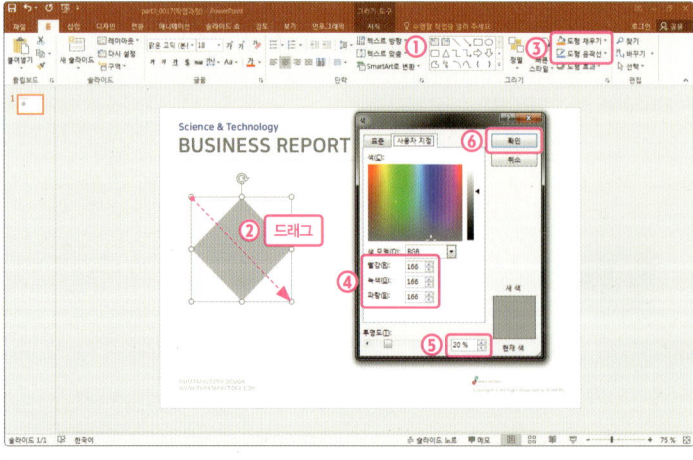

04 ⑦완성한 다이아몬드 도형을 복제하여 약간씩 겹치게 배치합니다. 두 번째와 네 번째 도형의 색상을 변경합니다.

05 ⑧아이콘과 텍스트를 적당히 배치하여 다이아몬드 도형을 이용한 도식화를 마무리합니다.

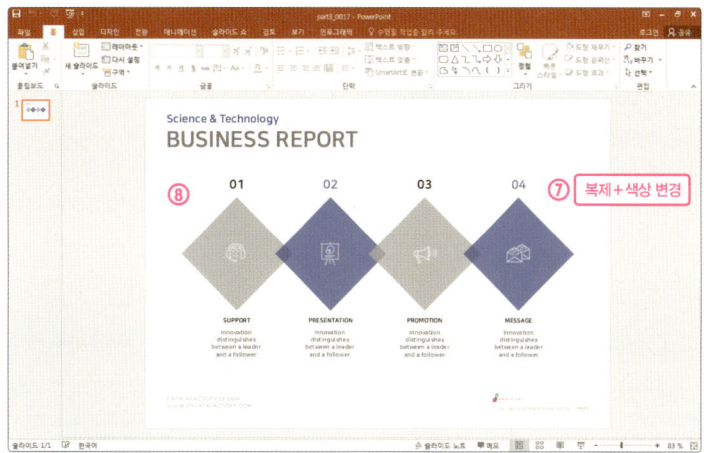

 **Let`s Start!!**

📍 예제 파일 : part3_0018.pptx

QUICK GUIDE 육각형 도형을 이용한 도식화

[홈] 탭 〉 그리기 영역에서 [육각형] 그리기 ➡ [윤곽선 없음], [다른 채우기 색] ➡ [다이아몬드] 그리기 ➡ 점 편집 ➡ 겹쳐서 배치하기

01 ①[홈] 탭의 그리기 영역에서 [육각형] 도형을 선택합니다. 슬라이드를 드래그해서 도형을 그리고 앞에서 실습한 다이아몬드 도식화를 참고하여 다음과 같이 배치합니다.

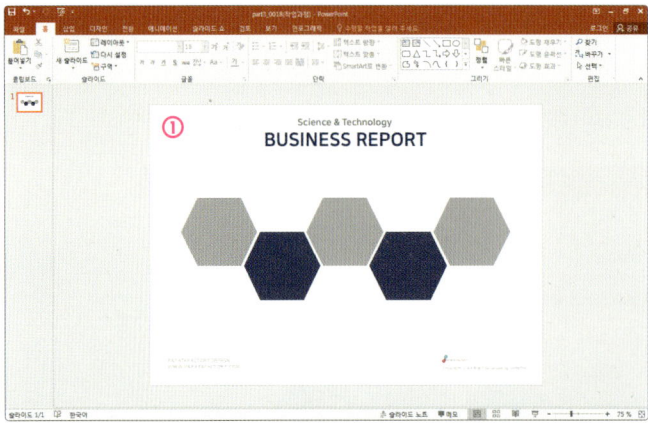

02 이번에는 도형에 그림자를 넣어 입체감을 살려 보겠습니다. ②[홈] 탭의 그리기 영역에서 [다이아몬드] 도형을 선택하고 슬라이드를 드래그해서 길쭉한 마름모를 그립니다. 색은 육각형 도형보다 살짝 짙은 색으로 표현합니다.

03 ③점 편집 기능을 이용해 마름모를 왼쪽을 바라보는 부메랑 모양으로 만든 다음 ④육각형 위에 겹치도록 배치합니다.

04 ⑤나머지 육각형에도 부메랑 모양을 겹쳐서 배치하고, 이미지와 텍스트를 입력해 도식화를 마무리합니다.

QUICK GUIDE 막힌 원호를 이용한 도식화

[홈] 탭 〉 그리기 영역에서 [막힌 원호] 그리기 ➡ 회전 및 모양 변형 ➡ [도형 윤곽선]－[윤곽선 없음] ➡ [도형 채우기]－[흰색] ➡ 슬라이드에서 Shift + Ctrl +드래그, 배치

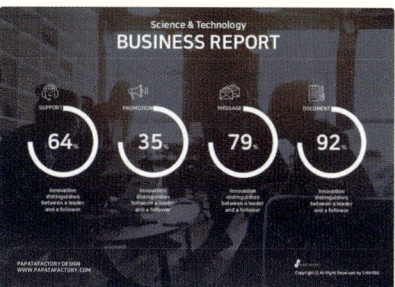

01 ①[홈] 탭의 그리기 영역에서 [막힌 원호]를 선택하고 ②슬라이드에서 드래그하여 막힌 원호를 그립니다.

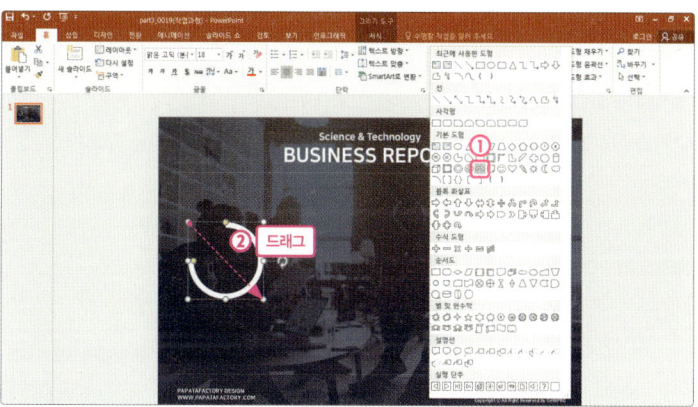

02 ③막힌 원호 도형 위쪽에 생기는 회전 조절점을 오른쪽으로 드래그해서 90˚ 회전시킵니다. ④아래쪽에 있는 노란 조절점을 왼쪽으로 드래그해서 굵기와 길이를 변경합니다.

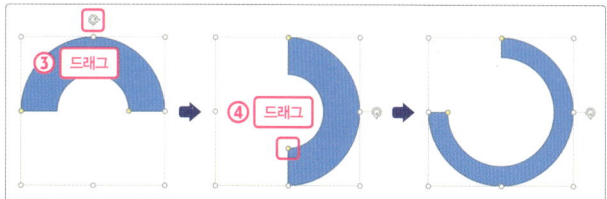

03 ⑤변형한 막힌 원호의 테두리를 없애고 채우기 색을 흰색으로 설정합니다. 막힌 원호를 복제해서 배치합니다. 적당한 위치에 아이콘과 텍스트를 배치하여 마무리합니다.

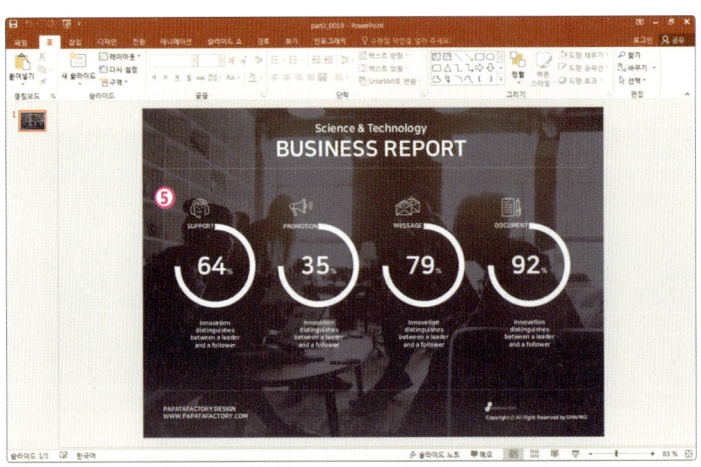

예제 파일 : part3_0020.pptx

QUICK GUIDE | **갈매기형 수장을 이용한 도식화**

[홈] 탭 〉 그리기 영역에서 [화살표: 갈매기형 수장] 그리기 ➡ [윤곽선 없음], [다른 채우기 색] ➡ 갈매기형 수장 복제 ➡ 점 편집 ➡ 겹쳐서 배치하기

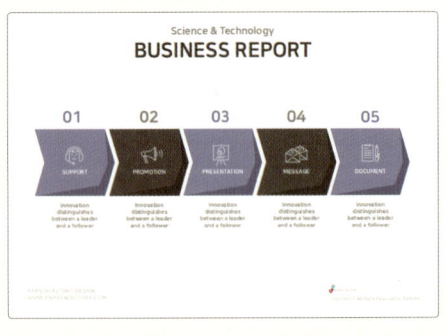

01 ①[홈] 탭의 그리기 영역에서 [화살표: 갈매기형 수장]을 선택하고 슬라이드에서 드래그하여 갈매기형 수장을 그립니다.

02 ②갈매기형 수장에 붙은 노란 조절점을 오른쪽으로 드래그하여 너비를 늘입니다.

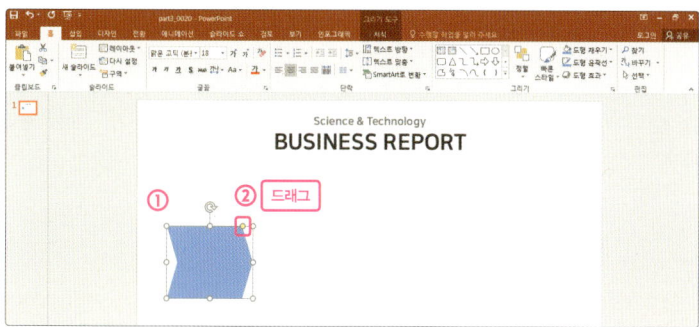

03 ③갈매기형 수장 도형의 윤곽선을 없애고 채우기 색을 보라색 계열로 변경합니다. ④갈매기형 수장을 복제하여 배치한 다음 채우기 색을 진한 보라색 계열로 변경하고 점 편집 기능을 이용해 다음과 같이 변형합니다. ⑤변형한 도형을 갈매기형 수장 위에 겹치게 배치합니다.

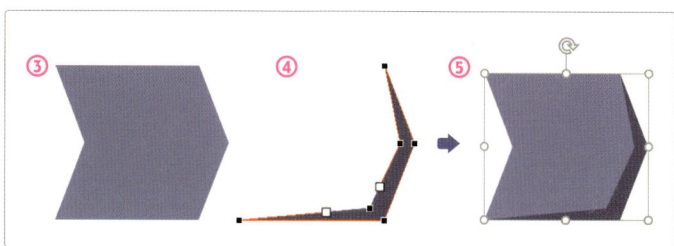

04 ⑥완성한 개체를 복제해서 배치하고 두 번째와 네 번째 개체의 색상을 변형합니다. 아이콘과 텍스트를 배치해서 도식화를 마무리합니다.

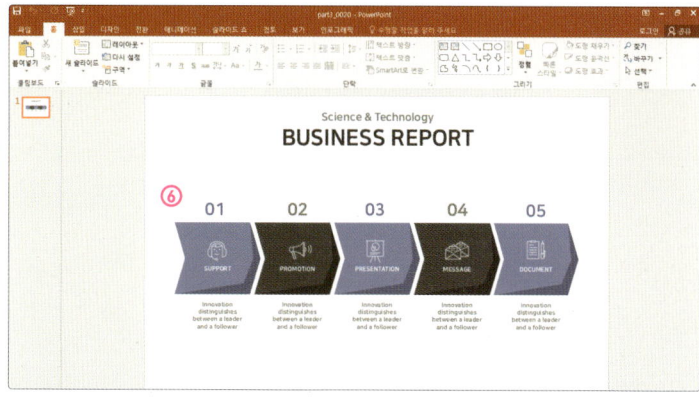

QUICK GUIDE 위쪽 모서리가 둥근 사각형으로 도식화

[홈] 탭 〉 그리기 영역에서 [사각형: 둥근 위쪽 모서리] 그리기 ➡ 모양 변형 ➡ [도형 윤곽선]–[윤곽선 없음] ➡ [도형 채우기]–[노란색] ➡ 슬라이드에서 Shift + Ctrl +드래그, 배치 ➡ 도형 복제 ➡ [도형 채우기]–[흰색] ➡ 도형 회전 ➡ 도형 복제 및 배치

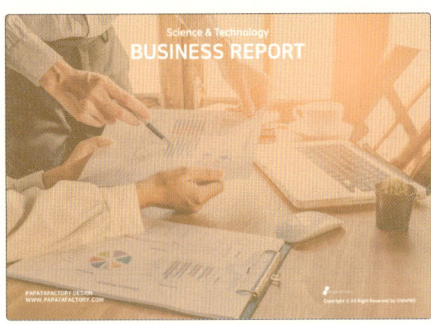

01 ①[홈] 탭 그리기 영역에서 [사각형: 둥근 위쪽 모서리]를 선택하고 슬라이드에서 세로로 길게 드래그 하여 도형을 그립니다.

02 ②노란 조절점을 왼쪽으로 드래그해서 위쪽이 완전한 타원이 되도록 만듭니다.

03 ③도형 윤곽선을 없애고 채우기 색을 노란색으로 설정합니다. ④도형을 하나 더 복제하고 채우기 색을 흰색으로 설정합니다. 조절점을 드래그해서 180° 회전시킵니다. 노란 도형과 흰색 도형이 맞닿도록 흰색 도형을 아래로 드래그해서 배치합니다.

04 ⑤완성된 위쪽 모서리가 둥근 사각형을 복제하고 색상이 지그재그로 반복되도록 배치합니다. 텍스트와 아이콘을 배치해서 도식화를 마무리합니다.

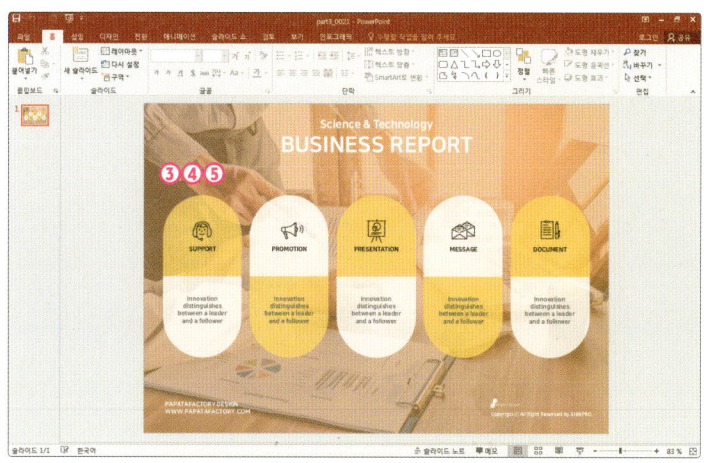

PART

4

파워포인트로
활용 가능한
다양한 디자인

파워포인트 용도를 과제, 공모전, 보고서, 발표용 문서 같은 학습용 또는 오피스용 문서로 한정하는 경우가 많습니다. 물론 파워포인트는 엑셀과 함께 대표적인 오피스 프로그램입니다. 하지만 파워포인트는 엑셀과 달리 포토샵이나 일러스트레이터처럼 멋진 디자인을 할 수 있는 그래픽 프로그램이기도 합니다. 당장 Part 2~3에서는 다양한 오브젝트를 배치하고 도형과 점 편집 기능을 활용하여 원하는 모양을 디자인해 보았습니다. 이외에도 파워포인트를 이용해 디자인할 수 있는 영역이 어디까지인지 직접 확인해 보겠습니다.

JUST DO POWER POINT WITH SHINPRO

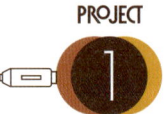
파워포인트 템플릿 디자인하기

파워포인트 문서를 만들다 보면 인터넷 검색으로 무료 템플릿을 다운로드하여 활용할 때가 있습니다. 템플릿을 열어 보면 대부분 타이틀 페이지, 목차 페이지, 본문 페이지로 구성되어 있습니다. 여기에 앞서 배운 간지 페이지와 엔딩 페이지까지 구성되어 있다면 문서를 더욱 쉽게 만들 수 있습니다. 물론 문서 내용을 파악하고 거기에 딱 맞게 디자인하는 것이 기본이지만, 때에 따라서는 보편적으로 쓸 수 있는 템플릿을 문서에 맞게 조금씩 변형하여 활용하는 것도 나쁘지 않습니다.

직장인을 위한 파워포인트 템플릿 디자인 계획하기

파워포인트를 실행하면 기본으로 사용할 수 있는 템플릿이 표시됩니다. 다행히 준비하는 자료에 어울리는 디자인의 템플릿이 있다면 골라 쓰면 됩니다. 하지만 기본으로 제공되는 템플릿은 불특정 다수를 대상으로 만들어진 디자인이므로 내가 원하는 디자인 콘셉트와 일치하기가 쉽지 않습니다.

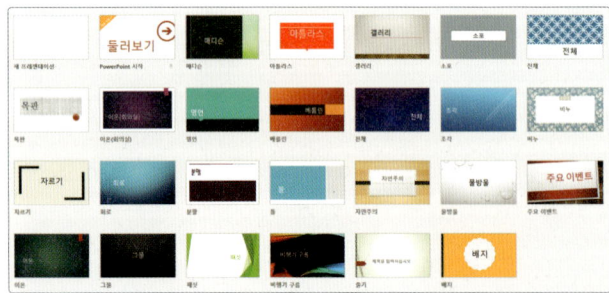

파워포인트의 기본 템플릿

회사에서 자주 만들어야 하는 보고서, 기획서, 회사 소개서 등에 활용할 수 있도록 두 가지 형태로 템플릿을 만들어 보겠습니다. 도형과 텍스트만으로 구성한 심플한 템플릿과 비즈니스와 관련된 이미지를 활용한 템플릿입니다.

신입사원이 처음 보고 자료를 만들거나 창업을 준비하는 사람이 사업계획서를 만들 때 쓸 수 있는 템플릿을 만들어 보겠습니다. 보고서, 기획서, 회사 소개서 등 회사에서 두루 활용할 수 있는 디자인입니다.

⚙ **콘셉트** 내용 전달에 집중할 수 있도록 도형과 텍스트만으로 심플하게 구성합니다.

⚙ **색상** 메인 색상과 서브 색상을 활용하여 배경을 꾸밉니다. 메인 색상과 서브 색상은 보색에 가까운 파랑과 노랑을 활용하여 주목도를 높입니다. 텍스트는 두 가지 색상에 흰색과 검은색을 더해 꾸밉니다.

메인 색상 [R58 / G40 / B194],
투명도 [10%]

서브 색상 [R255 / G217 / B102],
투명도 [10%]

⚙ **레이아웃** 비즈니스용 파워포인트 문서는 인쇄해서 제출하는 경우가 많습니다. 인쇄를 고려하여 슬라이드 크기를 A4 가로 방향으로 설정하여 디자인합니다. 두 템플릿이 슬라이드 종류에 따라 레이아웃이 다르므로 눈금선을 이용하여 오브젝트를 배치합니다.

⚙ **폰트** 저작권을 침해하지 않도록 무료 폰트인 [나눔스퀘어 ExtraBold]를 사용합니다. 심플한 디자인 콘셉트에 맞춰 폰트를 한 가지로 제한합니다.

완성 파일 : part4_0001.pptx

완성

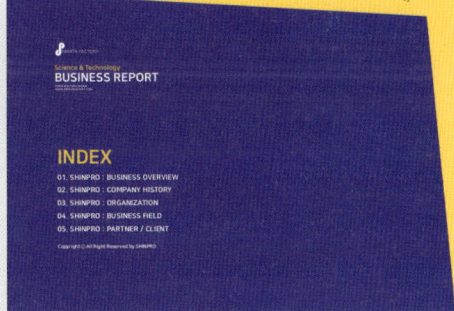

타이틀 페이지 만들기

01 새로운 낱장 슬라이드를 준비합니다. 레이아웃 계획에 따라 슬라이드 크기를 A4 가로 방향으로 설정하고 눈금선을 표시합니다.

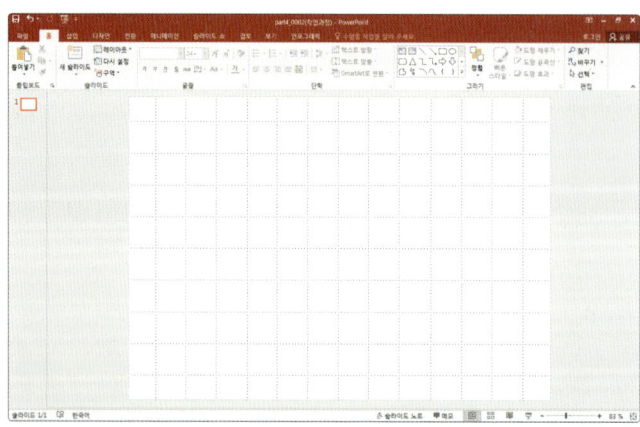

QUICK GUIDE 슬라이드 크기 및 눈금선

• **슬라이드 크기** [디자인] 탭 〉 사용자 지정 영역에서 [슬라이드 크기]−[사용자 지정 슬라이드 크기]

• **눈금선** [보기] 탭 〉 표시 영역에서 [눈금선] 체크

02 배경으로 쓸 도형을 배치해 보겠습니다. [홈] 탭의 그리기 영역에서 [직사각형] 도형을 선택하고 슬라이드 크기대로 드래그하여 직사각형을 그립니다.

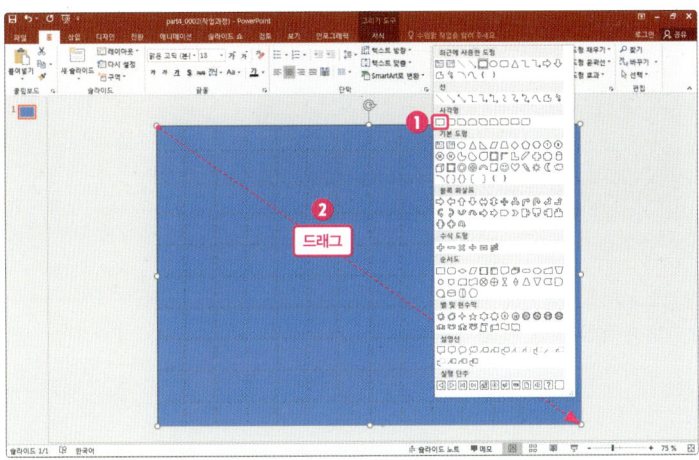

03 [홈] 탭의 그리기 영역에서 [도형 윤곽선]−[윤곽선 없음]을 선택하고 [도형 채우기]−[다른 채우기 색]을 선택합니다. 색 대화상자가 열리면 [사용자 지정] 탭에서 도형 색을 [R255 / G217 / B102], 투명도를 [10%]로 설정하고 [확인] 버튼을 클릭합니다.

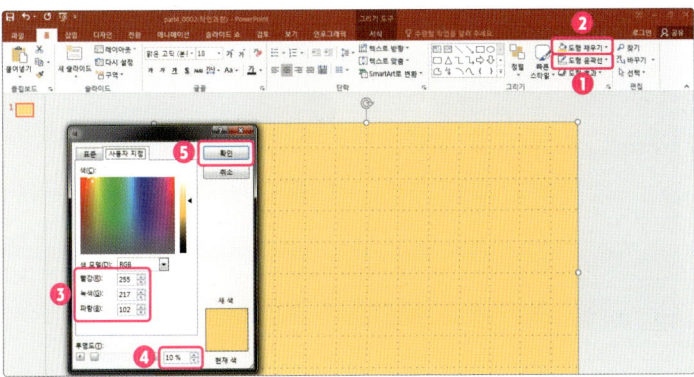

04 배경으로 두 가지 색상의 도형을 겹쳐 배치할 것이므로 직사각형을 하나 더 드래그해서 넣습니다. 추가한 직사각형 역시 윤곽선을 없애고 도형 채우기 색을 [R58 / G40 / B194], 투명도를 [10%]로 바꿉니다.

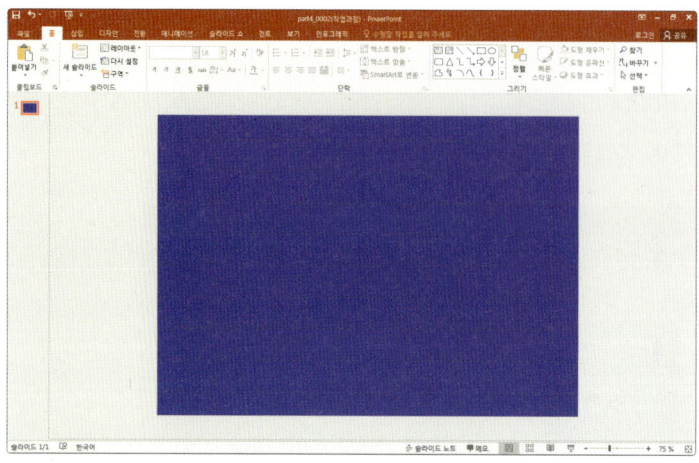

QUICK GUIDE | **도형 채우기 색 변경**

[홈] 탭〉그리기 영역에서 [도형 채우기]–[다른 채우기 색]〉[사용자 지정] 탭〉원하는 색과 투명도 설정

---

05 보라색 직사각형을 점 편집 기능을 이용하여 변형하겠습니다. 보라색 직사각형을 마우스 오른쪽 버튼으로 클릭하고 [점 편집]을 선택합니다.

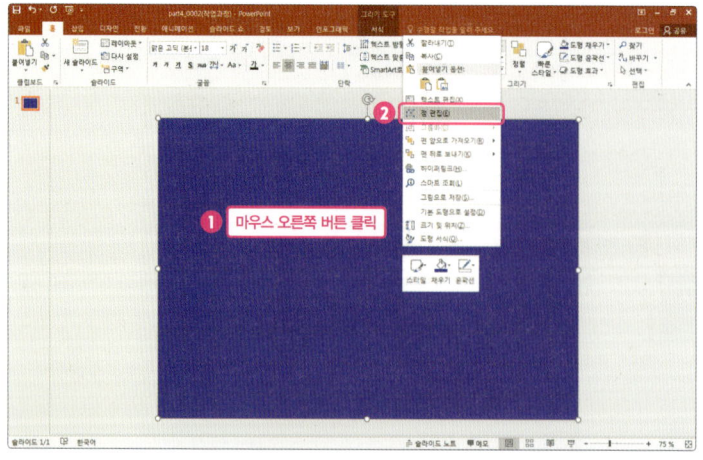

06 점 편집 상태가 되면 오른쪽 아래에 있는 조절점을 대각선 위로 살짝 드래그하여 다음과 같은 모양으로 만듭니다.

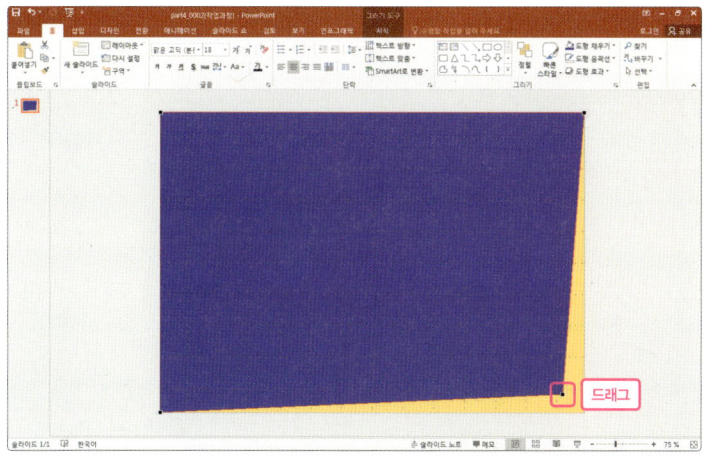

07 [홈] 탭의 그리기 영역에서 [텍스트 상자]를 선택한 다음 텍스트를 입력하여 배치합니다. 폰트는 [나눔스퀘어 ExtraBold]로 적용하고 텍스트 크기는 내용에 따라 적절히 입력합니다. 색상은 디자인 계획에 따라 흰색과 노란색([R255 / G217 / B102])을 활용합니다. 왼쪽 아래에 회사 로고 이미지를 배치합니다.

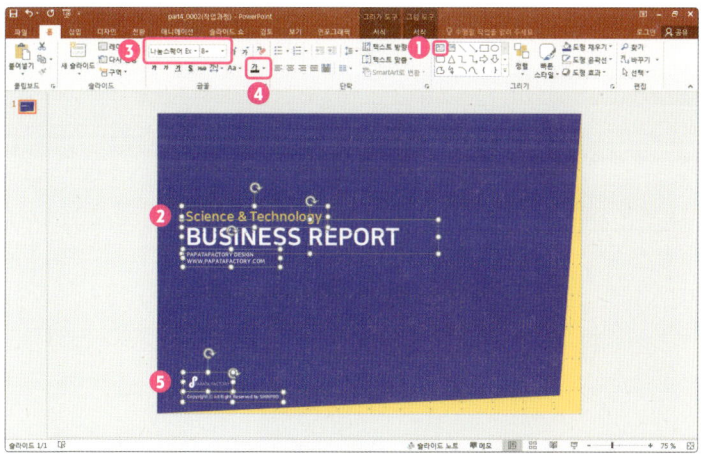

목차 및 간지 페이지 만들기

01 먼저 목차 페이지를 만들겠습니다. 왼쪽 축소판 영역에서 타이틀 페이지를 클릭하고 Enter 를 누르면 바로 아래에 빈 슬라이드가 추가됩니다.

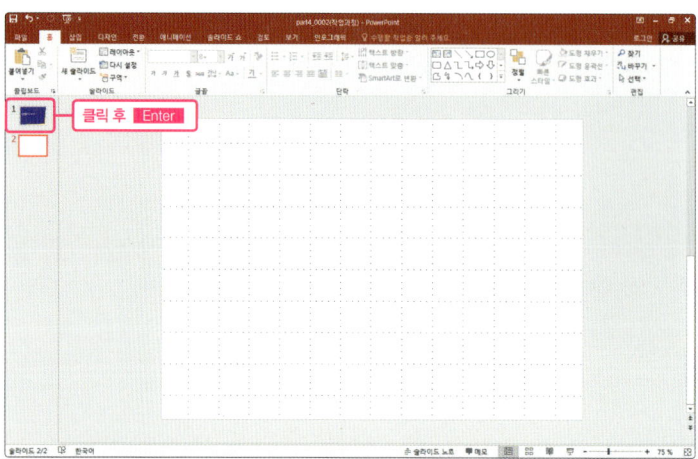

02 타이틀 페이지를 만들 때와 같은 방법으로 직사각형 두 개를 배치합니다. 점 편집 기능을 이용하여 오른쪽 위의 조절점을 대각선 아래로 드래그하여 기본 배경을 만듭니다. 타이틀 페이지는 오른쪽 아래에 노란 배경이 보였지만, 목차 페이지는 오른쪽 위에 노란 배경이 보이도록 변화를 줬습니다.

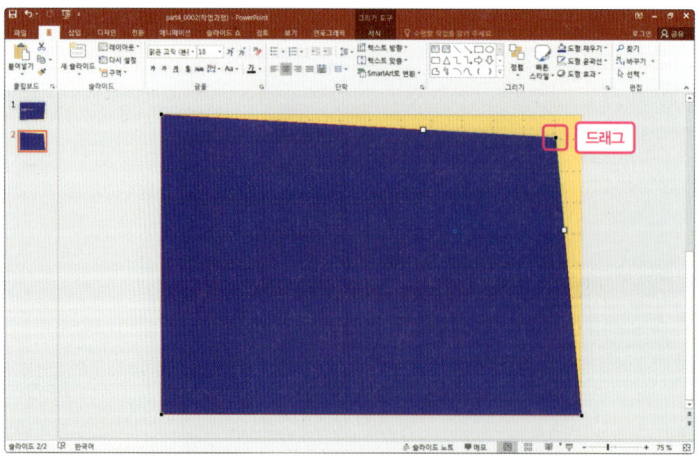

03 타이틀 페이지에 있는 메인타이틀, 서브타이틀, 사이트 정보를 복사해서 붙여 넣고 크기를 줄여 배치합니다. 이렇게 동일한 텍스트를 배치하면 페이지 사이의 통일성을 유지할 수 있습니다. 이어서 목차 정보를 입력합니다.

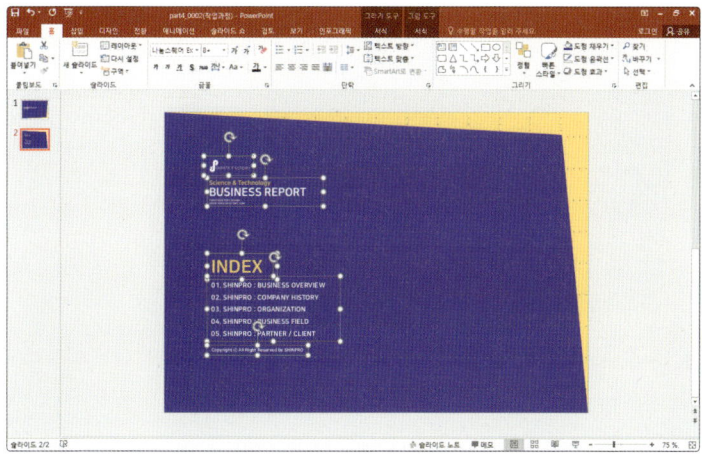

04 다음으로 간지 페이지를 만들겠습니다. 목차 페이지와 마찬가지로 빈 슬라이드를 추가하고 직사각형 두 개를 배치합니다. 점 편집 기능을 이용하여 오른쪽 위와 왼쪽 아래 조절점을 안쪽으로 드래그합니다. 이렇게 하면 오른쪽 위와 왼쪽 아래에 노란 배경이 보입니다.

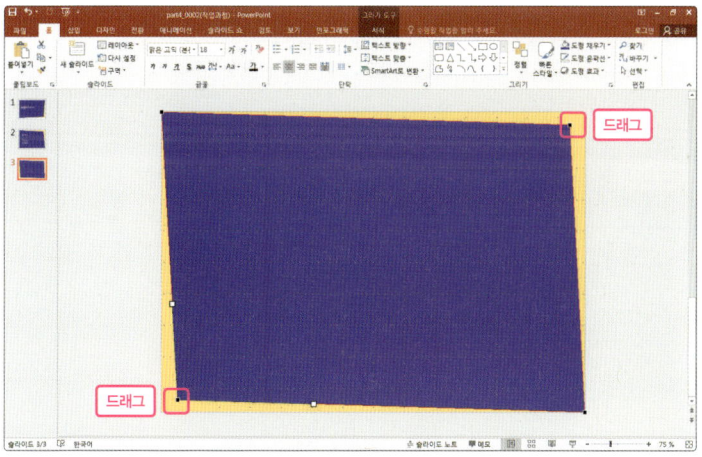

05 앞에서 만든 페이지와 통일성이 유지되도록 텍스트를 적당히 배치합니다.

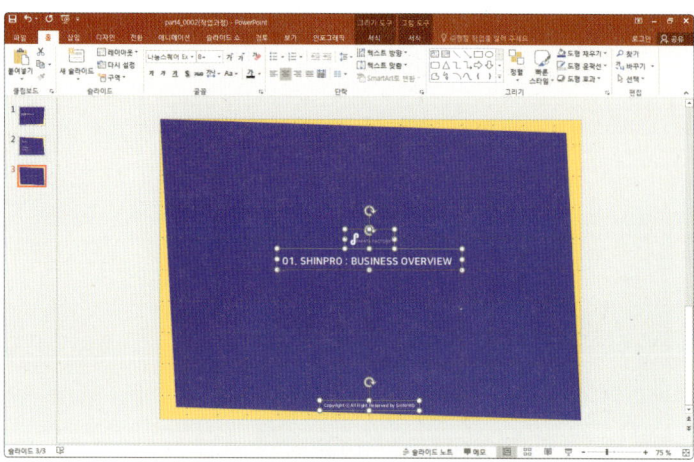

본문 페이지 만들기

01 슬라이드 문서에서 가장 중요한 본문 페이지를 만들어 보겠습니다. 같은 방법으로 빈 슬라이드를 추가하고 직사각형을 두 개 배치합니다. 점 편집 기능을 선택하고 위쪽과 아래쪽 중간을 안쪽으로 드래그하여 위와 아래에 노란 배경이 보이도록 만듭니다.

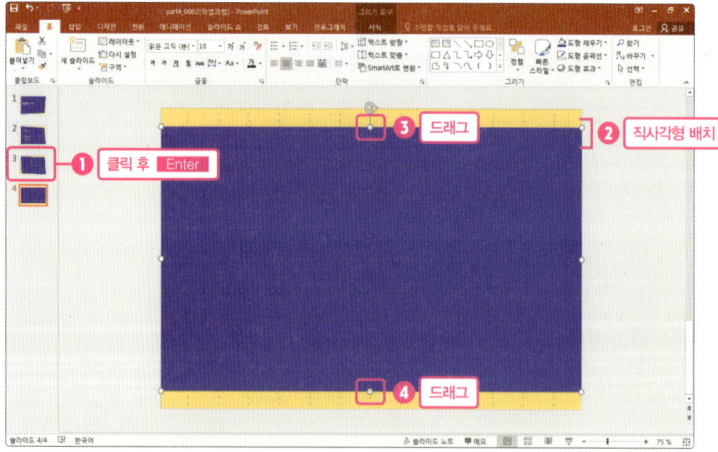

02 중앙에 들어갈 도식을 만들겠습니다. [홈] 탭의 그리기 영역에서 블록 화살표 영역에 있는 [오각형] 도형을 선택한 다음 슬라이드 영역에서 드래그하여 오각형을 그립니다.

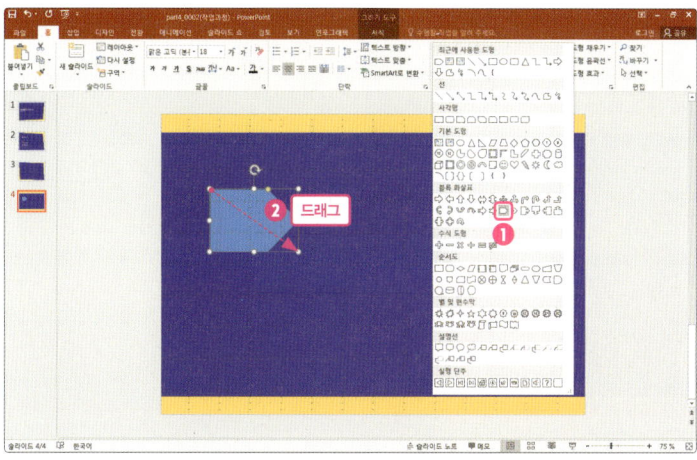

03 회전 조절점(⟳)을 왼쪽 아래로 드래그하여 방향을 변경합니다. [홈] 탭의 그리기 영역에서 도형 윤곽선을 [윤곽선 없음], 도형 채우기를 [R255 / G217 / B102]로 설정합니다.

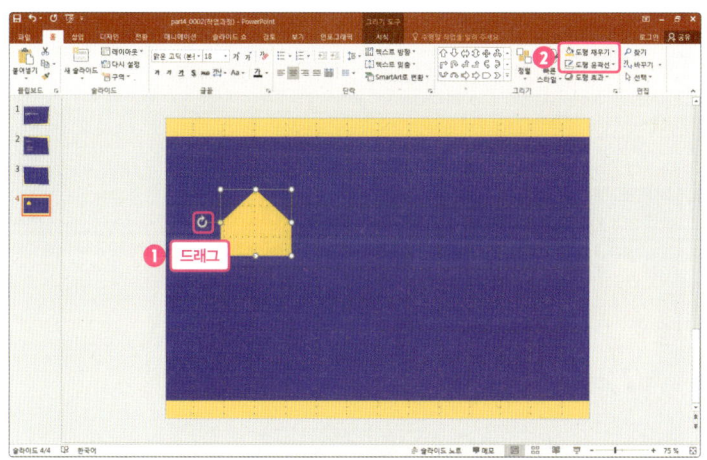

깨알Tip 회전 조절점을 드래그할 때 **Shift** 를 누른 채로 드래그하면 15° 간격으로 회전시킬 수 있습니다.

04 오각형에서 위쪽 삼각형 면적은 줄고 아래쪽 삼각형 면적은 늘어나도록 노란색 변형 조절점을 약간 위로 드래그해서 옮깁니다.

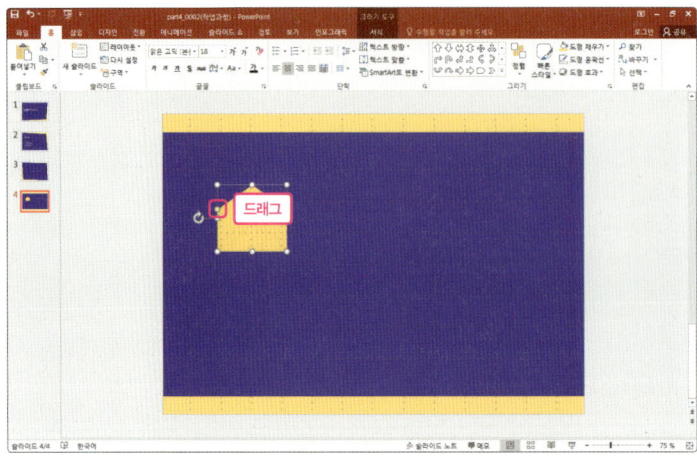

05 노란색 오각형을 Ctrl 을 누른 채로 드래그해서 복제합니다. 복제한 오각형의 회전 조절점을 드래그하여 방향을 뒤집고 두 도형의 아래와 위가 맞닿도록 배치합니다. [홈] 탭의 그리기 영역에서 도형 채우기를 [흰색, 배경 1]로 변경합니다.

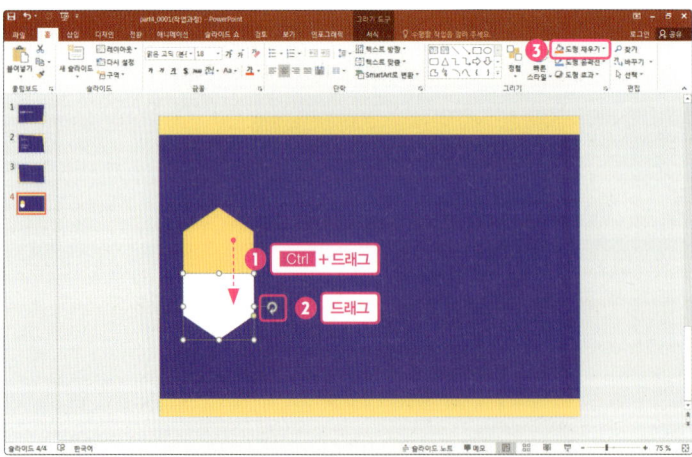

06 오각형 두 개를 선택하고 Ctrl + G 를 눌러 그룹으로 묶습니다. 그룹으로 묶은 오각형을 Ctrl 을 누른 채로 오른쪽으로 드래그해서 복제합니다. 총 다섯 개가 되도록 세 번 더 복제하여 배치합니다.

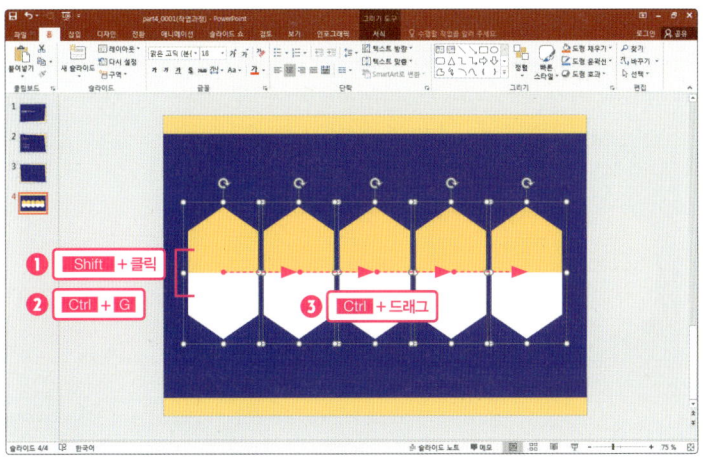

깨알Tip 각 도식을 Ctrl 과 Shift 를 함께 누른 채로 드래그하면 수직, 수평으로 복제할 수 있습니다.

07 배치한 도식 중 두 번째와 네 번째 도식을 180° 회전시켜 노란색과 흰색이 지그재그로 표현되도록 조정합니다.

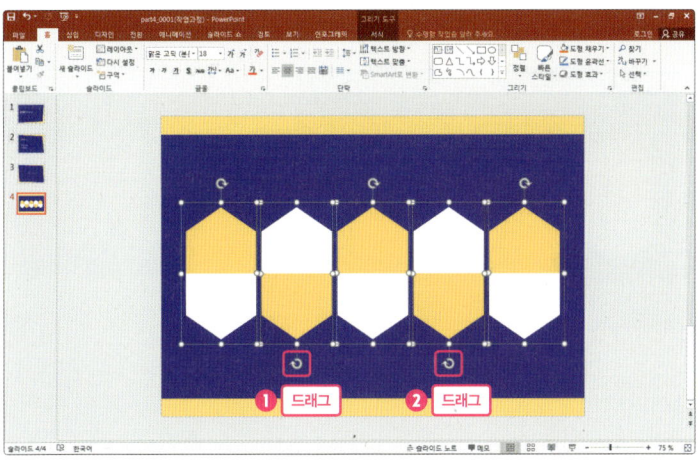

08 복제한 도식의 간격과 배치를 맞추겠습니다. 모든 도식을 선택하고 [서식] 탭의 정렬 영역에서 [맞춤]-[중간 맞춤], [가로 간격을 동일하게]를 순서대로 선택합니다. 높이와 사이 간격이 맞춰집니다.

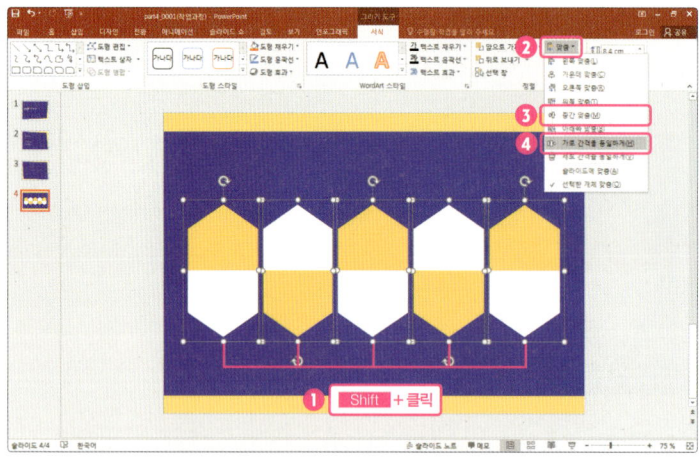

09 도식이 모두 선택된 상태에서 Ctrl + G 를 눌러 그룹으로 묶습니다. [서식] 탭의 정렬 영역에서 [맞춤]-[가운데 맞춤], [중간 맞춤]을 선택합니다. 그룹으로 묶은 도식이 슬라이드 정중앙에 배치됩니다.

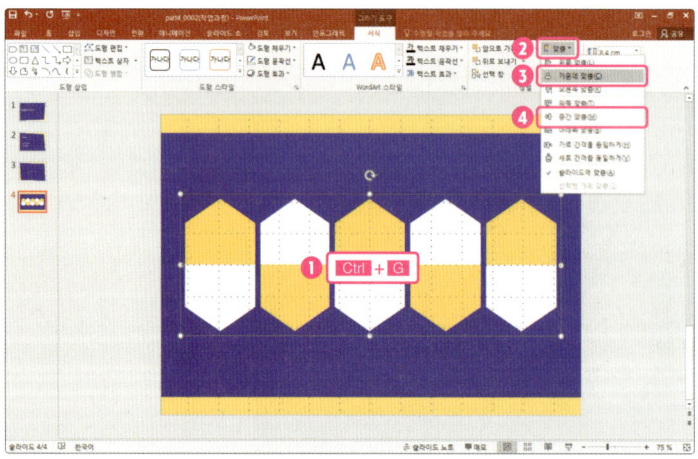

10 전체 슬라이드의 통일성을 고려하여 텍스트나 아이콘 요소 등을 삽입하고 마무리합니다.

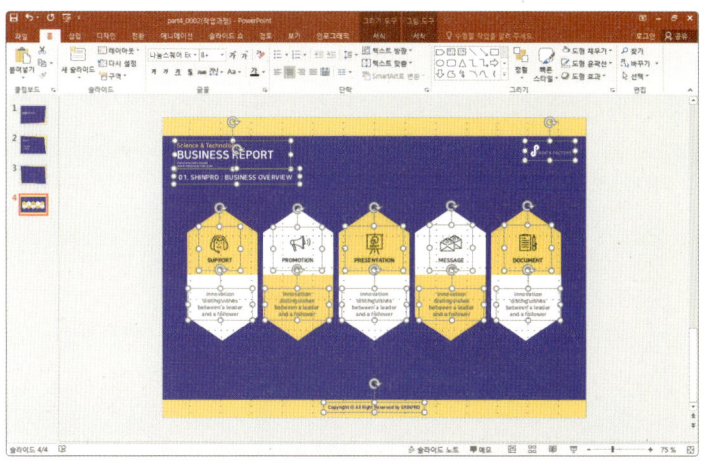

QUICK GUIDE   아이콘 삽입하기

- **기본 아이콘 삽입** [삽입] 탭 〉 일러스트레이션 영역에서 [아이콘] 클릭 후 선택
- **사용자 아이콘 삽입** [삽입] 탭 〉 이미지 영역에서 [그림] 클릭 후 이미지 파일 선택

엔딩 페이지 만들기

01 엔딩 페이지는 다른 페이지와 구분되도록 배경을 반전시킵니다. 즉 직사각형 두 개를 배치하되 아래에 노란색 배경을 배치하고 위에 보라색 배경을 배치합니다. 점 편집 기능을 이용하여 다음과 같이 변형합니다.

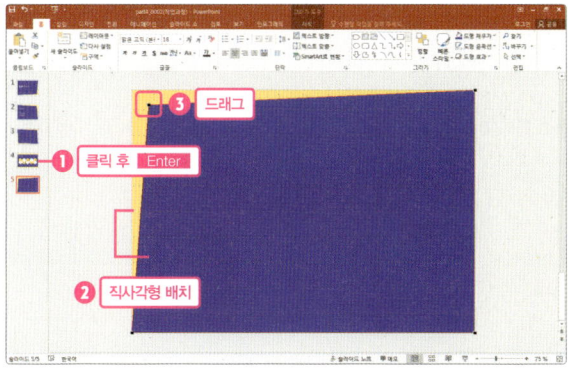

깨알Tip

노란색 배경은 따로 만들지 말고 앞에서 만든 슬라이드에서 복사하여 붙여 넣고(Ctrl + C ➡ Ctrl + V), 보라색 도형만 추가해서 변형하면 빠르게 만들 수 있습니다.

02 통일성을 고려하여 텍스트를 배치하고 엔딩 슬라이드라는 것을 알 수 있는 문구를 추가해서 완성합니다.

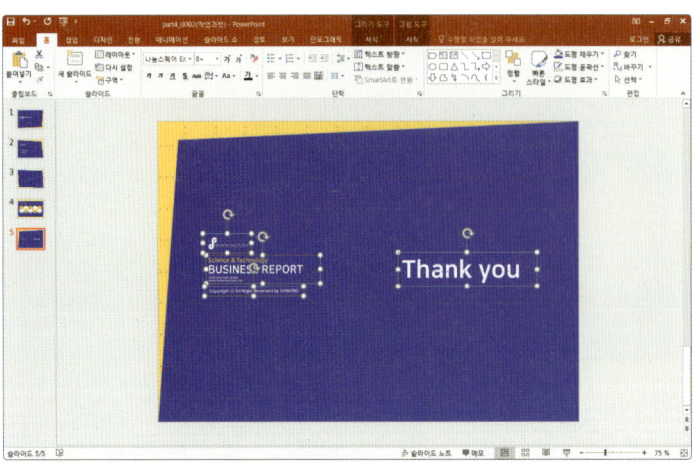

도형과 텍스트만으로 구성한 심플한 템플릿에 이어 비즈니스와 관련된 이미지를 활용한 템플릿을 디자인합니다. 이미지를 사용하면 이미지 분위기에 따라 전체적인 분위기가 좌우됩니다. 그러므로 이미지를 사용할 때는 문서의 종류와 특징, 회사의 이미지를 고려하여 선택해야 합니다.

✿ **콘셉트** 비즈니스 느낌이 나는 이미지를 배치하고 톤앤매너를 맞춥니다. 한 가지 색상으로 톤앤매너를 맞춤으로써 디자인의 통일성을 극대화합니다.

✿ **메인 색상** 차분한 분위기를 유지할 수 있는 남색을 사용하고, 투명도를 적용하여 사진 이미지에 필터 효과를 적용합니다.

메인 색상 [R70 / G83 / B140], 투명도 [20%]

✿ **폰트 색상** 텍스트를 이미지 위에 입력할 때는 흰색을 사용하고, 나머지는 검은색이나 회색을 사용합니다.

이미지에 사용
[R255 / G255 / B255]

흰색 바탕에 사용
[R127 / G127 / B127]

회색 바탕에 사용
[R64 / G64 / B64]

📍 예제 파일 : img/img0048.jpg, img0042.jpg, img0041.jpg, img0047.jpg, img0043.jpg

📍 완성 파일 : part4_0002.pptx

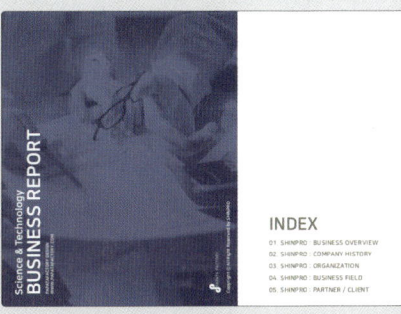

타이틀 페이지 만들기

01 새로운 낱장 슬라이드를 준비합니다. 레이아웃 계획에 따라 슬라이드 크기를 A4 가로 방향으로 설정합니다. [삽입] 탭의 이미지 영역에서 [그림]을 클릭하고 [예제 파일/img/img0048.jpg] 이미지를 선택하여 삽입합니다. 배경으로 사용할 이미지입니다.

02 이미지를 슬라이드에 가득 채우겠습니다. 이미지 왼쪽 위를 슬라이드 왼쪽 위에 맞춥니다. 이미지 높이가 슬라이드 높이와 같아지도록 오른쪽 아래에 있는 조절점을 `Shift`를 누른 채로 드래그합니다.

03 이미지 높이를 슬라이드 높이에 맞췄더니 슬라이드 너비보다 이미지 너비가 넓어져 이미지가 슬라이드 바깥까지 넘어갔습니다. 이미지가 선택된 상태에서 [서식] 탭의 크기 영역에서 [자르기]를 클릭합니다. 자르기 조절점이 표시되면 오른쪽 가운데 있는 조절점을 안쪽으로 드래그해서 이미지 너비를 슬라이드와 같은 너비로 맞춥니다.

04 그림 바깥 영역을 클릭해서 선택을 해제합니다. 다음과 같이 슬라이드 크기와 딱 맞게 이미지가 잘렸습니다.

05 지금 이미지는 색이 다양해서 위에 텍스트를 배치하면 가독성이 떨어집니다. 도형을 활용하여 필터 효과를 내 보겠습니다. [홈] 탭의 그리기 영역에서 [직사각형]을 선택하고 슬라이드가 가득 차도록 드래그하여 직사각형을 그립니다.

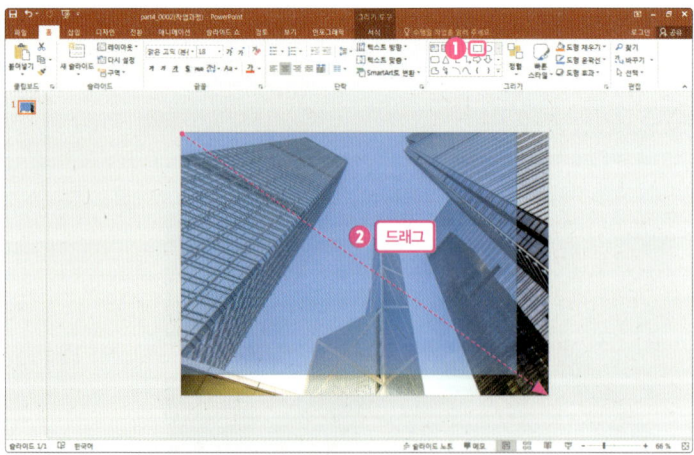

06 직사각형이 선택된 상태에서 [홈] 탭의 그리기 영역에서 도형 윤곽선을 [윤곽선 없음]으로 선택합니다. [도형 채우기]-[다른 채우기 색]을 선택하여 색 대화상자를 엽니다. [사용자 지정] 탭에서 색상을 [R70 / G83 / B140], 투명도를 [20%]로 설정하고 [확인] 버튼을 클릭합니다.

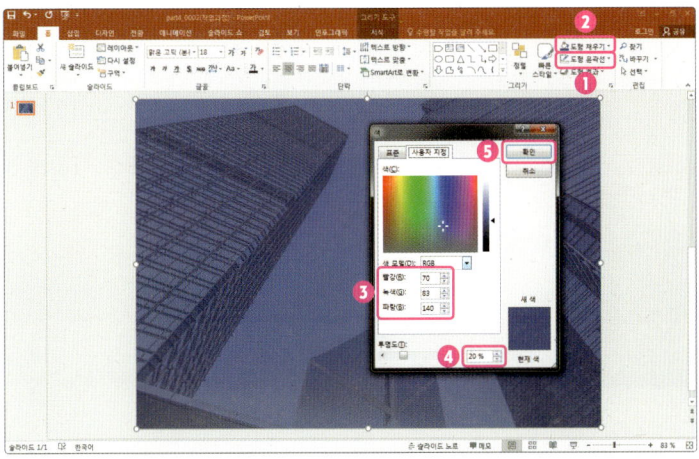

07 적당한 위치에 텍스트를 배치하여 타이틀 페이지를 완성합니다.

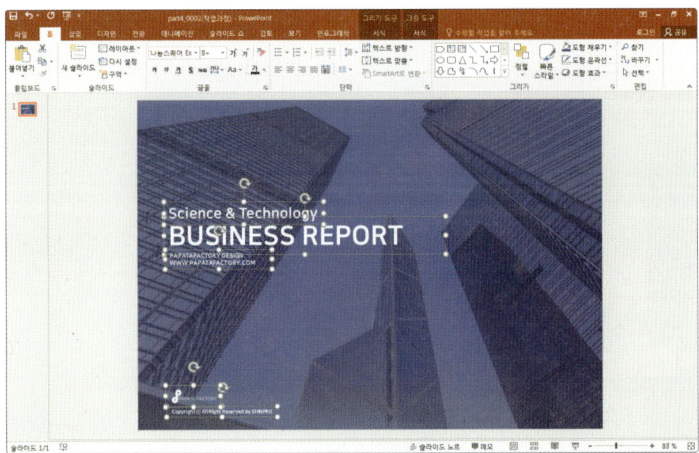

목차 페이지 만들기

01 새로운 낱장 슬라이드를 추가하고 [삽입] 탭의 이미지 영역에서 [그림]을 클릭한 다음 [예제 파일/img/img0042.jpg] 이미지를 삽입합니다.

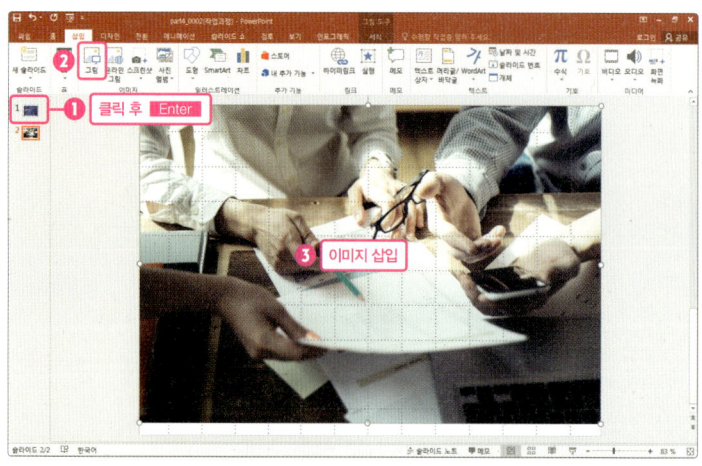

02 오른쪽 아래에 있는 조절점을 Shift 를 누른 채로 바깥쪽으로 드래그해서 이미지 높이를 슬라이드 높이에 맞춥니다. [서식] 탭의 크기 영역에서 [자르기]를 클릭하여 이미지 너비가 슬라이드 절반 정도 너비가 되도록 이미지를 자릅니다.

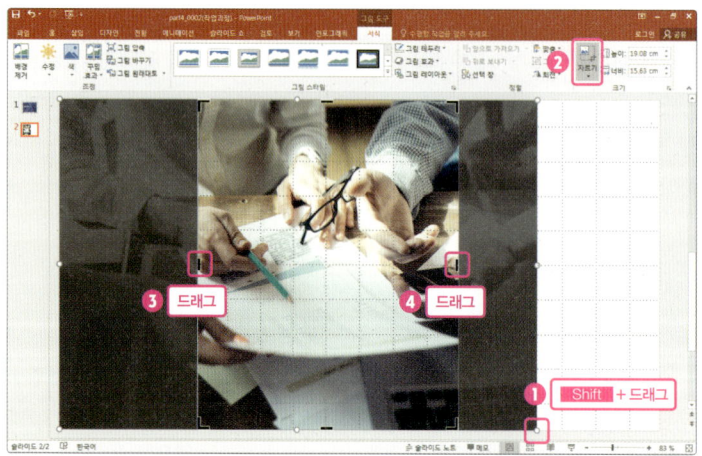

03 임의의 영역을 클릭해서 자르기를 완료합니다. 자른 이미지를 슬라이드 왼쪽으로 드래그하여 배치합니다.

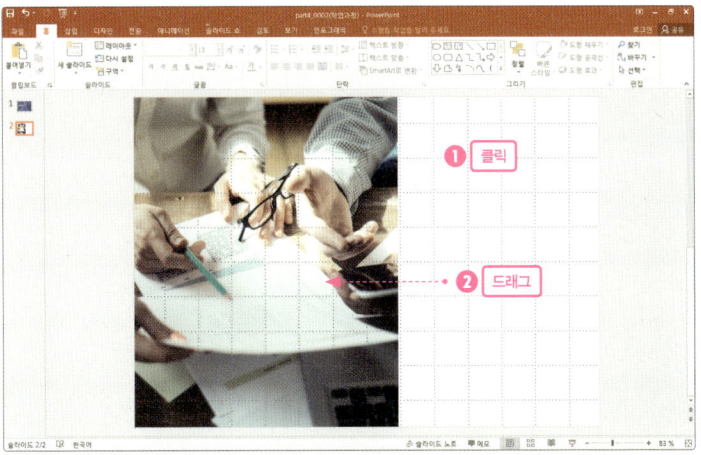

04 이미지가 선택된 상태에서 [서식] 탭의 조정 영역에서 [색]-[채도 : 0%]를 선택하여 이미지 채도를 0%로 낮춥니다.

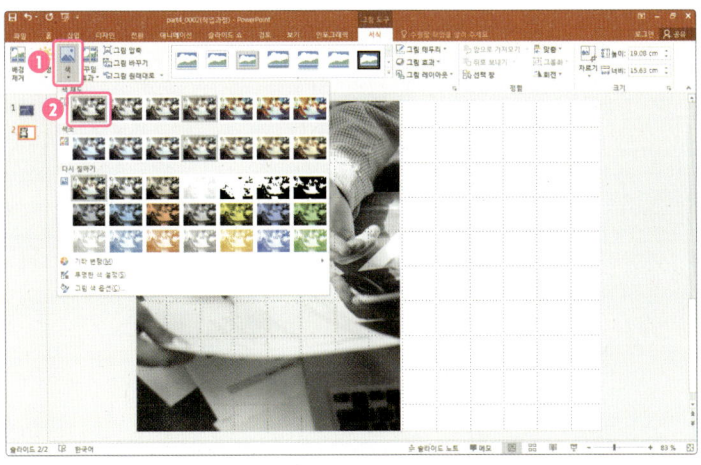

깨알Tip 이미지를 더블클릭하면 [서식] 탭으로 빠르게 이동할 수 있습니다.

05 타이틀 페이지에서 투명도가 설정된 직사각형을 복사해서 목차 페이지에 붙여 넣고, 이미지에 맞춰 크기와 위치를 조정합니다.

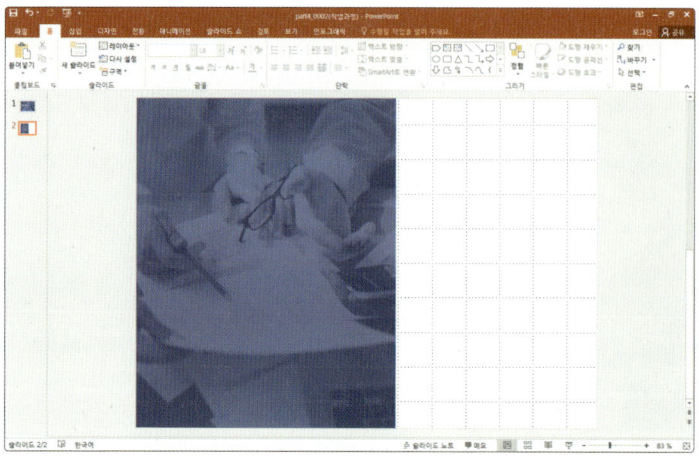

06 이제 적당한 위치에 텍스트를 배치하면 완성입니다. 타이틀, 저작권 표시, 로고 등은 타이틀 페이지에 있던 오브젝트를 활용하여 배치하면 통일성이 유지됩니다. 추가로 오른쪽에 목차를 입력합니다.

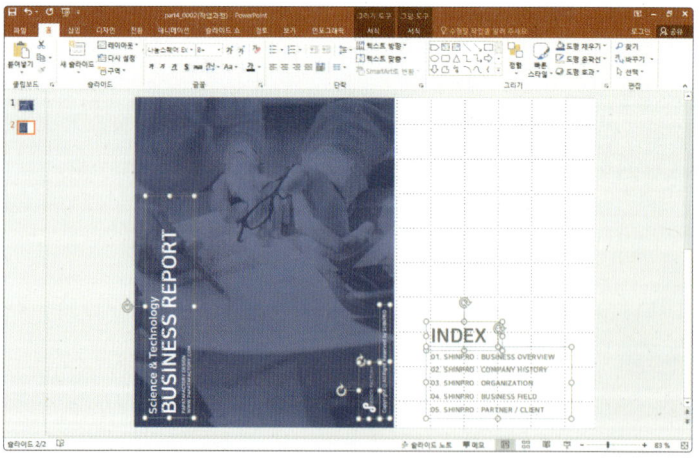

간지 페이지 만들기

01 이번에도 새로운 이미지를 이용합니다. 낱장 슬라이드를 추가하고 [예제 파일/img/img0041.jpg] 이미지를 삽입합니다.

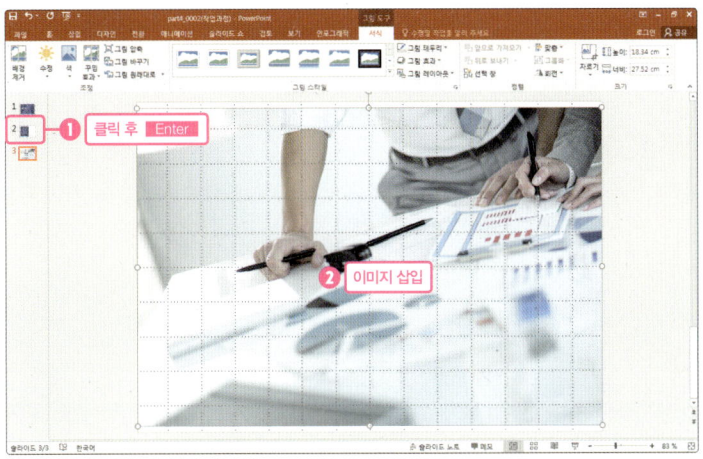

02 삽입한 이미지를 늘여 슬라이드와 높이를 맞추고, [서식] 탭의 크기 영역에서 [자르기] 기능을 이용해 슬라이드를 벗어난 부분을 잘라냅니다.

03 이미지를 더블클릭해서 [서식] 탭으로 이동하면 조정 영역에서 [색]−[채도 : 33%]를 선택합니다.

04 [서식] 탭의 조정 영역에서 [수정]−[밝기: −20% 대비: +40%]를 선택합니다. 삽입한 이미지의 색상이 제각각이라 전체 이미지에 맞게 채도를 조절하여 통일성을 살리는 과정입니다.

05 타이틀 페이지에 있는 직사각형 도형을 복사해서 붙여 넣고, 적당한 위치에 텍스트를 배치합니다.

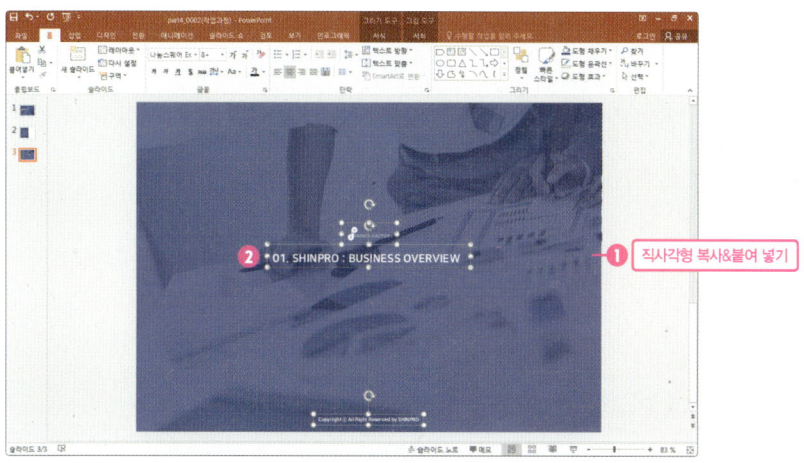

본문 페이지 만들기

01 본문 페이지는 콘텐츠를 작성할 공간을 충분히 확보해야 합니다. 그러므로 이미지가 사용되는 면적을 최소화하겠습니다. 새로운 슬라이드를 추가하고 [예제 파일/img/img0047. jpg] 이미지를 삽입합니다. 이미지 위와 아래를 다음과 같이 잘라서 배치합니다. [서식] 탭의 크기 영역에서 [자르기]를 클릭하고 가로로 길게 자르면 됩니다.

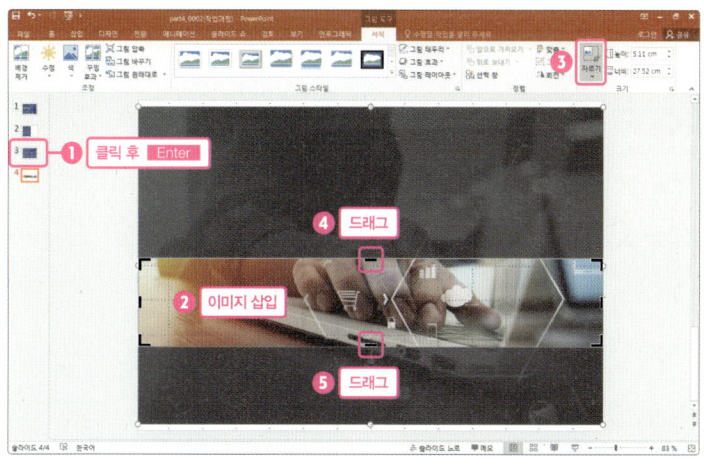

02 자른 이미지를 `Ctrl`을 누른 채로 아래로 드래그해서 복제한 다음, 자른 영역을 다음과 같이 수정합니다.

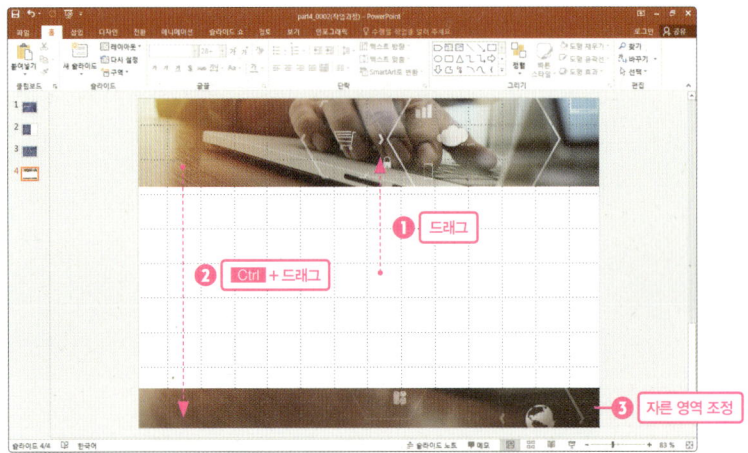

깨알Tip 자르기 기능은 실제로 이미지를 자르는 것이 아니라 일부분을 화면에서 보이지 않도록 감추는 기능입니다. 따라서 자르기 기능을 이용해서 자른 이미지를 선택하고 다시 [자르기]를 클릭하여 표시할 영역이나 위치를 재조정할 수 있습니다.

03 위에 있는 이미지를 클릭하고 [서식] 탭의 조정 영역에서 [색]-[채도: 33%], [수정]-[밝기: 0% 대비: +40%]를 선택합니다. 아래쪽에 있는 이미지의 색상도 같은 수치로 조정합니다.

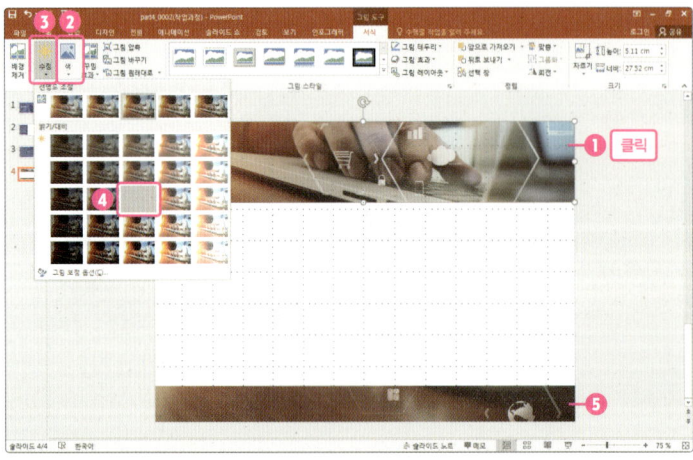

04 끝으로 앞 페이지에서 불투명도가 적용된 직사각형을 복사해서 다음과 같이 각각 붙여 넣고 크기와 위치를 조정합니다.

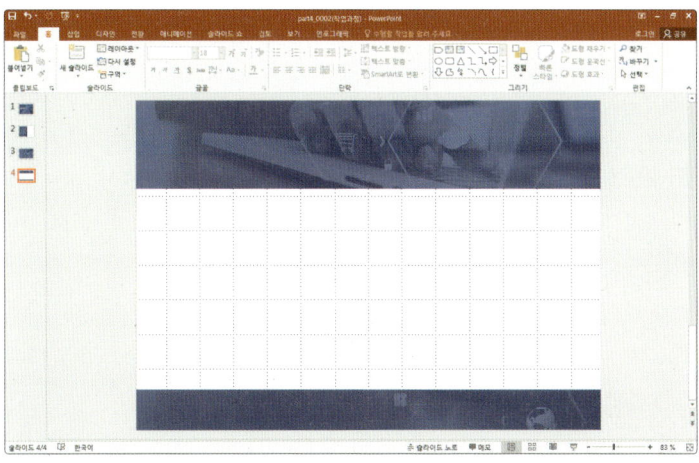

05 적당한 위치에 텍스트를 배치합니다. [예제 파일/part4_0001.pptx] 파일을 열고 4번 슬라이드에서 도식을 복사해 붙여 넣고 도형 채우기를 [R70 / G83 / B140], [R242 / G242 / B242], 투명도를 [20%]로 설정합니다.

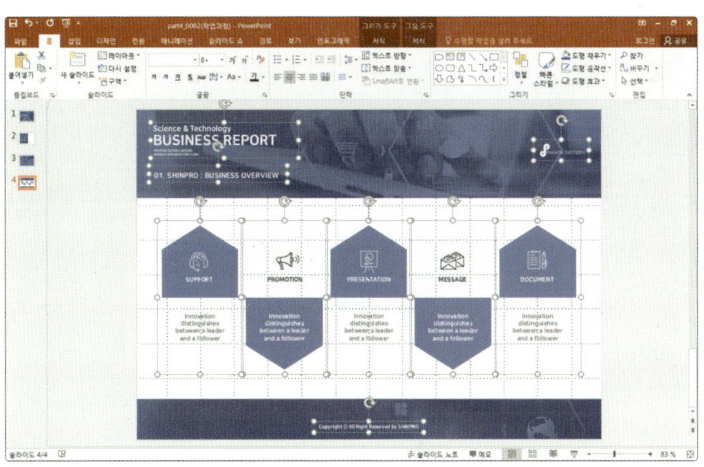

06 약간 밋밋해 보이는 제목 영역을 꾸며 보겠습니다. [홈] 탭의 그리기 영역에서 [선] 도형을
선택합니다. 슬라이드에서 **Shift** 를 누른 채로 드래그하여 다음과 같이 직선을 그립니다.

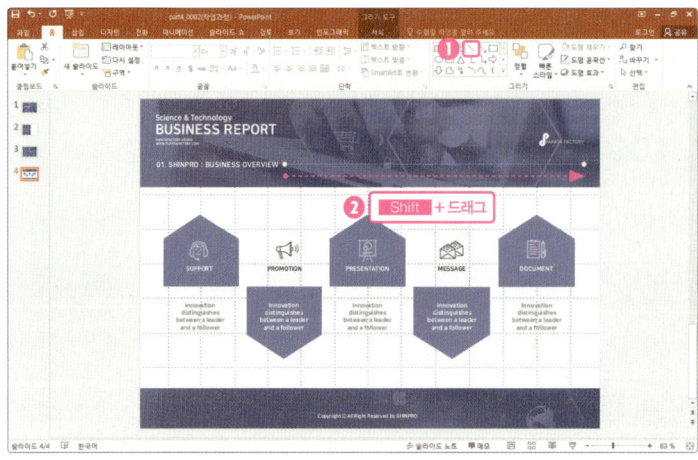

07 [홈] 탭의 그리기 영역에서 [도형 윤곽선]–[다른 윤곽선 색]을 선택합니다. 색 대화상자가
열리면 [표준] 탭에서 색상을 흰색, 투명도를 [60%]로 설정하고 [확인] 버튼을 클릭합니다.

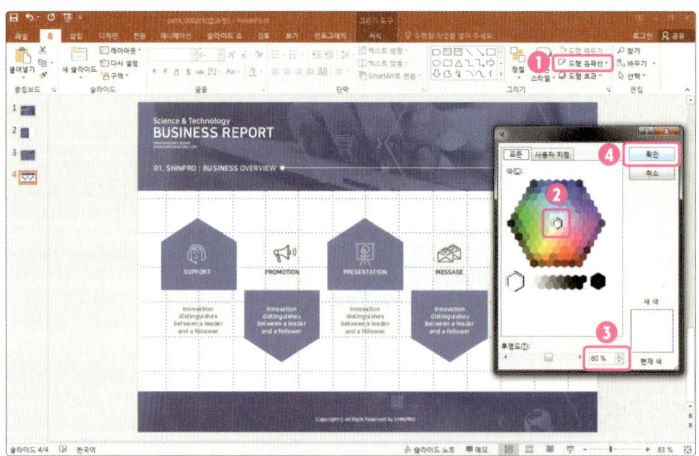

엔딩 페이지 만들기

01 빈 슬라이드를 추가하고 [예제 파일/img/img0043.jpg] 이미지를 삽입합니다. 이미지 높이가 슬라이드 높이보다 살짝 작습니다.

02 오른쪽 아래 모서리에 있는 조절점을 바깥으로 드래그해서 높이를 맞춥니다. [서식] 탭의 크기 영역에서 [자르기]를 클릭하고 슬라이드 너비에 맞춰 이미지를 자릅니다.

03 이미지를 더블클릭해서 [서식] 탭을 열고 조정 영역에서 [색]−[채도: 0%]를 선택하여 채도를 조정합니다.

04 조정 영역에서 [수정]−[밝기: 0% 대비: +40%]를 선택해 이미지 톤을 정리합니다.

05 끝으로 타이틀이나 간지 페이지에서 투명도를 적용한 도형을 복사한 후 붙여 넣고, 적당한 위치에 텍스트를 배치하여 완성합니다.

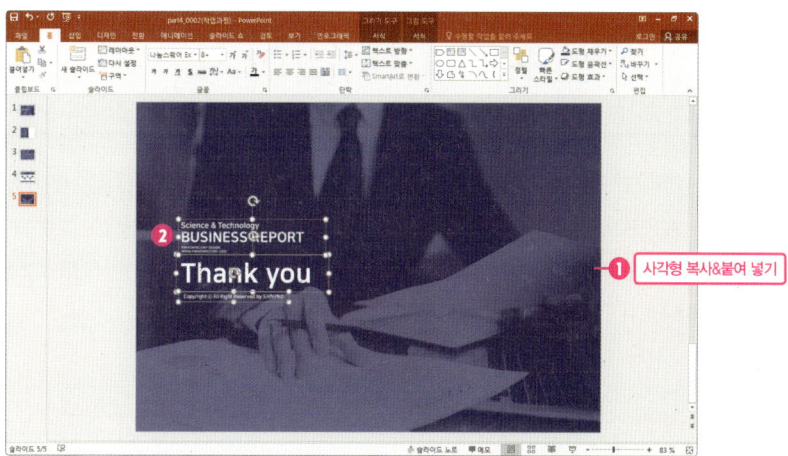

카드 뉴스 디자인하기

모바일 콘텐츠 소비가 늘어나고 있습니다. 그만큼 신상품이나 브랜드 홍보도 모바일 콘텐츠를 활용하는 경우가 늘고 있습니다. 대표적으로 카드 뉴스를 들 수 있습니다. 카드 뉴스는 SNS 마케팅의 대표 격인 페이스북 마케팅에서 영상 다음으로 대중적인 마케팅 수단입니다. 파워포인트를 이용하면 카드 뉴스도 손쉽게 제작할 수 있습니다.

카드 뉴스 디자인

카드 뉴스는 이름 그대로 카드 크기 도면에 정보와 소식을 간략하게 담아 정리한 디자인입니다. 더 많은 사람이 보고 공유할 수 있도록 SNS에 업로드하는 것이 일반적입니다. 콘텐츠를 문서 한 장에 담지 않고, 여러 장으로 나눠 담기 때문에 독자는 정보를 카드를 넘기듯 확인할 수 있습니다.

카드 뉴스의 핵심은 카드에 담아낼 콘텐츠입니다. 콘텐츠 기획자와 디자이너가 긴밀하게 협업해야 하므로 외부로 디자인을 넘기기도 쉽지 않습니다. 무엇보다 SNS 마케팅은 타이밍이 생명이므로 콘텐츠를 기획하는 단계부터 콘텐츠를 디자인하고 수정하는 시간이 길지 않아야 합니다. 파워포인트를 이용하면 카드 뉴스를 쉽고 빠르게 만들 수 있어 유용합니다.

 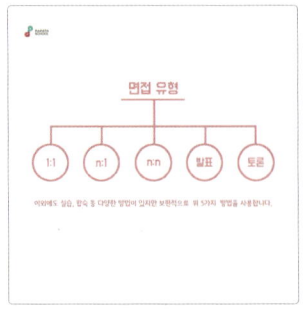 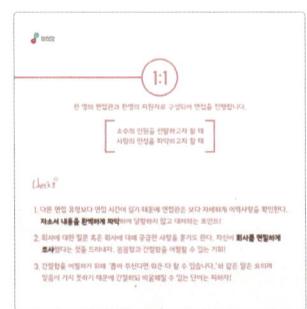

면접 유형 카드 뉴스

엑셀 함수 모음 카드 뉴스

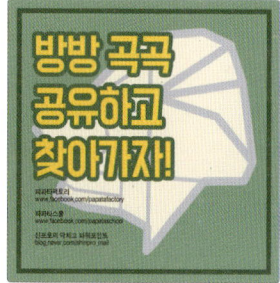

맛집 카드 뉴스

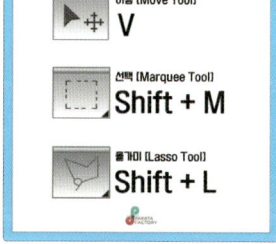

포토샵 단축키 카드 뉴스

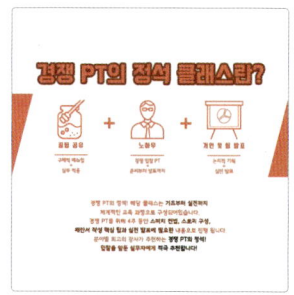

프레젠테이션 전문화 과정 카드 뉴스

'여행대학'이라는 여행 커뮤니티에서 휴가철을 맞아 커뮤니티도 알릴 겸 여행 준비물 체크리스트를 카드 뉴스로 만들어 배포하려고 합니다.

❀ **디자인 콘셉트** 여행대학에 가입할 만한 잠재 고객에게 여행을 할 때 유용한 팁(여행 준비 체크리스트)을 담은 카드 뉴스를 페이스북에 배포합니다. 여행을 떠올릴 수 있는 이미지를 활용하고 숫자를 크게 배치하여 체크리스트라는 걸 강조합니다.

❀ **색상** 싱그러운 자연을 표현할 수 있는 파스텔 톤 초록을 메인 색상으로 정합니다. 가독성을 고려하여 텍스트는 흰색으로 입력합니다.

메인 도형 색상 [R28 / G136 / B87], 투명도 [20%]

❀ **레이아웃** 페이스북 카드 뉴스는 주로 정사각형을 쓰므로 900×900픽셀로 디자인합니다. 파워포인트는 크기 단위를 센티미터(cm)로 쓰므로 픽셀(px)로 입력하면 자동으로 센티미터 단위로 수치가 바뀝니다.

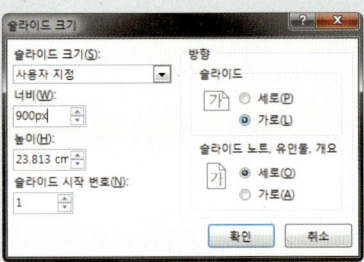

900px을 입력하면 23.813cm로 바뀝니다.
여기서는 편하게 쓸 수 있도록 25×25cm 크기로 제작합니다. 카드 뉴스 크기는 고정된 것이 아니므로 적당히 변형해서 써도 상관없습니다.

📍 예제 파일 : img/img0049.jpg, img0045.jpg, img0050.jpg 📍 완성 파일 : part4_0003.pptx

📢 **완성**

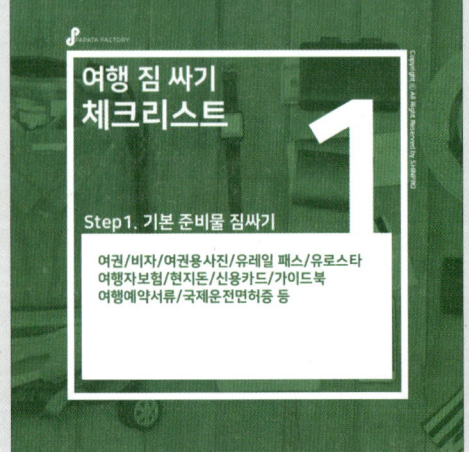

여행 짐 싸기
체크리스트

2

Step2. 전자제품 짐싸기

카메라 / 휴대폰 / 변압기 / 어댑터 / 셀카봉

여행 짐 싸기
체크리스트

3

Step3. 세면도구 짐싸기

치약 / 칫솔 / 클렌징제품 / 수건 / 비누
샴푸 / 린스 / 바디클랜저

여행 짐 싸기
체크리스트

4

Step4. 화장품, 개인용품 짐싸기

자외선차단제 / 파운데이션 / 립스틱 / 여성용품
면도기 / 비상약 / 렌즈 / 안경 / 다이어리

여행 짐 싸기
체크리스트

5

Step5. 의류 짐싸기

편한신발 / 슬리퍼 / 모자 / 선글라스
수영복 / 비치타올 / 여분의옷 / 작은가방 / 속옷

여행 짐 싸기
체크리스트

6

Step6. 그 밖에 짐싸기

우산 / 우의 / 지퍼백 / 비닐봉투
동전지갑 / 한국음식 등

Back to nature
Let's go travel
Thank you

슬라이드 크기 설정 및 이미지 배치하기

01 새로운 낱장 슬라이드를 준비합니다. [디자인] 탭의 사용자 지정 영역에서 [슬라이드 크기]-[사용자 지정 슬라이드 크기]를 선택합니다. 슬라이드 크기 대화상자가 열리면 너비와 높이를 각각 [25cm]로 입력하고 [확인] 버튼을 클릭합니다.

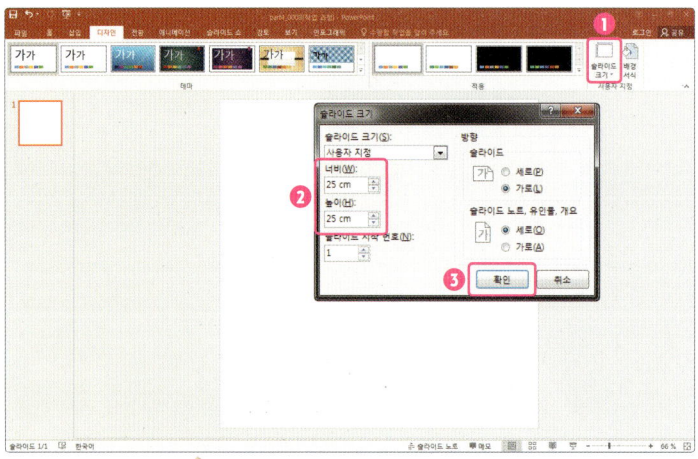

02 오브젝트를 원활하게 배치할 수 있도록 [보기] 탭의 표시 영역에서 [눈금선]을 체크합니다.

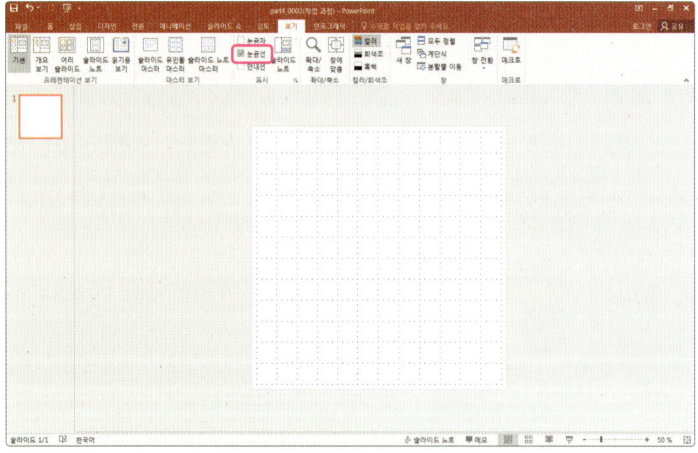

03 카드 뉴스 표지로 쓸 슬라이드이므로 여행에 어울리는 이미지를 배치하겠습니다. [삽입] 탭의 이미지 영역에서 [그림]을 클릭하고 [예제 파일/img/img0049.jpg] 이미지를 삽입합니다.

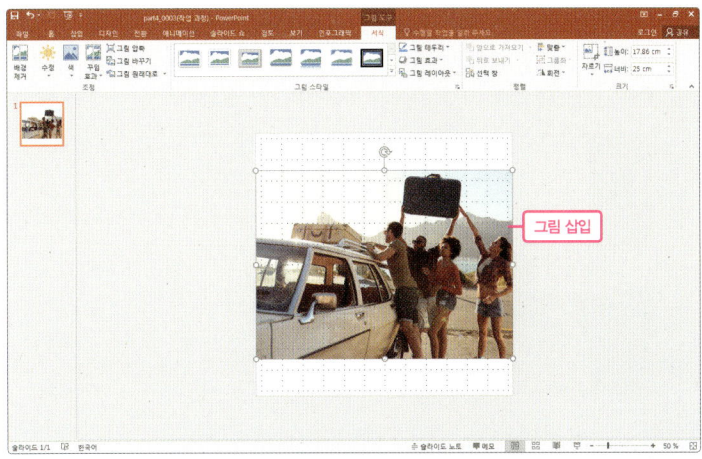

04 삽입한 이미지를 슬라이드 왼쪽 위에 맞추고 Shift 를 누른 채로 오른쪽 아래 조절점을 드래그해서 이미지 높이를 슬라이드 높이에 맞춥니다.

05 [서식] 탭의 크기 영역에서 [자르기]를 클릭합니다. 자르기 조절점의 좌우를 드래그해서 이미지의 너비를 슬라이드 너비와 맞춥니다. 이미지 가운데를 드래그해서 잘라낼 영역을 선택합니다.

06 잘라낼 영역이 제대로 선택되면 Esc 를 누르거나 빈 영역을 클릭해서 자르기 작업을 마칩니다.

07 이미지 위에 텍스트를 입력하면 가독성이 떨어지므로 도형으로 필터 효과를 연출하겠습니다. [홈] 탭의 그리기 영역에서 [직사각형] 도형을 선택하고 슬라이드에 가득 차도록 드래그합니다.

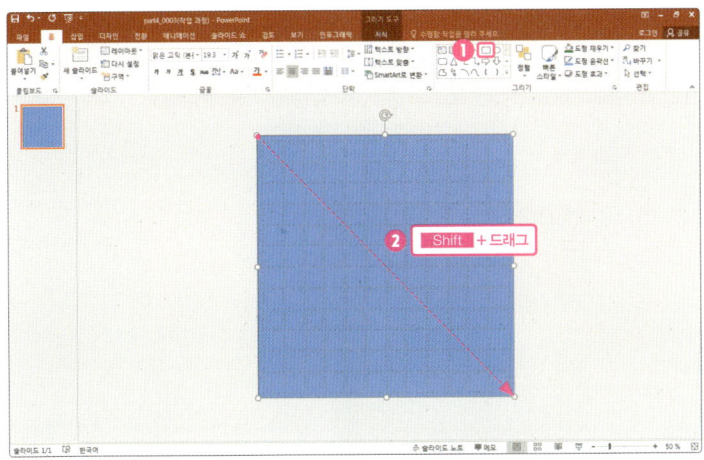

08 그리기 영역에서 [도형 윤곽선]-[윤곽선 없음]으로 설정합니다. [도형 채우기]-[다른 채우기 색]을 선택하고 색 대화상자에서 색상을 [R28 / G136 / B87], 투명도를 [20%]로 설정한 다음 [확인] 버튼을 클릭합니다.

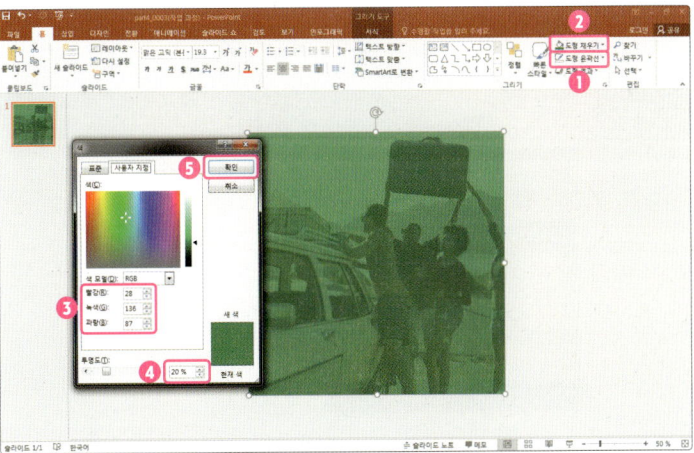

텍스트 영역 설정 및 텍스트 입력하기

01 타이틀에 주목할 수 있도록 테두리로 텍스트 영역을 설정하겠습니다. [홈] 탭의 그리기 영역에서 [사각형: 잘린 한쪽 모서리] 도형을 선택합니다. Shift 를 누른 채로 드래그하여 사각형을 그린 다음 회전 조절점을 드래그해서 오른쪽으로 90° 회전합니다.

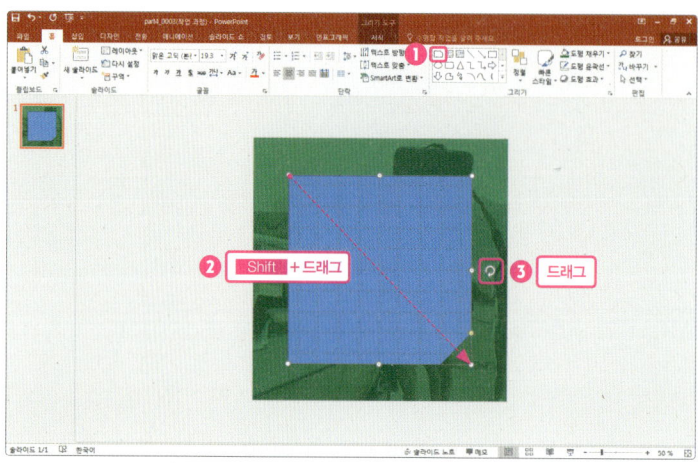

02 그리기 영역에서 [도형 채우기]-[채우기 없음], [도형 윤곽선]-[흰색, 배경 1]로 설정합니다. 테두리가 강조되도록 [도형 윤곽선]-[두께]-[다른 선]을 선택합니다.

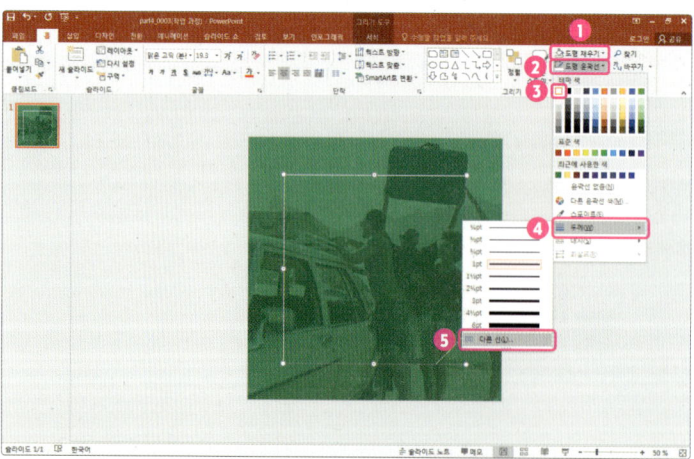

03 슬라이드 영역 오른쪽에 도형 서식 창이 열리면 [도형 옵션 〉 채우기]에서 너비를 [10pt] 로 설정합니다. 테두리가 두꺼워집니다.

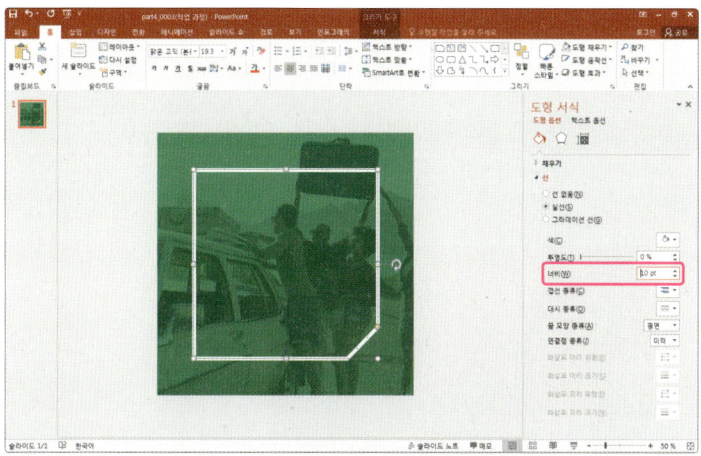

04 기본 배경이 완성되었습니다. 가운데에 타이틀을 입력하고 아래쪽에 로고와 카피라이트 등을 넣어 카드 뉴스 표지를 완성합니다.

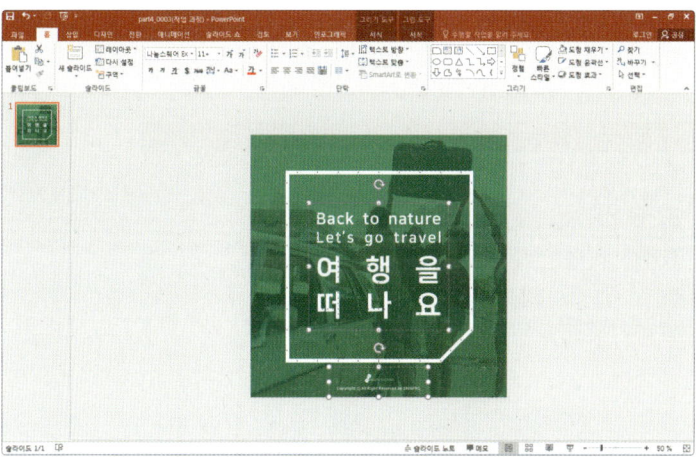

카드 뉴스 본문 만들기

01 카드 뉴스 본문에는 콘텐츠를 넣어야 하지만 카드 뉴스 표지와 이미지만 다르고 거의 유사합니다. 빈 슬라이드를 추가하고 [예제 파일/img/img0045.jpg] 이미지를 삽입한 다음 이미지를 적당한 크기로 자릅니다.

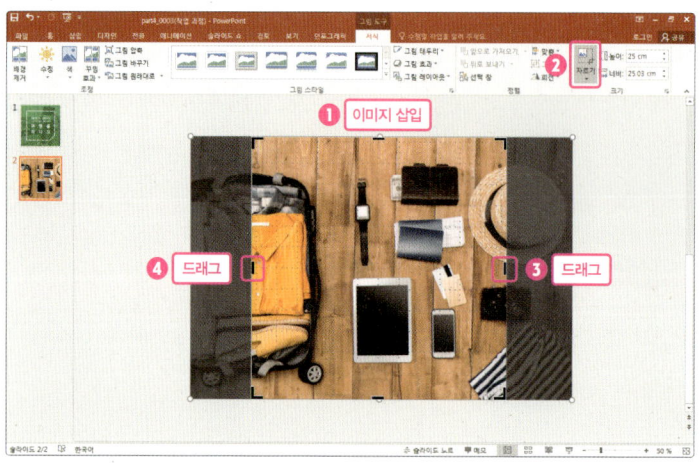

02 이미지 위에 놓일 텍스트의 가독성이 높아지도록 이미지의 채도를 낮춰 보겠습니다. 이미지를 더블클릭하면 나타나는 조정 영역에서 [색]-[채도: 0%]를 선택합니다.

03 계속해서 도형으로 필터 효과를 연출하겠습니다. 이미지 위에 [직사각형] 도형을 그리고 도형 윤곽선을 없애고 도형 채우기 색을 [R28 / G136 / B87], 투명도를 [20%]로 설정합니다.

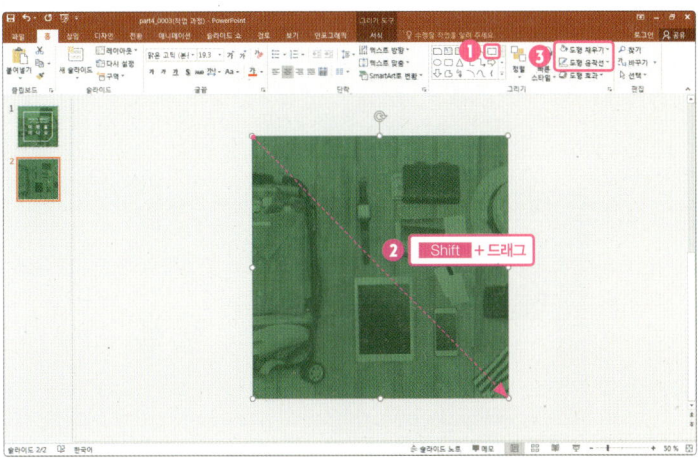

04 카드 뉴스 본문에서는 텍스트 영역을 정사각형으로 구분하겠습니다. [홈] 탭의 그리기 영역에서 [직사각형] 도형을 선택하고 Shift 를 누른 채로 드래그합니다. 도형 채우기 및 윤곽선은 표지와 동일하게 설정합니다.

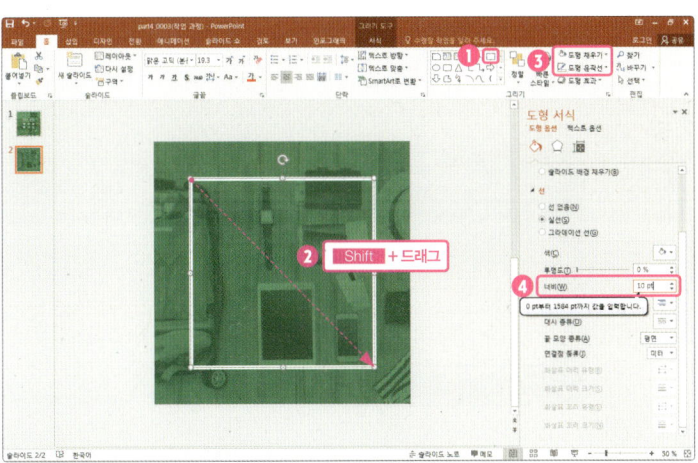

깨알Tip 전체적인 통일성을 위해 도형 형태를 뺀 나머지는 표지와 본문을 동일하게 표현하는 것이 좋습니다. 테두리 크기는 [서식] 탭의 크기 영역에서 확인할 수 있습니다. 도형 채우기 색은 없애고, 도형 윤곽선은 [흰색, 배경 1], 두께는 [10pt]로 설정했습니다.

05 타이틀과 정보 입력 영역을 구분하겠습니다. [홈] 탭의 그리기 영역에서 [직사각형] 도형
을 선택하고 아래쪽에 직사각형을 그립니다. 도형 윤곽선은 [윤곽선 없음], 도형 채우기는
[흰색, 배경 1]로 설정합니다.

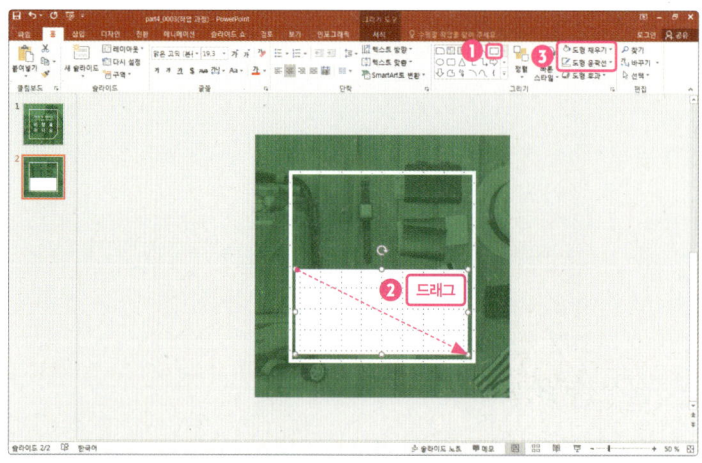

06 준비한 콘텐츠를 채워 넣습니다. 카드는 순서대로 넘기면서 보는 것이 특징이므로 숫자를
강조하여 순서를 강조하고, 흰색 영역에 정보를 입력합니다.

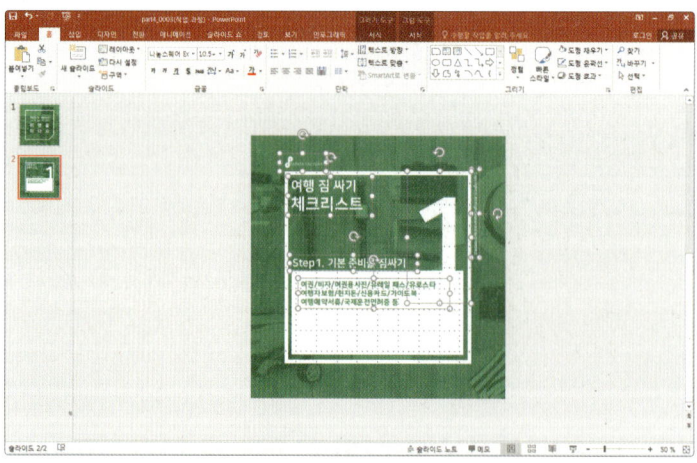

07 계속해서 순서대로 슬라이드를 추가하여 콘텐츠를 채워 넣습니다. 엔딩을 알리는 카드 뉴스는 카드 뉴스 표지를 복사해서 붙여 넣고 배경 이미지(예제 파일/img/img005.jpg)와 텍스트만 교체합니다.

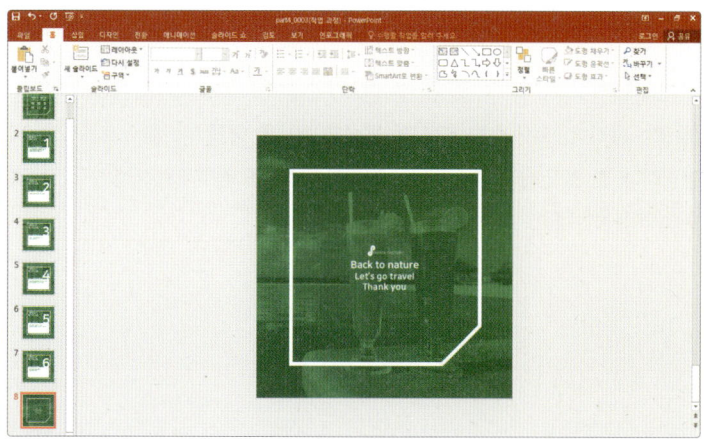

 신프로 특강

카드 뉴스 응용하기

앞에서 실습한 카드 뉴스에서 필터 효과를 빼고 이미지 색을 동일하게 조정한 다음 텍스트 영역을 구분해서 입력하면 또 다른 느낌을 낼 수 있습니다. 이처럼 카드 뉴스는 디자인도 중요하지만 채울 콘텐츠만 확실하면 다양한 형태로 변형해서 연출할 수 있습니다.

◉ 완성 파일 : part4_0004

PROJECT 3

내 프로필 디자인하기

입사나 이직을 준비할 때 또는 클라이언트에게 회사와 자신을 소개해야 할 때를 대비해 포트폴리오와 프로필을 만들어 두면 유용합니다. 한 번 만들어 두면 필요할 때마다 바로바로 첨부해서 보낼 수 있고 다른 이력서 등과 차별화할 수 있어 유용합니다.

프로필 디자인

프로필(Profile)은 쉽게 말해 이력서의 역할을 하는 디자인입니다. 개인의 인적사항과 경력사항 등을 정리하고, 나만의 특장점을 살릴 수 있는 이미지를 활용해 디자인합니다. 기본적으로 프로필에는 인적사항, 경력사항, 직무능력 등을 포함합니다. 강사 프로필은 드러나는 이미지도 중요하므로 프로필 사진을 넣는 것이 좋습니다. 프로필 사진을 쓸 때 가장 신경 쓸 부분은 사진의 품질입니다. 다음 사례처럼 선명도가 높고 배경이 없는 자연스러운 사진을 배경 디자인으로 쓰면 좋습니다.

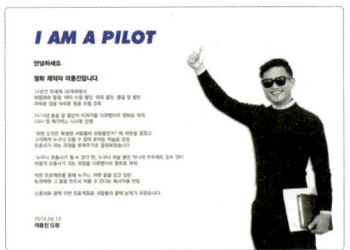

강의 요청이 들어오면 간략한 프로필과 포트폴리오를 보내야 하는 경우가 많습니다. 포트폴리오는 이후에 고민하기로 하고 여기서는 프로필 디자인을 먼저 살펴보겠습니다. 실제 프로필 사진을 활용하는 것이 좋지만 급하게 요청을 받으면 프로필 사진을 준비할 시간이 없습니다. 이럴 때는 강한 자신감을 드러낼 수 있는 일러스트를 활용하여 만들 수 있습니다.

✿ **디자인 콘셉트** 내 프로필을 요구하는 기업이나 단체에 보낼 디자인입니다. 프로필을 보고 함께 일하고 싶다는 생각이 들도록 디자인해야 합니다. 강한 자신감을 표현하고 주요 경력이나 실행 능력 등을 보기 좋게 정리해야 합니다.

✿ **색상** 활용할 이미지 색상을 참고하여 전체적인 톤을 맞추는 것이 좋습니다. 이번 실습에서는 메인 일러스트에 사용된 색상을 추출하여 텍스트 색상으로 활용합니다.

SHIN KANG SIK	· POWERPOINT PROFESSIONAL	· shinpro@gmail.com
[R127 / G127 / B127]	[R238 / G147 / B96]	[R65 / G185 / B154]

완성 📍 예제 파일 : img/img0051.png, img0052.jpg 📍 완성 파일 : part4_0005.pptx

Part 4 - 파워포인트로 활용 가능한 다양한 디자인 **207**

01 슬라이드 크기가 A4고 방향이 가로인 낱장 슬라이드를 준비합니다. [삽입] 탭의 이미지
영역에서 [그림]을 클릭하고 [예제 파일/img/img0051.png] 이미지를 삽입합니다.

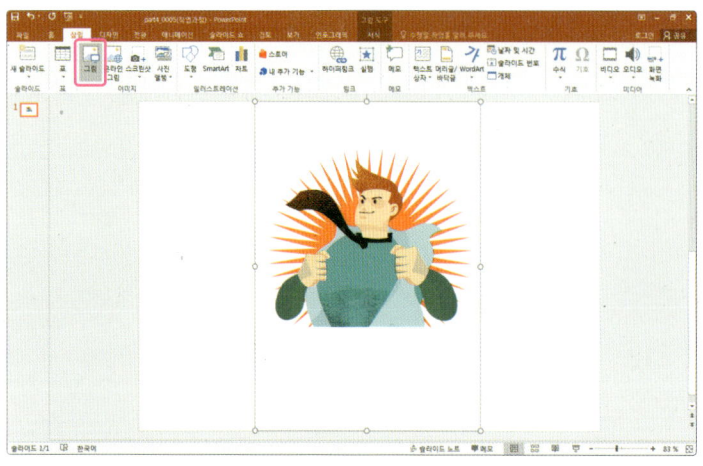

QUICK GUIDE **슬라이드 크기 변경하기**

[디자인] 탭 〉 사용자 지정 영역에서 [슬라이드 크기]-[사용자 지정 슬라이드 크기] ➡ 슬라이드 크기 대화상자
이용

---

02 필요 없는 부분은 잘라내야 합니다. 일러스트를 더블클릭한 다음 크기 영역에서 [자르기]
를 클릭합니다. 조절점을 드래그하여 인물 부분만 남깁니다.

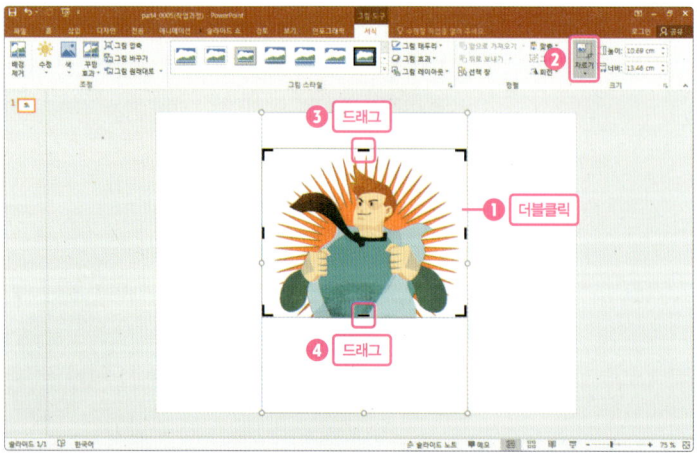

03 Esc 를 눌러 자르기 작업을 마칩니다. 일러스트를 드래그하여 슬라이드 오른쪽 아래에 배치합니다. 왼쪽에 텍스트 입력 공간을 마련하기 위해서입니다.

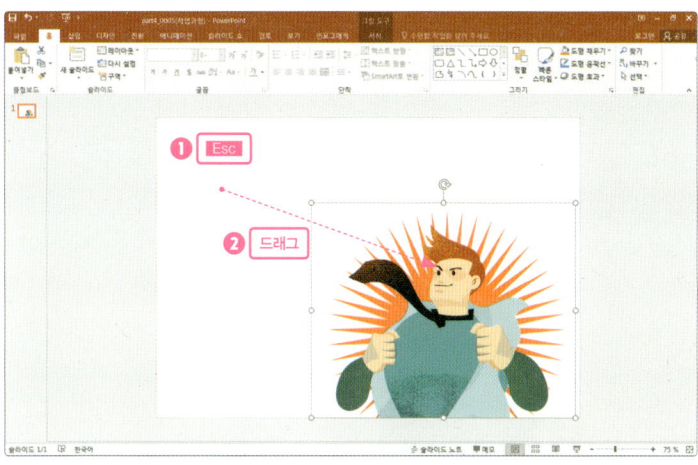

04 타이틀이 강조되도록 메인 이미지와 어울리는 색감을 적용하겠습니다. 텍스트 상자를 이용해 텍스트를 입력합니다. 텍스트 전체를 드래그해서 선택하고 마우스 오른쪽 버튼을 클릭한 다음 [텍스트 효과 서식]을 선택합니다.

05 오른쪽에 도형 서식 창이 열리면 [텍스트 옵션 〉 텍스트 채우기 및 윤곽선 〉 텍스트 채우기] 항목을 펼칩니다. [그림 또는 질감 채우기]를 선택하고 [파일]을 클릭해서 [예제 파일/img/img0052.jpg] 이미지를 선택합니다.

06 일러스트와 유사한 색상을 활용하여 인적사항과 개인정보 등을 입력합니다.

PROJECT 4

성과를 어필하는 포트폴리오 디자인하기

학생이라면 취업을 준비할 때, 직장인이라면 이직이나 재취업을 준비할 때 자신의 능력이나 지금까지 성과를 정리하는 포트폴리오를 준비해야 합니다. 포트폴리오는 입사할 때가 아니더라도 클라이언트에게 보내야 하는 경우도 많고 디자인 회사라면 고객에게 포트폴리오 자체를 만들어 달라는 의뢰를 받을 수도 있습니다. 그만큼 쓰임새가 많은 디자인이므로 평소에 담을 내용을 잘 정리해 둬야 하고 디자인까지 해 두면 더 좋습니다.

독창적이면서 명료한 포트폴리오

포트폴리오(Portfolio)는 자신의 실력을 보여 줄 수 있는 작품이나 관련 내용을 모아 정리한 문서입니다. 이러한 이유로 자료 보관함 또는 서류 가방이라는 뜻을 포함하고 있습니다. 포트폴리오는 기본적으로 자신의 이력이나 능력이 부각되도록 작성해야 합니다. 더불어 다른 경쟁자의 포트폴리오보다 한 번 더 보고 싶도록 디자인도 우수하고 차별화되어야 합니다. 독창적이면서도 명료하게 디자인하는 것이 관건입니다.

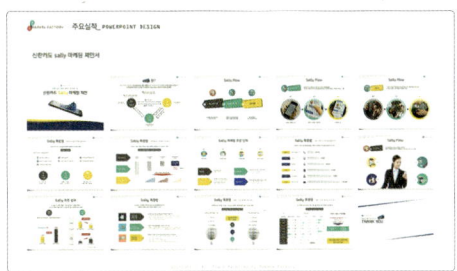

파워포인트 디자인을 의뢰하고 싶다는 고객에게 포트폴리오를 요청받았다고 가정하겠습니다. 미처 포트폴리오를 준비하지 못했지만 빠르게 준비해서 보내야 합니다. 파파타팩토리를 믿고 작업을 의뢰할 수 있도록 여러 성과 중 성공적이었던 사례를 묶어 포트폴리오를 디자인해 보겠습니다.

☀ **콘셉트** 고객이 요청한 파파타팩토리의 포트폴리오입니다. 파파타팩토리에 대해 어느 정도 알고 있다고 가정하고 디자인하겠습니다. 이왕 만드는 거라면 포트폴리오를 요청한 고객뿐만 아니라 파파타팩토리 홈페이지에 접속하여 디자인을 의뢰할 수 있는 잠재고객들을 위해 온라인에 업로드하는 것까지 고려하여 만들겠습니다. 프로젝트를 모두 담으면 지루해질 수 있으므로 대표적인 프로젝트를 담아 분량은 줄이고 효과는 극대화하겠습니다.

– 젊은 느낌을 연출하기 위해 파스텔 톤 색상과 도형으로 전체적인 슬라이드 디자인 틀을 잡습니다.
– 대표적인 디자인 결과물 세 가지를 동일한 크기로 배치하여 깔끔하게 디자인합니다.
– 결과물 디자인이 눈에 띄도록 배치하고 결과물 옆에는 간단한 설명을 더합니다.

☀ **색상** 메인 색상으로 파스텔 톤 색상을 두 가지 사용합니다. 명도나 채도가 높은 색보다는 조금 밝은 파스텔 톤 색을 써서 젊고 밝은 느낌을 연출합니다.

메인 색상 1
[R65 / G185 / B154]

메인 색상 2
[R255 / G230 / B153]

☀ **폰트** 폰트는 한글, 영문, 숫자가 모두 깔끔하고 가독성까지 좋은 [나눔스퀘어 ExtraBold]로 정합니다. 메인타이틀은 진한 검은색, 서브타이틀은 옅은 회색으로 표현합니다. 도형 위에 배치할 텍스트는 가독성을 고려해 흰색으로 표현합니다.

메인 폰트 색상
[R64 / G64 / B64]

Innovation distinguishes between a leader and a follower
서브 폰트 색상
[R127 / G127 / B127]

PATAFA
Right Res
도형 배치 폰트 색상
[R255 / G255 / B255]

⚙ **레이아웃** 슬라이드 크기는 인쇄하기도 좋고 화면으로 봐도 편안한 A4 크기 가로 방향으로 정합니다. 포트폴리오 표지가 될 제목 슬라이드는 위와 아래에 도형을 배치하고 중앙에 타이틀을 배치할 것이므로 레이아웃을 다음과 같이 계획합니다. 포트폴리오 디자인을 배치할 본문 슬라이드는 위와 아래 도형을 유지한 채로 디자인 결과물의 배치 영역만 변경합니다.

제목 슬라이드   본문 슬라이드

타이틀 페이지의 위와 아래에 도형 배치하기

01 레이아웃 계획에 따라 슬라이드 크기를 A4 가로 방향으로 준비합니다. [보기] 탭의 표시 영역에서 [안내선]을 체크하고 안내선을 다음과 같이 배치합니다.

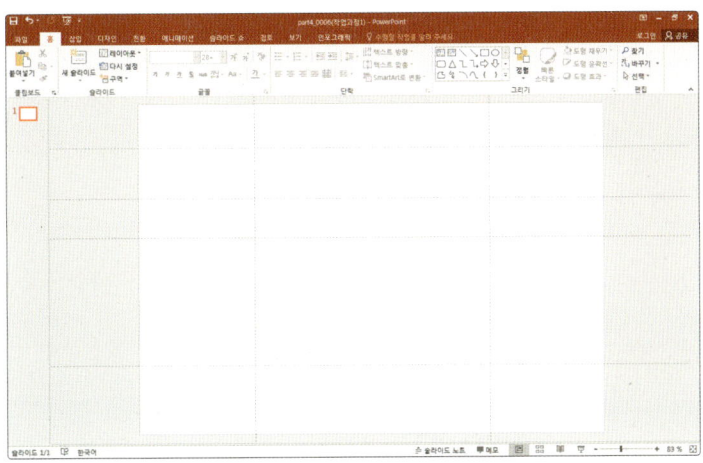

깨알Tip 안내선을 배치하는 자세한 방법은 99쪽을 참고합니다.

02 배경 디자인으로 사용할 도형을 그려 넣겠습니다. [홈] 탭의 그리기 영역에서 한쪽 면이 대각선으로 표현된 [순서도: 수동 입력] 도형을 선택합니다.

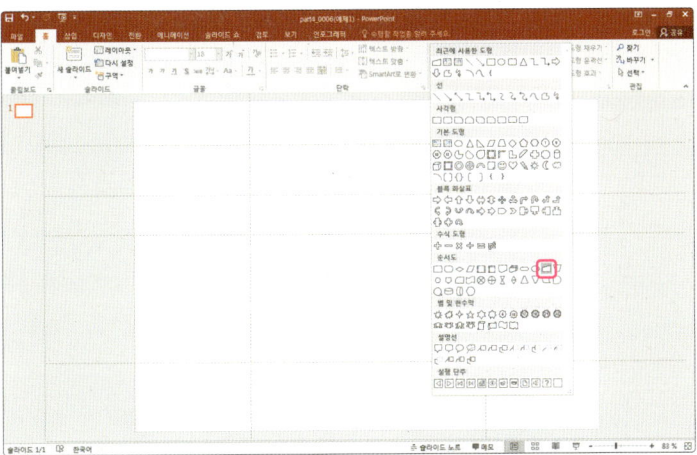

03 안내선에 맞춰 슬라이드 위에 순서도 도형을 그리고 회전 조절점으로 드래그해서 180° 회전하여 배치합니다.

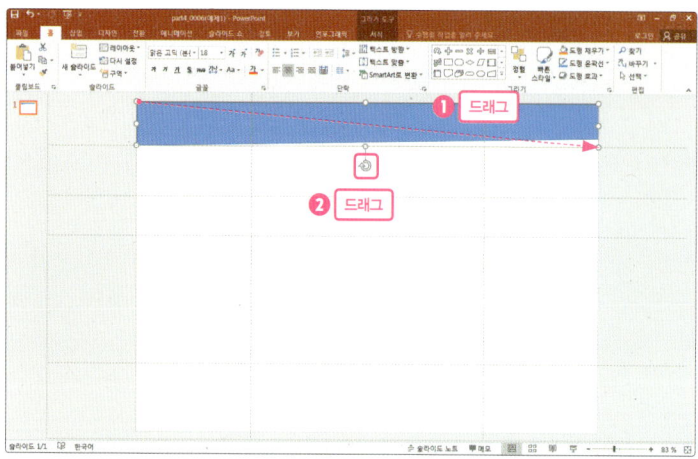

04 [홈] 탭의 그리기 영역에서 [도형 윤곽선]−[윤곽선 없음]을 선택합니다. [도형 채우기]−[다른 채우기 색]을 선택하면 열리는 색 대화상자에서 [사용자 지정] 탭을 클릭하고 도형 채우기 색을 [R255 / G230 / B153], 투명도를 [10%]로 설정한 다음 [확인] 버튼을 클릭합니다.

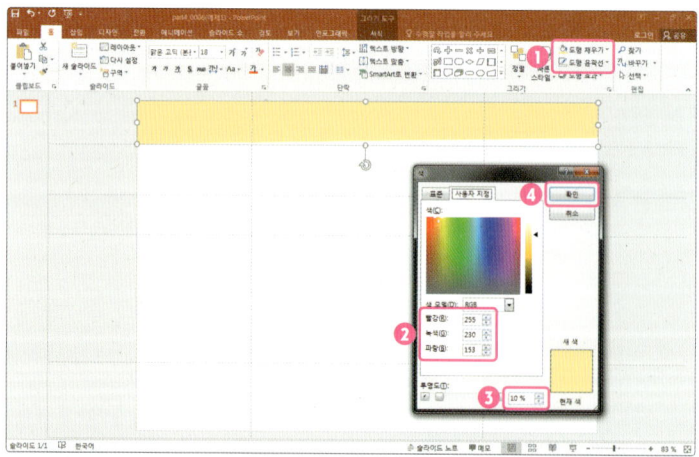

05 색을 변경한 순서도 도형을 복제하고 같은 위치에 배치합니다(Ctrl + D). 아래쪽 중
앙에 있는 조절점을 위로 드래그해서 높이를 절반 정도로 줄입니다. 두 도형이 겹친 부분
이 살짝 진하게 표현됩니다.

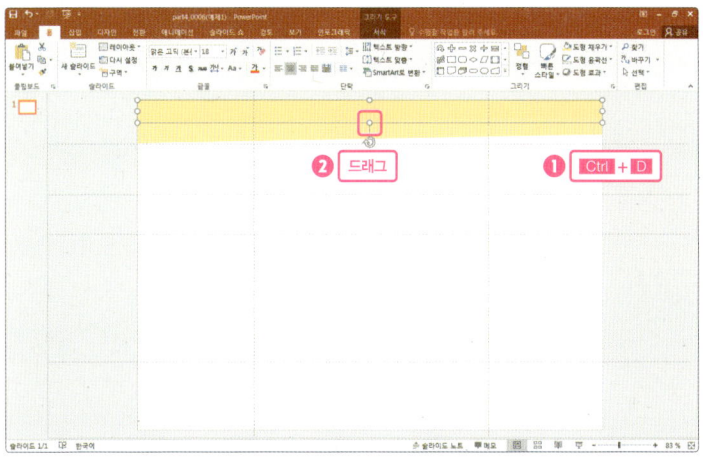

06 계속해서 아래쪽 도형을 그립니다. 앞에서와 같은 방법으로 다시 그려도 되고 위에 있는
도형을 복사해서 붙여 넣은 다음 180° 회전해도 됩니다. 도형 채우기 색을 [R65 / G185
/ B154]로 바꾸고 [확인] 버튼을 클릭합니다.

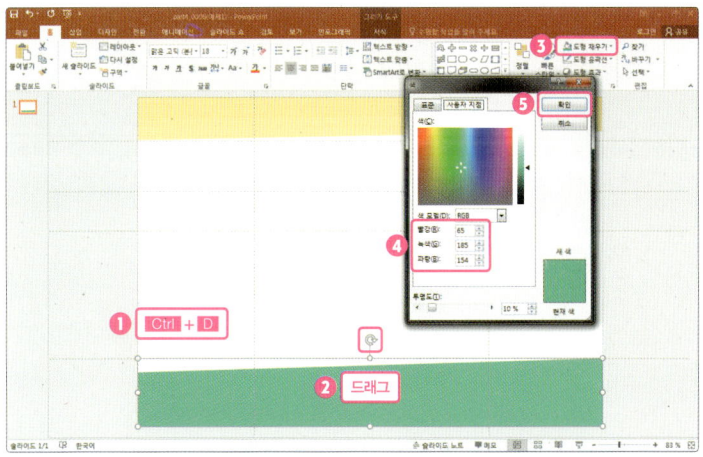

07 계속해서 색을 변경한 순서도 도형을 복제하고 높이를 줄여 아래쪽에 겹치게 배치합니다.

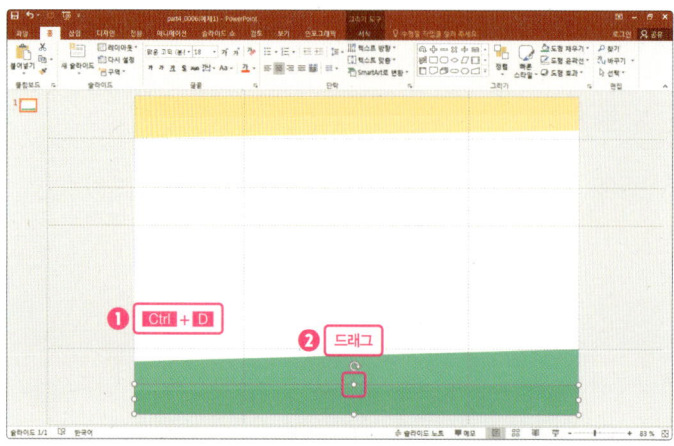

텍스트 입력 및 제목 슬라이드 완성하기

01 [홈] 탭의 그리기 영역에서 [텍스트 상자]를 선택하고 메인타이틀과 서브타이틀을 입력한 다음 안내선에 맞춰 배치합니다. 폰트 색상은 최초 계획에 따라 메인타이틀은 [R64 / G64 / B64], 서브타이틀은 [R127 / G127 / B127]로 변경합니다.

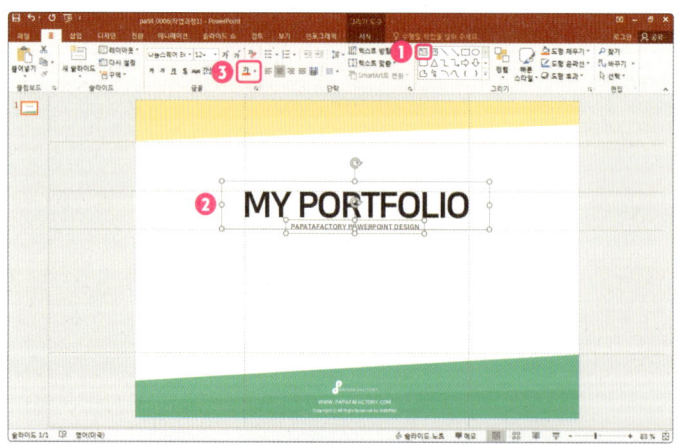

QUICK GUIDE 텍스트 색 변경하기

[홈] 탭 〉 글꼴 영역에서 [글꼴 색] 펼침 버튼-[다른 색] 〉 색 대화상자에서 [사용자 지정] 탭 이용

---

02 텍스트 상자를 추가하고 아래쪽 도형 위에 흰색으로 간단한 정보와 카피라이트를 입력하고 회사 로고 이미지를 삽입합니다.

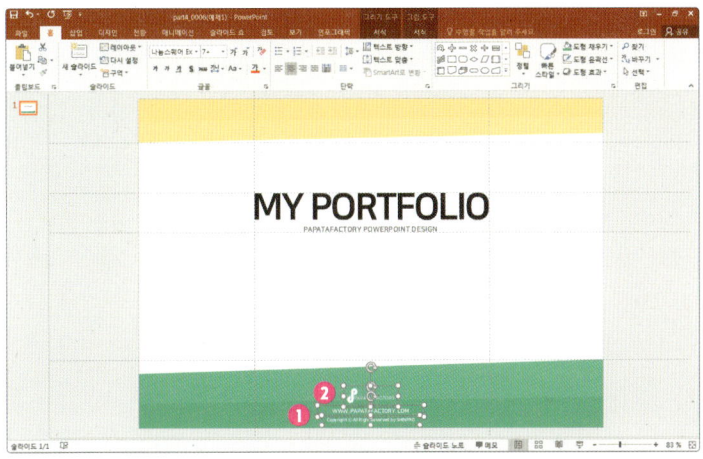

03 중앙 여백을 텍스트로 꾸며 줍니다. 배경에 깔리는 디자인 요소로 활용하므로 색상은 다른 텍스트보다 옅은 색으로 표현하여 배경 디자인과 자연스럽게 어우러지도록 배치합니다. 텍스트 상자를 이용해 'PORTFOLIO'를 입력하고 다음과 같이 크기를 키운 다음 색상을 [R247 / G247 / B247]로 바꿉니다.

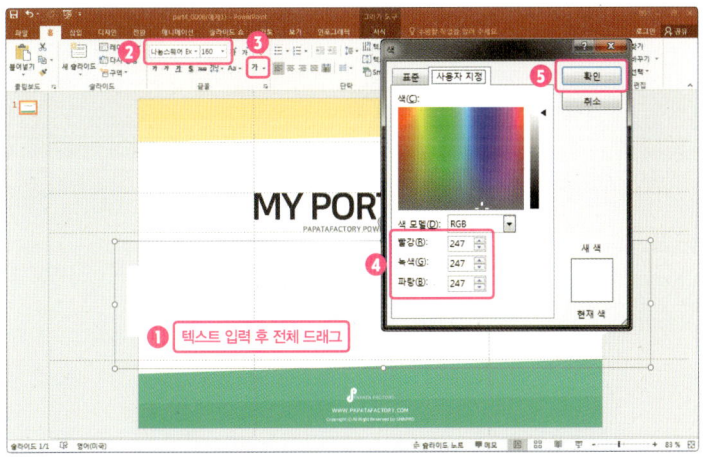

04 텍스트 상자의 회전 조절점을 왼쪽 아래로 드래그해서 오른쪽이 살짝 올라가도록 배치합니다.

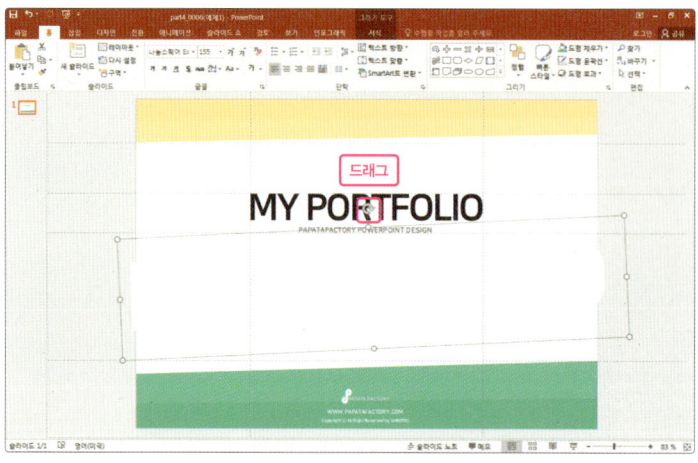

05 텍스트 상자 안쪽 텍스트를 드래그해서 선택하고 마우스 오른쪽 버튼으로 클릭한 다음 [텍스트 효과 서식]을 선택합니다.

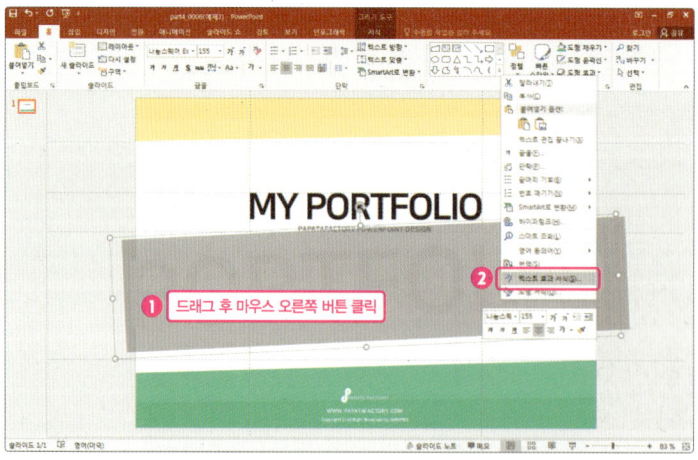

06 오른쪽에 도형 서식 창이 열리면 'PORTFOLIO'가 조금 더 슬라이드 배경처럼 보이도록 [텍스트 옵션 〉 텍스트 채우기 및 윤곽선]의 텍스트 채우기 영역에서 투명도를 [10%]로 설정합니다.

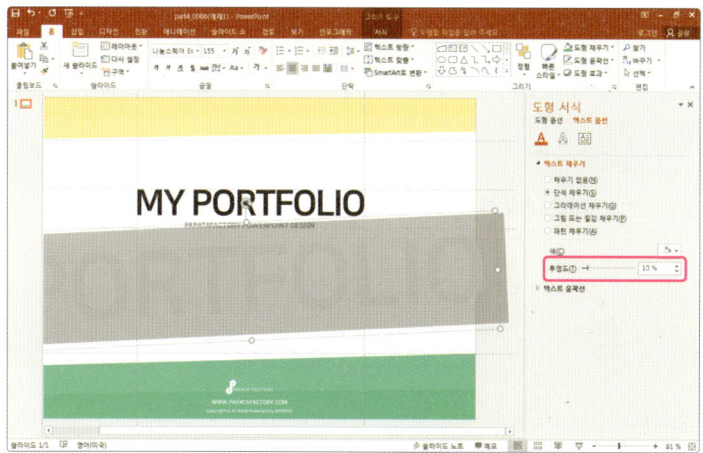

07 'PORTFOLIO' 알파벳이 변형되지 않도록 보호하고 배경과도 더 잘 어우러지도록 수정해 보겠습니다. 'PORTFOLIO'가 입력된 텍스트 상자를 선택하고 `Ctrl` + `C` 를 눌러 복사합니다. 빈 영역을 마우스 오른쪽 버튼으로 클릭하고 붙여 넣기 옵션이 나타나면 [그림]을 선택합니다.

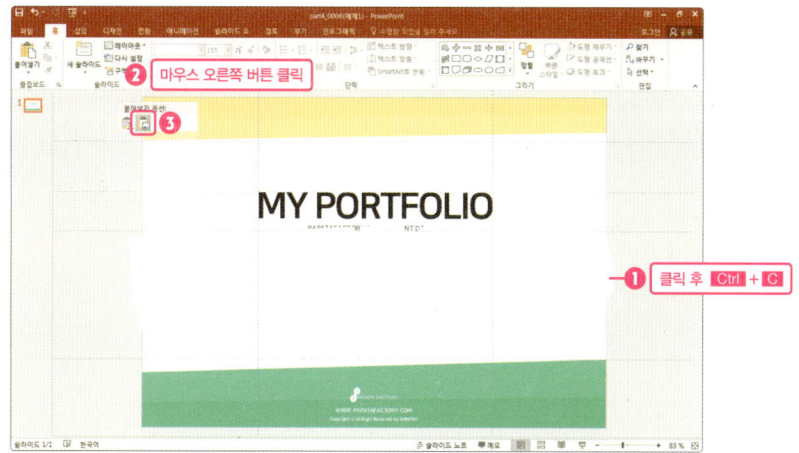

08 'PORTFOLIO'가 입력된 텍스트 상자를 삭제하고 이미지로 붙여 넣은 개체를 더블클릭합니다. [서식] 탭이 펼쳐지면 크기 영역에서 [자르기]를 클릭하고 슬라이드 바깥으로 벗어난 부분을 드래그해서 자르기 영역으로 지정합니다.

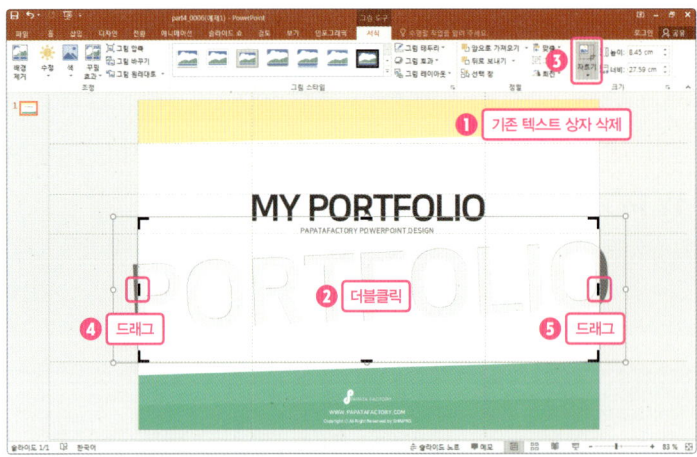

09 자르기 영역 지정이 끝나면 Esc 를 누르거나 임의의 빈 영역을 클릭해서 자르기를 실행합니다. 다음과 같이 포트폴리오 제목 슬라이드를 완성합니다.

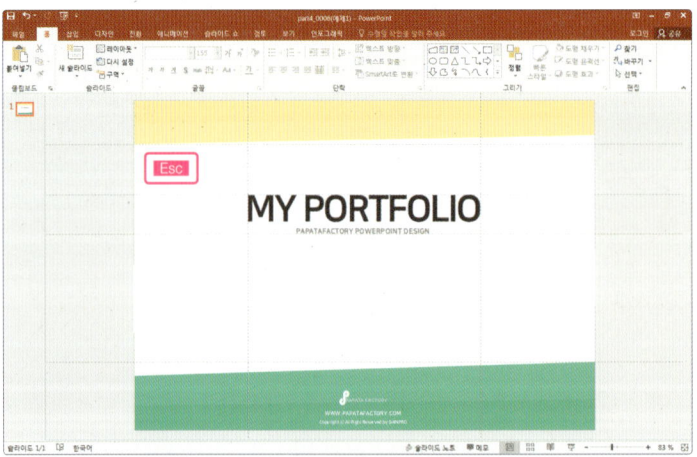

제목 슬라이드의 도형을 본문 슬라이드의 위와 아래에 배치하기

01 본문 슬라이드를 만들어 보겠습니다. 빈 슬라이드를 추가하고 레이아웃 계획에 따라 안내선을 만듭니다.

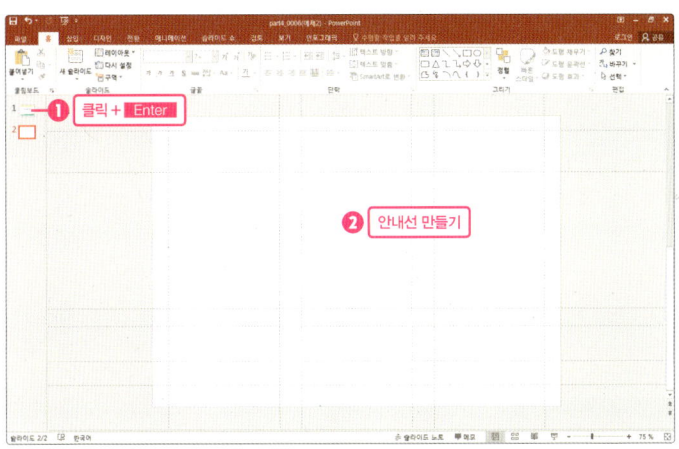

02 제목 슬라이드와 톤앤매너를 맞춰야 하므로 제목 슬라이드의 위와 아래에 있는 도형을 복사해서(Ctrl + C) 붙여 넣습니다(Ctrl + V).

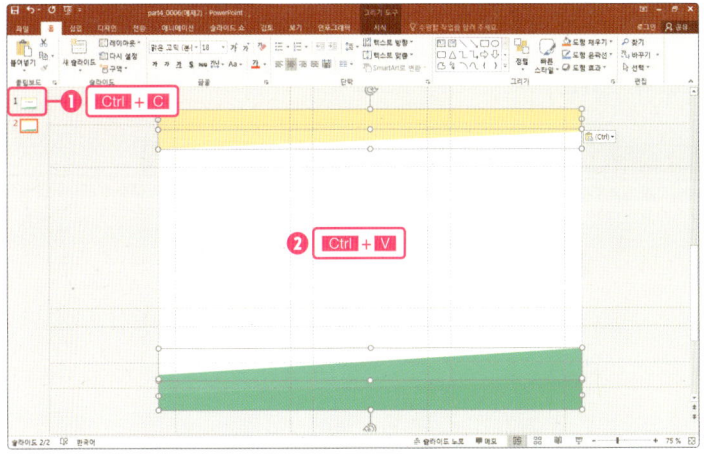

03 제목 슬라이드를 만들 때 위와 아래에는 각각 순서도 도형을 두 개 겹쳐서 배치했습니다. 위와 아래에서 각각 겹쳐진 도형을 선택하고 `Ctrl` + `G` 를 눌러 그룹으로 묶습니다. 이어서 조절점을 이용해 도형 높이를 안내선에 맞춰 줄이고 다음과 같이 배치합니다.

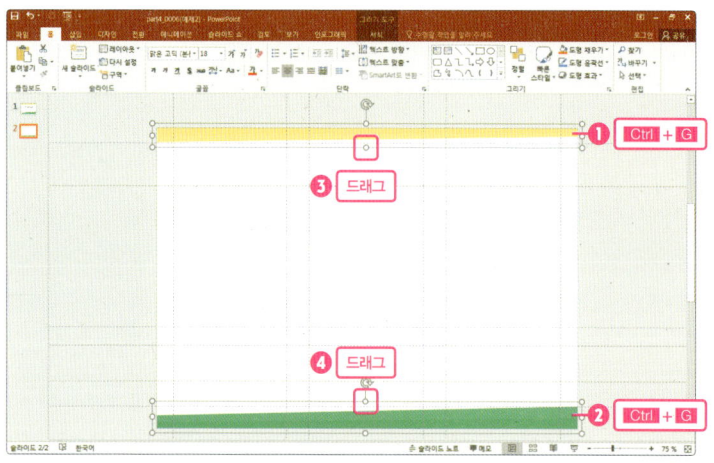

디자인 포트폴리오 삽입 및 배치하기

01 기본 배경을 완성했으므로 포트폴리오 이미지를 배치하겠습니다. [삽입] 탭의 이미지 영역에서 [그림]을 클릭하고 [예제 파일/img/img0053, img0054, img0055.jpg] 이미지를 모두 선택해서 삽입합니다.

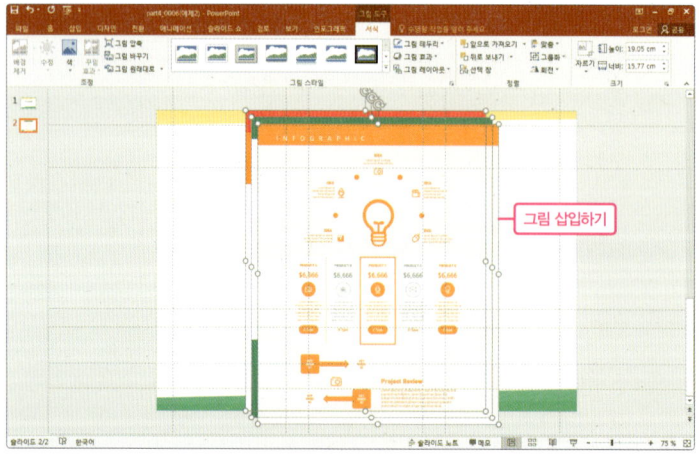

02 삽입한 이미지의 오른쪽 아래에 있는 조절점을 드래그해서 크기를 줄이고 각각 안내선에 맞춰 배치합니다.

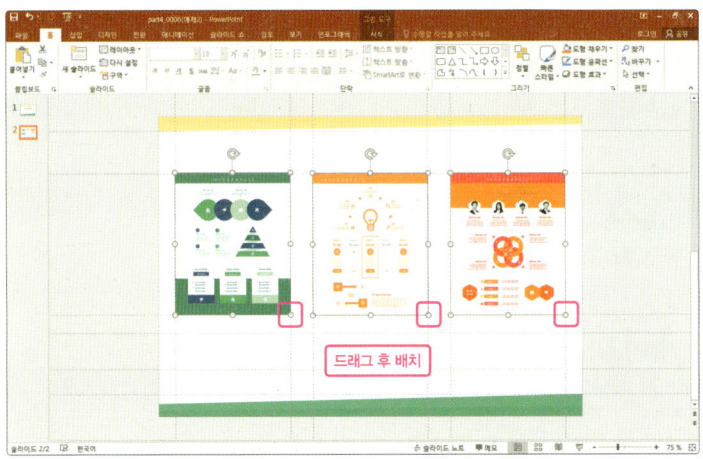

03 포트폴리오 이미지와 다른 요소가 구분되도록 이미지의 위와 아래에 직선을 추가하겠습니다. [홈] 탭의 그리기 영역에서 [선]을 선택합니다.

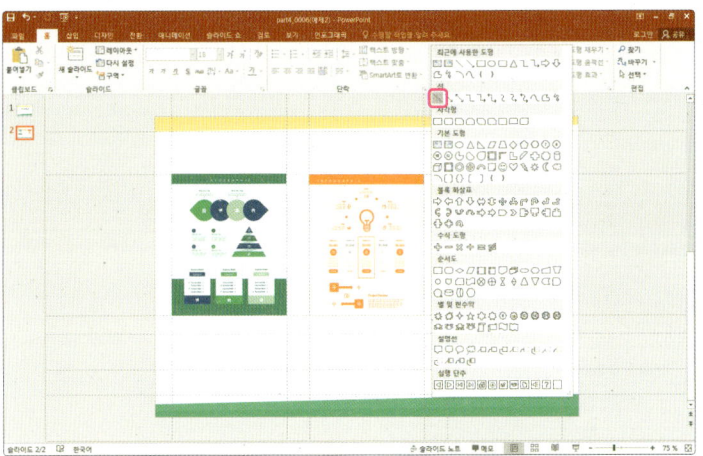

04 포트폴리오 이미지의 위와 아래에 `Shift`를 누른 채로 드래그하여 직선을 추가합니다. 위와 아래에 추가한 직선을 모두 선택하고 [홈] 탭의 그리기 영역에서 [도형 윤곽선]−[다른 윤곽선 색]을 선택하고 옅은 회색인 [R217 / G217 / B217]로 변경합니다.

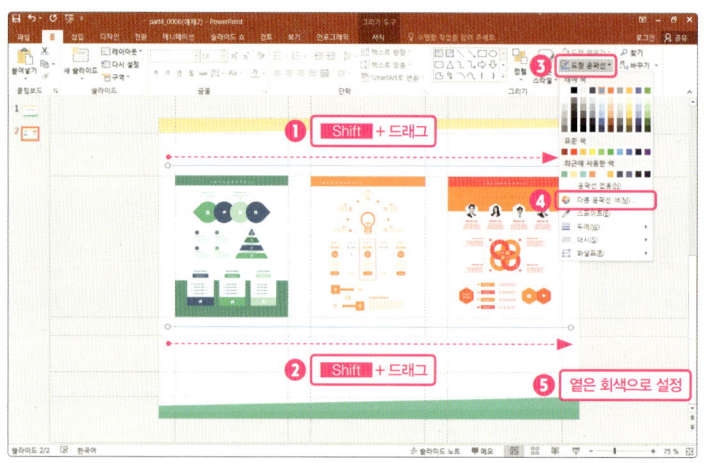

텍스트 입력 및 본문 슬라이드 완성하기

01 텍스트 상자를 이용해 포트폴리오 이미지 아래쪽에 제목과 설명을 각각 입력합니다. 제목은 검은색에 가까운 [R64 / G64 / B64], 설명은 옅은 회색인 [R127 / G127 / B127]로 표현합니다.

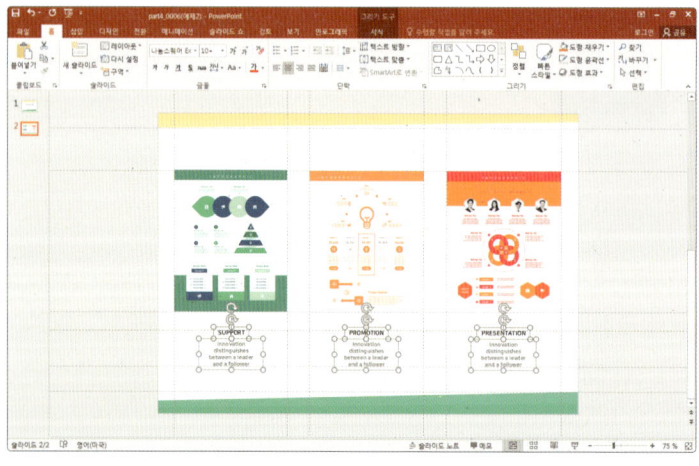

02 본문 슬라이드 타이틀에 해당하는 'MY PORTFOLIO'는 제목 슬라이드에 있는 타이틀을 복사한 다음 그림으로 붙여 넣습니다.

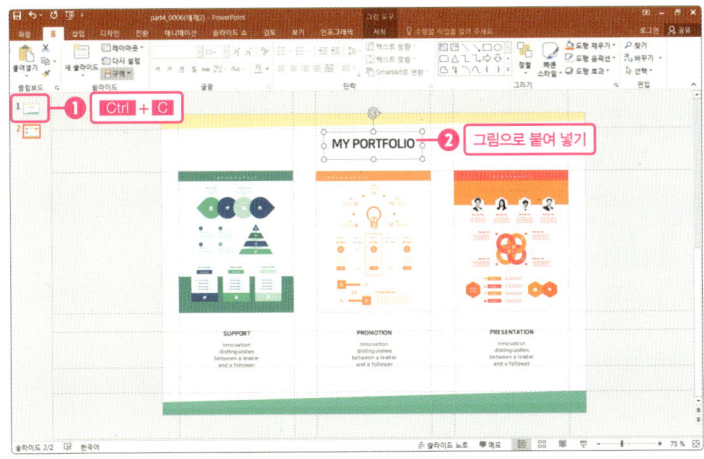

03 계속해서 제목 슬라이드에서 배경 요소로 사용한 'PORTFOLIO'를 복사해서 붙여 넣습니다. 배경처럼 사용할 것이므로 붙여 넣은 'PORTFOLIO' 이미지를 마우스 오른쪽 버튼으로 클릭하고 [맨 뒤로 보내기]–[맨 뒤로 보내기]를 선택합니다.

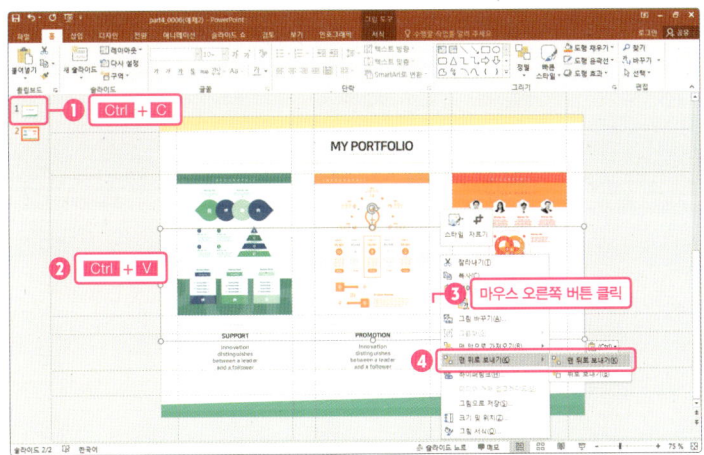

04 마지막으로 제목 슬라이드에 있는 저작권 표시 등을 복사해서 붙여 넣습니다.

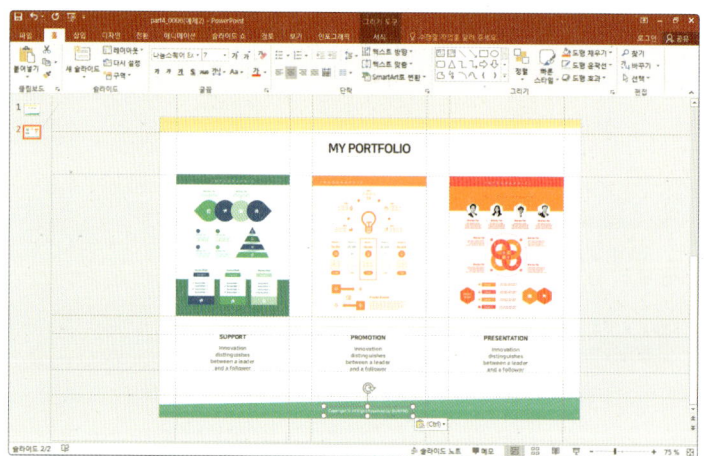

홍보용 포스터 디자인하기

길거리를 걷다 보면 홍보 포스터와 같은 인쇄 광고물을 쉽게 볼 수 있습니다. 온라인에서도 마찬가지입니다. 포스터는 그만큼 쓰이는 곳이 많은 디자인입니다. 포스터 디자인은 대부분 전문 디자이너에게 맡기지만 시간과 비용이 부담된다면 직접 만들 수도 있어야 합니다. 생일 파티 초대 포스터나 동호회 행사 포스터 같은 개인적인 용도뿐만 아니라 사내 행사 같은 업무용 포스터도 파워포인트만 있으면 어렵지 않게 만들 수 있습니다.

포스터 디자인

포스터(Poster)는 특정 내용을 대중에게 널리 알리기 위해 만든 영상 또는 인쇄물입니다. 포스터는 TV 매체는 물론 인쇄 매체로서도 매우 중요한 역할을 합니다. 포스터는 메시지를 이미지만으로 표현하거나 글과 이미지를 함께 표현하여 전달합니다. 글 없이 이미지만 넣어 표현해도 이미지에 담긴 메시지가 충분히 전달되면 괜찮습니다. 포스터의 표현 방법은 매우 다양합니다. 이미지와 텍스트를 결정하고, 어떤 구도로 구성할지, 어떤 색상으로 표현할지 등을 잘 결정해야 합니다. 특히 메시지가 강하고 정확하게 전달될 수 있도록 포스터 한 장에 모든 것을 담아낼 수 있어야 합니다.

포스터의 종류 및 주의사항

포스터는 사용 목적에 따라 다양하게 분류할 수 있습니다. 홍대나 대학로 또는 강남역에서 흔히 볼 수 있는 행사나 공연 등을 알리는 홍보 포스터, 선거 때 자주 보이는 후보자 선전을 위한 정치 포스터, 마트나 음식점에서 상품이나 메뉴를 알리는 광고 포스터, 인테리어나 전시 등에 활용되는 아트 포스터(장식 포스터) 등이 대표적입니다. 이외에도 인쇄를 해서 시각적으로 정보를 전달하는 모든 형식을 포스터라고 부릅니다. 개인의 기념일, 일정, 공지 등을 전달하는 디자인도 포스터입니다. 포스터를 디자인할 때 지켜야 할 사항을 살펴보겠습니다.

- 핵심만 정리해서 디자인합니다. 지나치게 많은 텍스트로 구성하면 내용을 파악하는 데 시간이 오래 걸리므로 주의합니다.

- 심플한 것도 좋지만 반드시 전달해야 하는 정보는 빠트리지 않아야 합니다. 무조건 보기 좋은 것보다 정보를 얼마나 더 명확하게 전달하느냐가 핵심입니다. 또한 보는 사람이 추가 정보를 찾기 위해 고생하는 일이 없도록 신경 써야 합니다.

- 포스터 디자인은 주로 실외에 부착합니다. 따라서 멀리서도 한눈에 알아볼 수 있도록 타이틀과 주요 정보를 잘 보이도록 조정해야 합니다.

- 강조하려는 마음이 앞서 고채도 색상을 쓰는 경우가 많은데 주의해야 합니다. 고채도 색상은 눈에는 띄지만 오래 보면 눈이 피로해지므로 가독성을 해칠 수 있습니다. 또한 잘못 쓰면 촌스러워질 수 있습니다.

- 시선을 끌기 위해 선정적인 이미지를 쓰거나 해상도가 떨어지는 이미지를 쓰면 포스터 디자인의 품질이 떨어질 뿐만 아니라 브랜드 이미지까지 타격을 입을 수 있으므로 주의합니다.

신프로의 생일을 맞아 생일 파티를 열어 지인을 초대하려고 합니다. 간단히 일자와 장소만 입력해서 메시지를 보내는 것보다 포스터를 만들어 알리는 게 좋을 것 같습니다. 이벤트 종류를 명확하게 표현할 수 있는 디자인에 주요 정보를 입력하여 생일 초대 포스터를 디자인해 보겠습니다.

☼ **콘셉트** 행사 포스터의 핵심인 날짜가 잘 보이도록 강조하고 행사 종류를 직관적으로 표현할 수 있는 이미지를 활용합니다.

☼ **색상** 메인 색상은 행사 성격에 맞는 색상, 행사 날짜의 계절과 어울리는 색상, 포스터에 쓸 사진이나 일러스트의 색상 등에 따라 선택합니다. 이번 포스터는 픽토그램 이미지에 사용된 색을 메인 색상으로 활용합니다.

메인 바탕 색상 1
[R237 / G85 / B69]

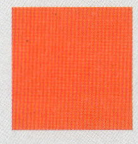
메인 바탕 색상 2
[R237 / G85 / B69], 투명도 [10%]

☼ **폰트** 폰트는 [나눔스퀘어 ExtraBold]로 정하고, 글자 색은 픽토그램 이미지에 사용된 붉은색과 노란색을 씁니다. 단, 이미지 위에 입력할 텍스트는 흰색을 씁니다. 전체적으로 통일성 있는 디자인을 위해 픽토그램 이미지의 색상을 폰트에도 적용합니다.

메인타이틀 폰트 색상
[R237 / G85 / B69]

서브타이틀 색상
[R255 / G230 / B153]

내용 색상
[R255 / G255 / B255]

⚙️ **레이아웃** 인쇄하기 편하게 A4 크기 세로 방향으로 디자인합니다. 크게 이미지 영역과 텍스트 영역을 위와 아래로 구분해서 다음과 같이 배치합니다.

📍 예제 파일 : img/img0056.jpg   📍 완성 파일 : part4_0007.pptx

완성

이벤트 정보 입력하기

01 슬라이드 크기를 A4 세로 방향으로 준비하고 레이아웃 계획에 따라 안내선을 배치합니다.

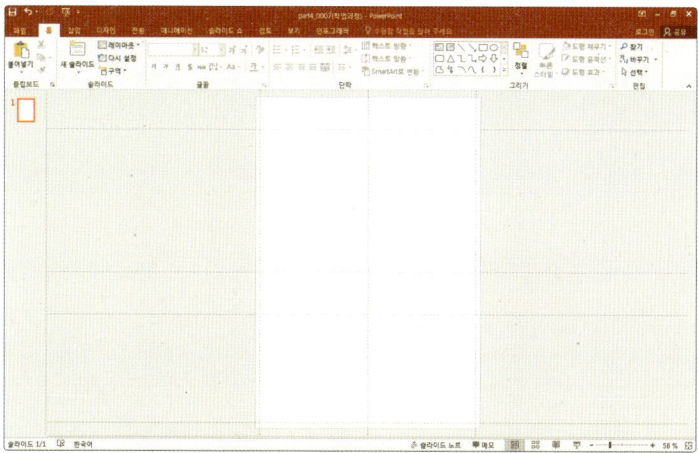

02 [홈] 탭의 그리기 영역에서 [직사각형]을 선택하고 왼쪽 아래를 드래그하여 직사각형을 그립니다. [홈] 탭의 그리기 영역에서 [도형 윤곽선]-[윤곽선 없음]을 선택하고 [도형 채우기]를 클릭한 다음 색상을 [R237 / G85 / B69]로 변경합니다.

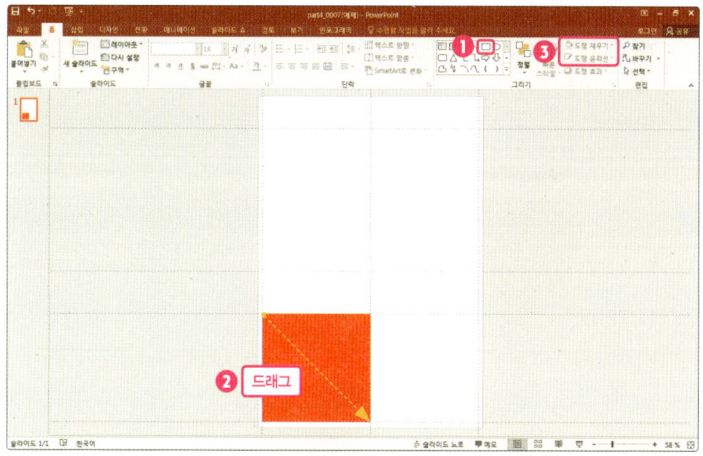

03 왼쪽에 있는 직사각형을 `Ctrl` + `Shift` 를 누른 채로 오른쪽으로 드래그해서 복제합니다.

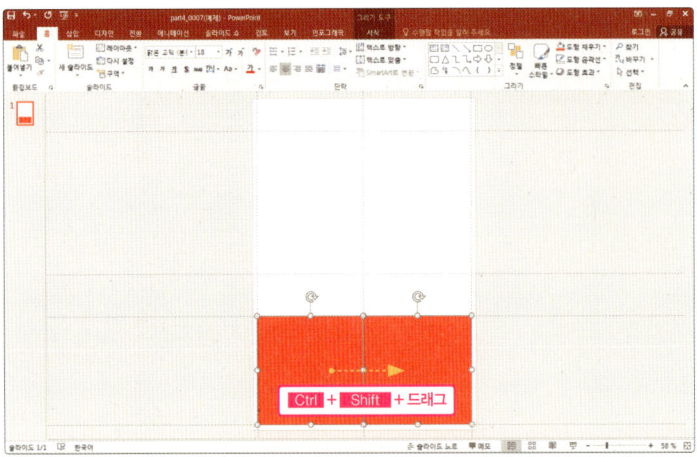

04 왼쪽에 있는 직사각형을 선택하고 [홈] 탭의 그리기 영역에서 [도형 채우기]-[다른 채우기 색]을 선택합니다. 색 대화상자가 열리면 투명도를 [10%]로 변경합니다.

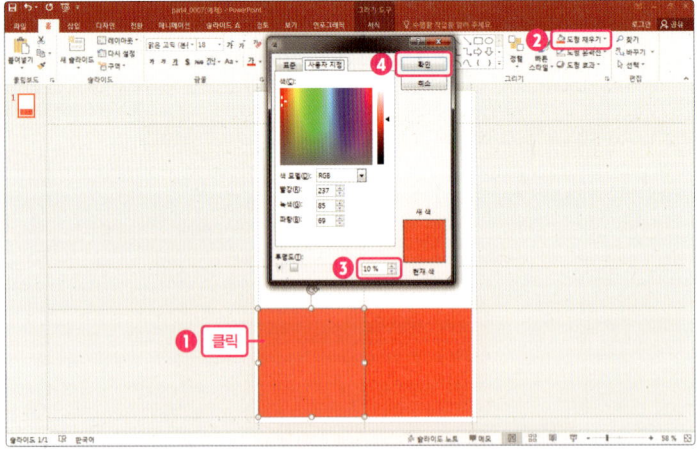

05 가장 중요한 행사 정보를 입력합니다. 텍스트 상자를 이용해 흰색([R255 / G255 / B255])으로 날짜/시간, 장소, 드레스 코드를 세 줄로 입력합니다. [홈] 탭의 단락 영역에서 [가운데 정렬]을 클릭하고, 줄 간격을 [2.0]으로 변경합니다.

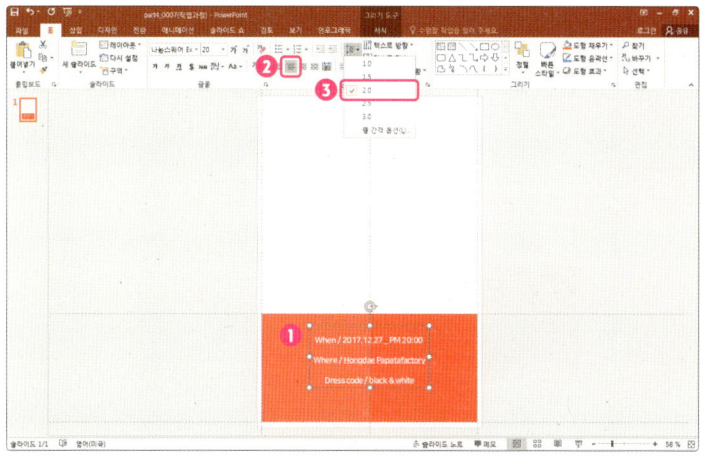

06 계속해서 'When/', 'Where/', 'Dress code/'를 드래그해서 선택하고 색상을 [R255 / G230 / B153]으로 변경합니다. 각 항목이 구분되도록 [홈] 탭의 단락 영역에서 [글머리 기호] 펼침 버튼을 클릭하고 [속이 찬 둥근 글머리 기호]를 선택합니다.

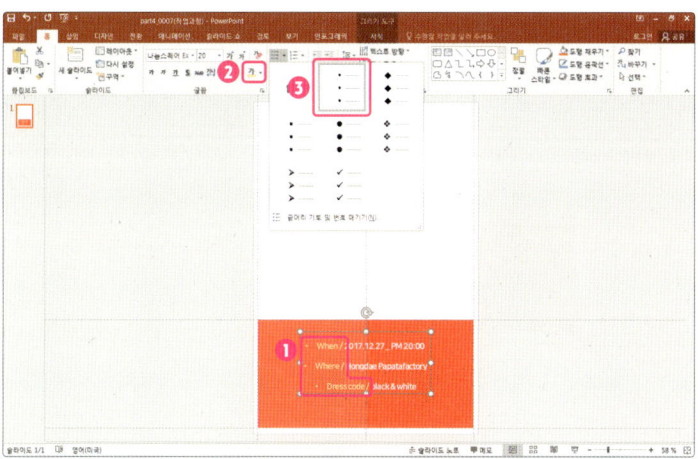

07 [홈] 탭의 그리기 영역에서 [텍스트 상자]를 선택하고 슬라이드 아래쪽을 드래그해서 너비가 긴 텍스트 상자를 배치한 다음 'INVITATION'을 입력합니다.

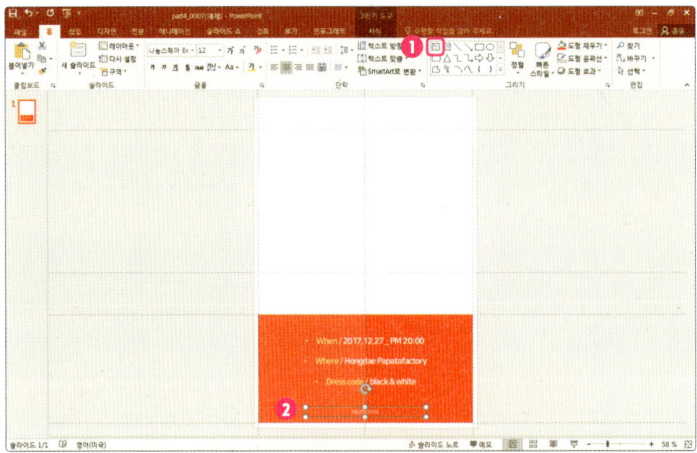

08 [홈] 탭의 단락 영역에서 [균등 분할]을 클릭하여 텍스트가 텍스트 상자 좌우로 고르게 퍼지게 배치합니다.

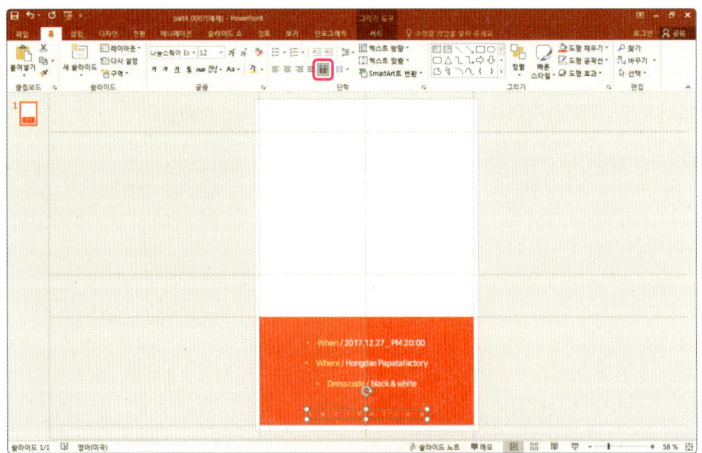

09 'INVITATION' 좌우에 직선을 추가하여 아래쪽 정보 영역을 마무리합니다. 이때 직선이 도드라지지 않도록 색상을 흰색([R255 / G255 / B255]), 투명도를 [50%]로 적용합니다.

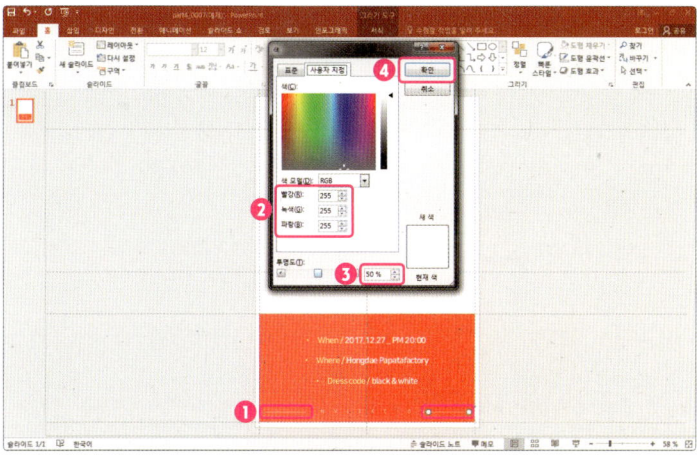

픽토그램 배치 및 포스터 타이틀 입력하기

01 텍스트 상자를 이용하여 상세 정보 영역 바로 위에 가장 강조할 내용인 날짜와 이벤트 내용을 추가로 배치합니다. 텍스트 색상을 [R237 / G85 / B69]로 변경해서 눈에 띄게 강조합니다.

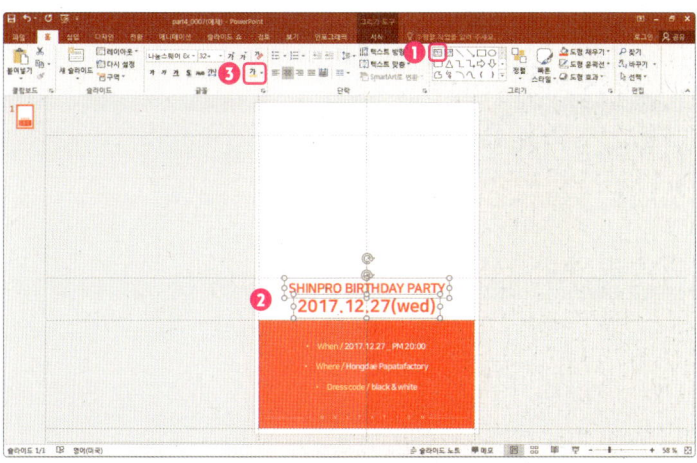

02 [삽입] 탭의 이미지 영역에서 [그림]을 클릭하고 [예제 파일/img/img0056.jpg] 이미지를 선택해서 삽입합니다. 픽토그램 크기를 조절하고 중앙에 배치합니다.

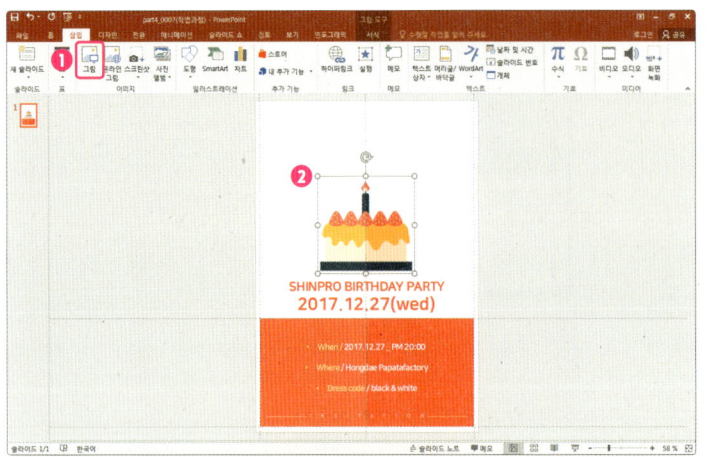

03 'HAPPY BIRTHDAY'를 입력한 다음 슬라이드 상단에 균등 분할로 배치하고, '35', 'years'를 각각 입력해 몇 번째 생일인지 표시합니다.

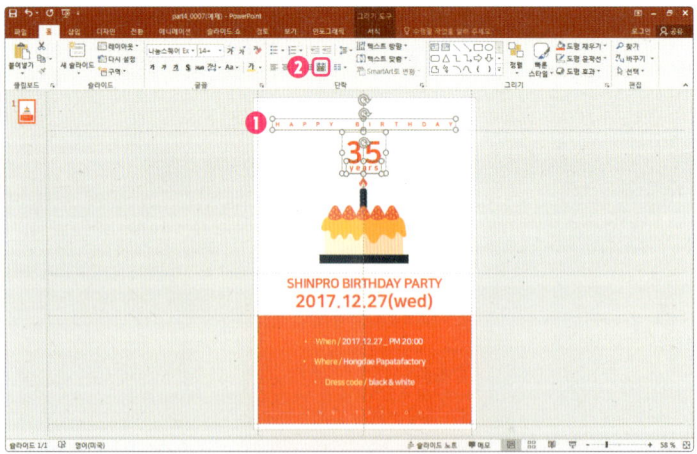

 **픽토그램**

픽토그램(Pictogram)은 그림을 뜻하는 픽토(Picto)와 정보를 뜻하는 텔레그램 (Telegram)을 합친 말입니다. 쉽게 말해 '그림 문자'를 말합니다. 많은 사람이 그림만 보고 어떤 의미인지 빠르게 인식할 수 있도록 만든 상징 문자를 뜻합니다. 픽토그램은 그림이기 때문에 글자에 비해 직관적이고 언어가 달라도 누구라도 볼 수 있어 전 세계 어디서나 두루 쓰입니다. 특히 공항, 식당, 관광지, 공공장소, 호텔과 같이 많은 사람이 이용하는 시설에 많이 쓰입니다. 대표적으로 공용 화장실에서 남녀를 구분하는 픽토그램은 다음과 같습니다.

금연 표시나 비상구 같은 표시도 픽토그램으로 표현하는 대표적인 사례입니다. 이런 픽토그램은 무료 사이트에서도 구할 수 있지만 구글로 검색해도 쉽게 찾을 수 있습니다. 간단한 픽토그램은 파워포인트 도형 기능으로도 쉽게 그릴 수 있습니다.

☼ 무료 픽토그램 사이트
- thenounproject.com   • www.iconfinder.com   • www.flaticon.com

☼ 구글 검색하기
'픽토그램'이나 '아이콘'으로 검색하거나 픽토그램이 필요한 단어를 입력해서 결과를 얻을 수 있습니다. 검색할 때 쓰는 키워드는 한글보다 영문을 써야 더 많은 결과를 얻을 수 있습니다. 검색어 뒤에 png를 함께 입력해서 검색하면 배경이 투명한 픽토그램을 구할 수 있습니다(예 car png).

PROJECT 6

브랜드를 대표하는
페이스북 페이지 커버 만들기

요즘에는 회사들도 서비스, 제품, 브랜드를 홍보하기 위해 다양한 SNS를 활용합니다. 대표적인 SNS에는 페이스북, 유튜브, 블로그, 인스타그램, 카카오페이지 등이 있습니다. 이러한 SNS에는 계정을 대표하는 메인 이미지를 사용하는데, 대표적인 SNS 메인 이미지에는 페이스북 페이지의 커버 사진과 유튜브의 채널 아트가 있습니다. SNS 메인 이미지 역시 파워포인트를 이용하면 쉽게 완성할 수 있습니다.

페이스북 페이지의 커버 사진

페이스북 페이지는 개인 계정이 아닌 브랜드나 단체명으로 사용하는 비즈니스 계정입니다. 개인 계정이 아니므로 커버 사진이나 프로필 사진을 만들 때 회사나 브랜드를 잘 살릴 수 있는 이미지를 활용해야 합니다. 각 SNS마다 크기가 약간씩 다르므로 각 크기를 미리 확인해 둬야 합니다. 이번에 제작할 페이스북 페이지 커버 사진은 너비가 851픽셀이고 높이가 315픽셀인 이미지에 최적화되어 있습니다. 이 크기에 맞춰 레이아웃 계획을 세우고 디자인해 보겠습니다.

신프로의 페이스북 페이지
https://www.facebook.com/shinpro.powerpoint

파파타스쿨 페이스북 페이지
https://www.facebook.com/papataschool

Plan & Design | 페이스북 페이지 커버 디자인

파워포인트 정보를 얻으려는 페이스북 페이지 팔로우 고객과 검색으로 유입될 잠재 고객에게 좀 더 전문적인 느낌을 전달할 수 있도록 신프로의 페이스북 페이지 커버 사진을 새롭게 단장하려고 합니다.

✿ **콘셉트** 파워포인트가 연상되고 전문적인 느낌이 강조되도록 노트북을 두드리며 회의하는 사무실 분위기 이미지를 배경으로 사용합니다. 복잡해 보이지 않도록 도형에 투명도를 적용하여 필터 효과를 연출하고, 단색으로 핵심 메시지만 전달합니다.

✿ **색상** 홍보물을 디자인할 때는 가능하면 브랜드나 로고와 어울리는 색상을 활용합니다. 여기서 사용하는 파스텔 톤 녹색은 필터를 적용할 도형의 채우기 색으로 사용합니다. 파스텔 톤 색상은 밝고 따뜻한 느낌을 주지만 채도와 명도가 높아지면 촌스러워 보일 수 있으므로 주의합니다.

 도형 채우기 색상 [R65 / G185 / B154], 투명도 [20%]

✿ **폰트** 폰트는 [나눔스퀘어 ExtraBold]로 정합니다. 메인으로 사용할 배경 색상이 과하게 어둡거나 밝지 않으므로 폰트 색상은 검은색과 흰색을 모두 사용할 수 있습니다. 단, 여기서는 흰색을 활용합니다.

 폰트 색상 [R255 / G255 / B255]

✿ **레이아웃** 페이스북 페이지의 커버 사진은 최적 크기가 851×315픽셀입니다. 파워포인트에서는 기본 크기 단위가 센티미터(cm)입니다. 그러므로 슬라이드 크기를 변경할 때 단위인 px을 꼭 입력해야 합니다. 이번 페이스북 커버 사진 디자인에서는 중앙에 타이틀을 배치할 예정입니다. 중앙 배치에 유리하도록 눈금선을 표시하고 위쪽과 아래쪽 여백을 구분할 안내선 정도만 배치합니다.

◉ 완성 파일 : part4_0008.pptx

슬라이드 크기를 변형하고 이미지 삽입하기

01 레이아웃에 맞는 빈 슬라이드를 준비해 보겠습니다. [디자인] 탭의 사용자 지정 영역에서 [슬라이드 크기]−[사용자 지정 슬라이드 크기]를 선택합니다. 슬라이드 크기 대화상자에서 너비를 [851px], 높이를 [315px]로 입력하고 [확인] 버튼을 클릭합니다.

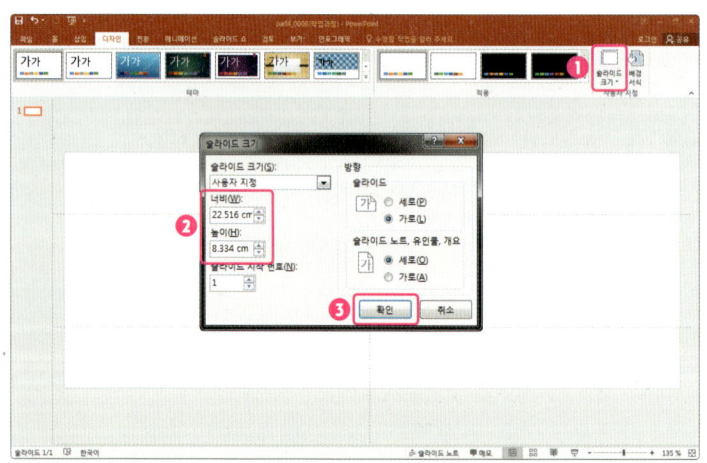

깨알Tip 851px은 22.516cm, 315px은 8.334cm로 자동 변환됩니다.

02 [보기] 탭의 표시 영역에서 [눈금선]과 [안내선]을 체크하고 레이아웃 계획에 맞춰 가로 안내선을 위와 아래에 배치합니다.

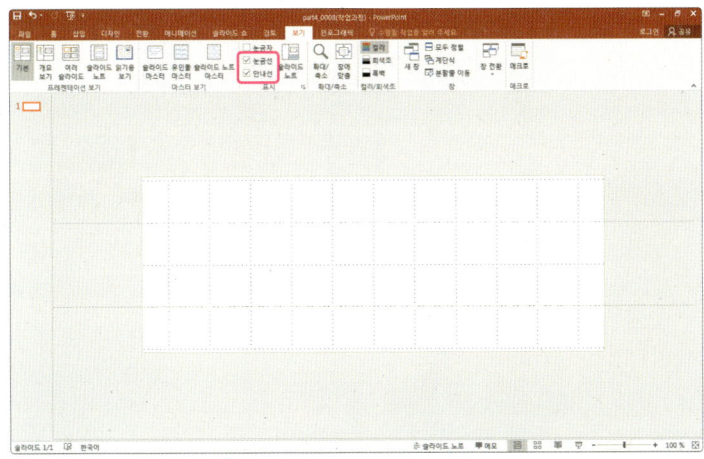

깨알Tip 안내선을 체크하면 기본으로 표시되는 세로 안내선은 클릭한 채 드래그하여 옮길 수 있고 슬라이드 바깥으로 드래그하여 제거할 수도 있습니다.

03 [삽입] 탭의 이미지 영역에서 [그림]을 클릭하고 [예제 파일/img/img0057]을 불러옵니다. 커버 사진에 넣을 이미지는 브랜드나 회사의 특징을 잘 드러내는 이미지로 선택합니다.

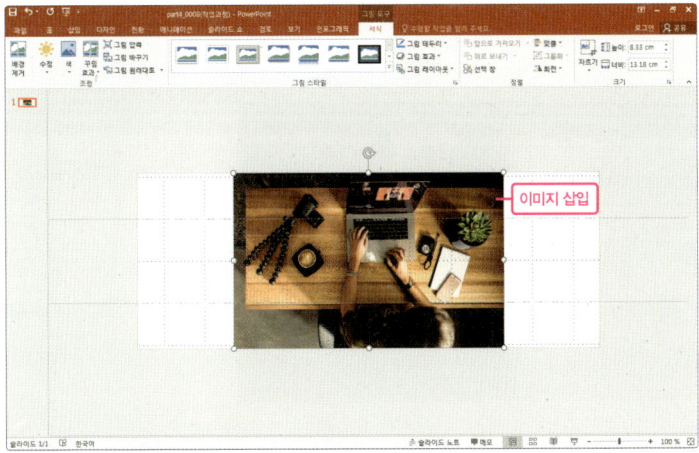

04 조절점을 `Shift` 를 누른 채로 드래그해서 슬라이드보다 크게 변경합니다. `Shift` 를 누른 채로 조절점을 드래그하면 이미지의 너비와 높이 비율이 고정됩니다. `Shift` 를 누르지 않고 조절점을 드래그하면 비율이 바뀌면서 왜곡이 생길 수 있으니 주의합니다.

05 이미지가 슬라이드보다 커졌다면 이제 슬라이드 크기에 맞춰 필요한 영역만 남기고 잘라내야 합니다. 이미지를 더블클릭해서 [서식] 탭을 표시하고 크기 영역에서 [자르기]를 클릭합니다. 자르기 조절점을 드래그하여 슬라이드 크기에 맞춰 자를 영역을 지정합니다.

06 자를 영역이 지정되면 이미지 바깥을 클릭하거나 `Esc`를 눌러 자르기 작업을 마칩니다. 남은 영역이 마음에 들지 않으면 다시 [자르기]를 실행하고 조절점을 드래그해서 남길 영역을 변경할 수 있습니다.

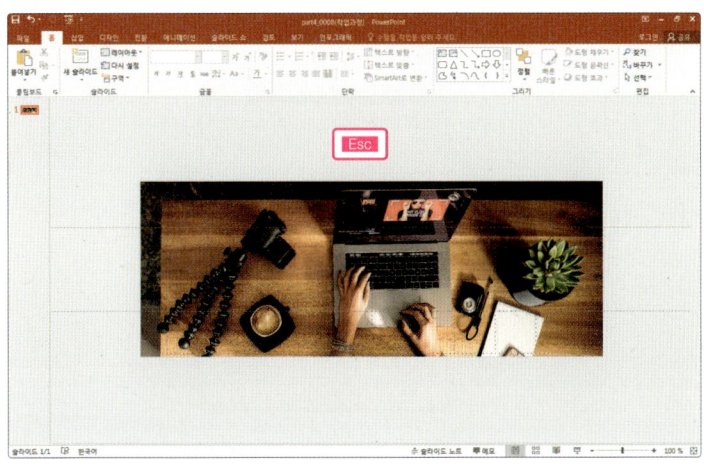

도형으로 필터 효과 적용하기

01 복잡한 배경에 텍스트를 입력하거나 색상 톤을 정리할 때는 필터를 적용하면 효과적입니다. [홈] 탭의 그리기 영역에서 [직사각형] 도형을 선택하고 슬라이드 크기에 맞춰 드래그해서 직사각형을 그립니다.

02 [홈] 탭의 그리기 영역에서 [도형 윤곽선]−[윤곽선 없음]을 선택하고, [도형 채우기]−[다른 채우기 색]을 선택합니다. 색 대화상자가 열리면 [사용자 지정] 탭에서 색상을 [R65 / G185 / B154], 투명도를 [20%]로 설정하고 [확인] 버튼을 클릭합니다.

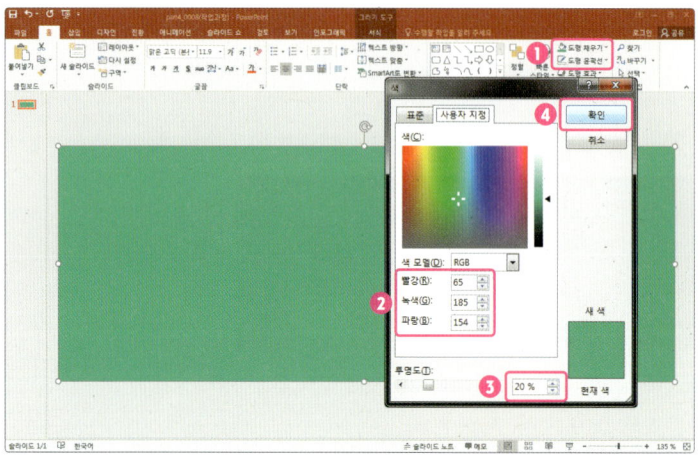

03 직사각형에 투명도를 적용하면 아래쪽에 배치된 이미지가 자연스럽게 비쳐 녹색 필터를 적용한 것처럼 표현됩니다.

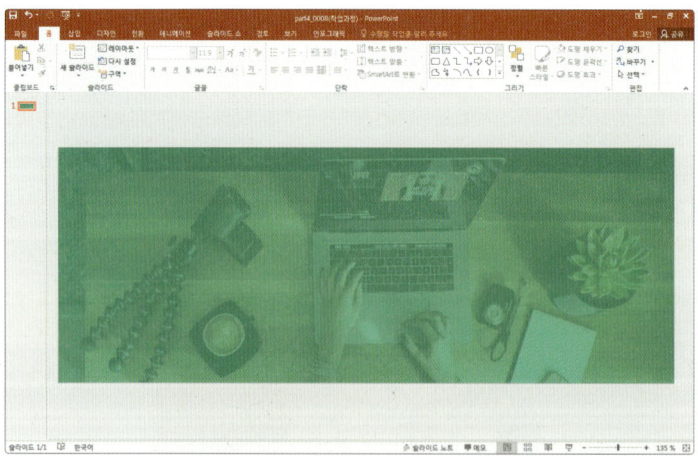

텍스트 입력하기

01 텍스트만 입력하면 완성입니다. [홈] 탭의 그리기 영역에서 [텍스트 상자]를 선택합니다. 텍스트를 입력할 때는 자유롭게 간격을 조정하기 위해 각 줄을 별도의 텍스트 상자로 입력합니다. 텍스트를 입력하고 폰트를 [나눔스퀘어 ExtraBold], 색상을 흰색([R255 / G255 / B255])으로 설정합니다.

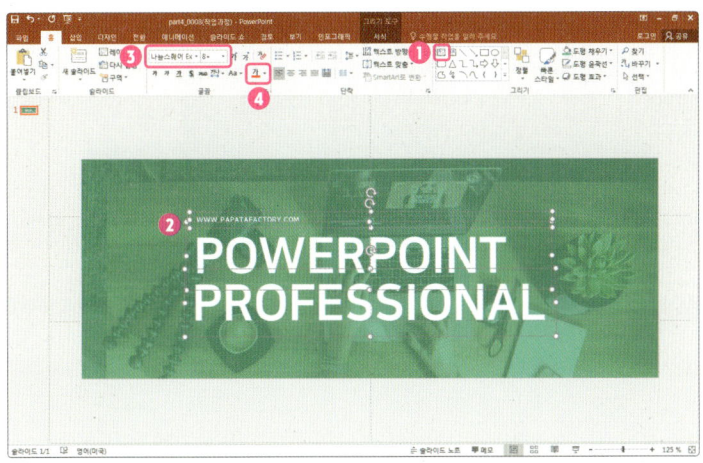

02 커버 사진은 온라인에서 브랜드나 기업의 얼굴을 대신하므로 작은 부분까지 신경 써야 합니다. 배치한 텍스트의 간격이나 크기를 세부적으로 조정합니다. 그런 다음 [홈] 탭의 단락 영역에서 [균등 분할]을 클릭해서 입력한 텍스트가 텍스트 상자 좌우에 넓게 퍼지도록 조정합니다. 이후 텍스트 상자 크기를 변경하여 배치를 조절합니다.

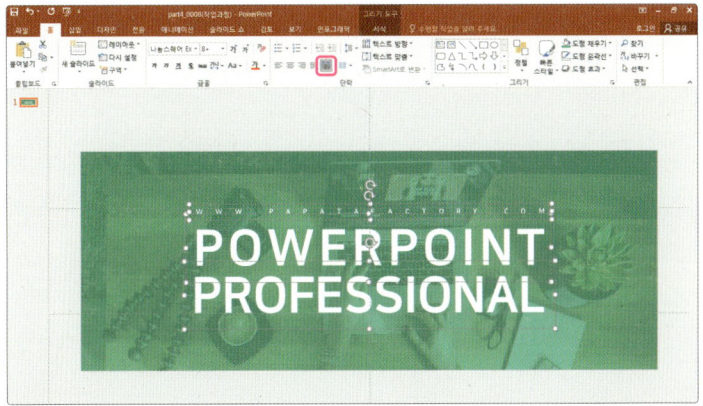

03 마지막으로 로고와 저작권 표시를 배치하여 완성합니다.

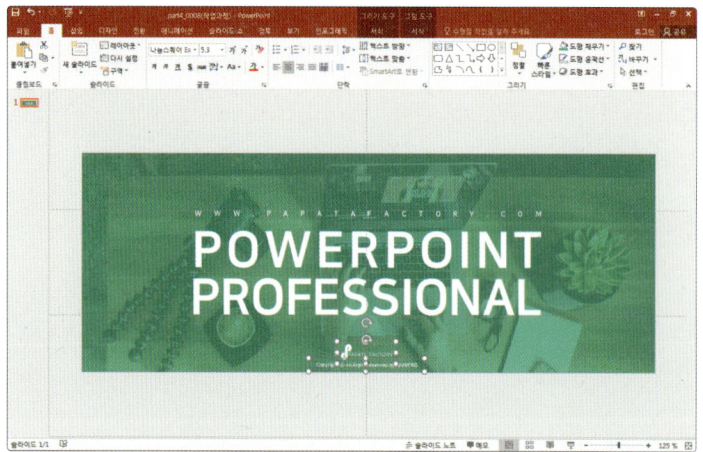

빠르게 정보를 전달하는 인포그래픽

인포그래픽은 필요한 데이터를 정리하여 시각적으로 보여 주는 디자인으로 매우 다양한 분야에서 광범위하게 사용되고 있습니다. 인포그래픽의 수요가 늘면서 더 쉽고 빠르게 인포그래픽을 만들 수 없을지 고민하는 사람이 늘고 있습니다. 이러한 이유로 누구나 쉽게 배울 수 있는 파워포인트를 이용한 인포그래픽 만들기가 인기를 얻고 있습니다.

인포그래픽

인포그래픽(Infographics)은 정보(Information)와 그래픽(Graphic)을 합친 말로 복잡한 정보, 데이터, 지식을 빠르고 명확하게 설명하기 위해 그래픽 요소로 시각화한 것을 말합니다. 간략히 요약하면 정보를 읽지 않고 볼 수 있도록 전달하는 방법입니다. 긴 글과 복잡한 내용을 그림으로 간략히 정리하여 보는 사람이 더 효과적으로 정보를 받아들일 수 있도록 합니다. 교육, 상업, 광고, 업무 등 인포그래픽을 활용하여 내용을 전달하는 분야가 다양해지면서 인포그래픽을 좀 더 쉽게 제작하는 방법이나 도구에 대해서도 관심이 많아지고 있습니다.

다음 사례와 같이 안전에 대한 내용은 사람들이 바로 인지하고 언제라도 떠올릴 수 있도록 만드는 것이 매우 중요합니다. 누가 보더라도 쉽게 이해하고 친근하게 받아들일 수 있도록 표현한 예입니다(제공 : 디자인스튜디오 써니아일랜드 www.sunnyisland.kr)

안전한 겨울산행 등산객들의 사고를 예방하고 안전한 산행 문화가 정착되도록 시각적으로 내용을 정리한 디자인

지진 안전 지진을 대비하고 지진이 일어났을 때 대처하는 방법을 표현한 디자인

미래 직업 미래 직업을 픽토그램을 사용해서 이해하기 쉽게 디자인

새로운 커피숍 브랜드를 런칭한다고 가정하겠습니다. 고객들이 음료 제조 방법을 쉽게 알 수 있도록 인포그래픽으로 만들어 보겠습니다.

✹ **콘셉트** 커피숍을 이용하는 고객이 음료의 제조 과정을 쉽게 이해하고 주문할 수 있도록 돕는 것이 기본 목표이므로 다음 사항을 중점적으로 고려합니다.

– 브랜드 색상을 기본 바탕으로 하여 브랜드 이미지를 각인하고, 전달하려는 핵심 메시지를 그림으로 강조하여 고객의 이해를 높인다.

– 복잡한 그래픽 효과를 배제하고 업종과 관련된 사진이나 이미지를 요소로 활용하며 단순한 색상과 도형을 배치하여 플랫하게 디자인한다.

– 각 항목을 색으로 구분하고 글을 배치하여 고객이 정확하게 이해할 수 있도록 디자인한다.

✹ **색상** 특정 브랜드와 관련된 디자인은 해당 브랜드 로고 등에 사용되는 브랜드 컬러를 메인 색상으로 활용하는 것이 좋습니다. 이번 프로젝트에서는 해당 커피숍의 브랜드 컬러를 배경색으로 사용하여 강조합니다. 음료 제조 방법을 이미지로 표현해야 하므로 사용되는 재료는 각각 다른 색으로 표현합니다.

배경색 [R73 / G89 / B157], 투명도 [10%]

에스프레소 색상 [R73 / G45 / B39], 스팀밀크 색상 [R242 / G242 / B242], 폼밀크 색상 [R255 / G255 / B255]

✹ **폰트** 폰트는 [나눔스퀘어 ExtraBold]로 정합니다. 배경 색상의 채도가 약간 높은 편이라 글자 색을 검은색으로 쓰면 가독성이 떨어질 수 있습니다. 흰색을 사용하여 가독성을 높입니다. 나머지 색상은 커피색과 유사한 톤으로 맞춥니다.

글자 색 [R255 / G255 / B255], [R73 / G45 / B39]

✿ **레이아웃** 인쇄해서 붙여야 하므로 가장 일반적인 A4 크기에 맞춥니다. 음료 제조 방법을 강조하는 콘셉트에 맞춰 슬라이드를 가로로 2등분하고, 위쪽에는 브랜드 이미지나 타이틀, 아래쪽에는 음료 제조 방법을 도형으로 만든 그림으로 표현합니다.

Fresh Coffee 인포그래픽

레이아웃 및 색상 계획 준비하기

01 새로운 낱장 슬라이드를 준비합니다. 슬라이드 크기를 A4로 바꿔 보겠습니다. [디자인] 탭의 사용자 지정 영역에서 [슬라이드 크기]-[사용자 지정 슬라이드 크기]를 선택합니다. 슬라이드 크기 대화상자가 열리면 슬라이드 크기를 [A4 용지], 슬라이드 방향을 [가로]로 설정하고 [확인] 버튼을 클릭합니다.

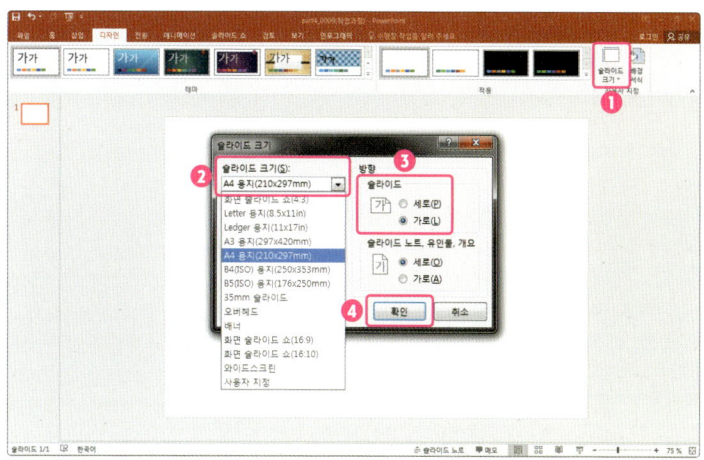

02 [보기] 탭의 표시 영역에서 [안내선]을 체크합니다. 레이아웃 계획에 맞춰 세로 안내선은 슬라이드 영역 밖으로 드래그하여 제거하고 가로 안내선만 중앙에 배치합니다.

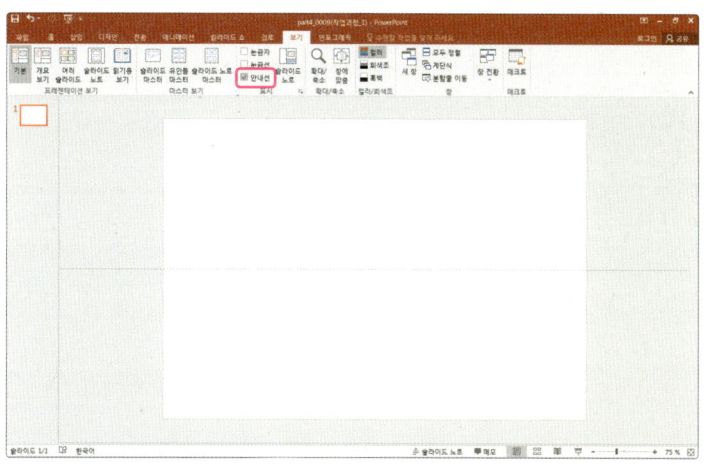

03 [홈] 탭의 그리기 영역에서 [직사각형] 도형을 선택하고 드래그해서 직사각형을 그립니다.

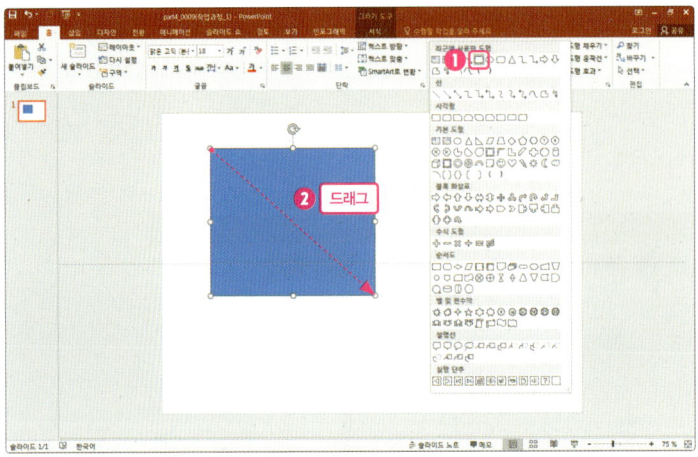

04 직사각형의 조절점을 드래그해서 슬라이드 크기에 맞춰 배치합니다. [홈] 탭의 그리기 영역에서 [도형 윤곽선]–[윤곽선 없음]을 선택합니다.

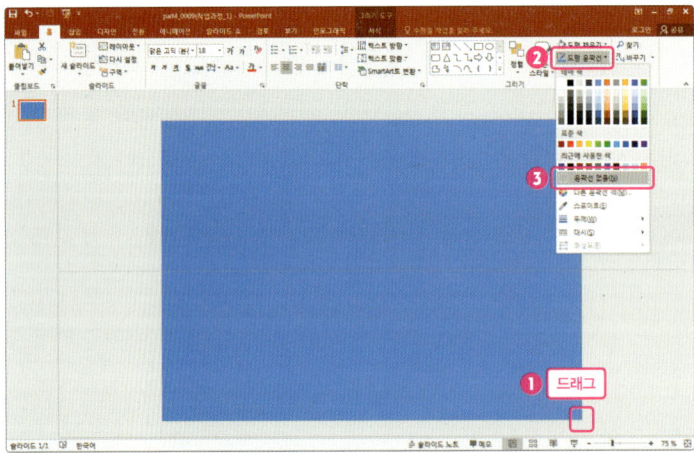

05 [홈] 탭의 그리기 영역에서 [도형 채우기]–[다른 채우기 색]을 선택합니다. 색 대화상자가 열리면 [사용자 지정] 탭에서 색상을 [R73 / G89 / B157], 투명도를 [10%]로 설정하고 [확인] 버튼을 클릭합니다.

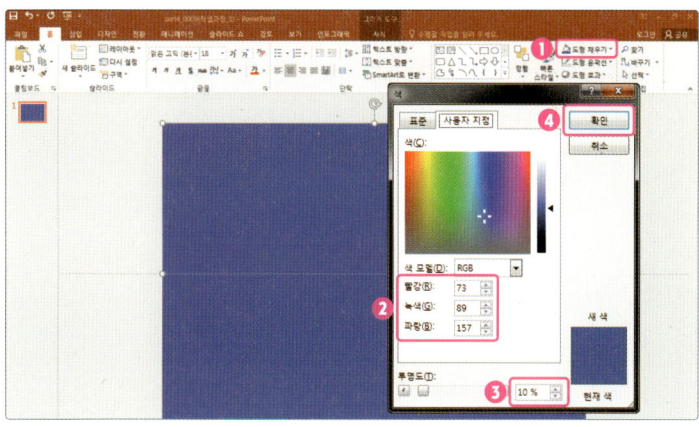

도형으로 컵 이미지 만들기

01 음료 제조 방법을 설명할 그래픽으로 컵 모양을 활용합니다. [홈] 탭의 그리기 영역에서 도형 목록에 있는 [자세히] 아이콘을 클릭해서 펼치고 [순서도: 수동 연산] 도형을 선택합니다. 다음과 같이 드래그해서 순서도 도형을 그리고 [도형 윤곽선]–[윤곽선 없음]을 선택합니다. [도형 채우기]–[다른 채우기 색]을 선택해서 색상을 흰색([R255 / G255 / B255])으로 변경합니다.

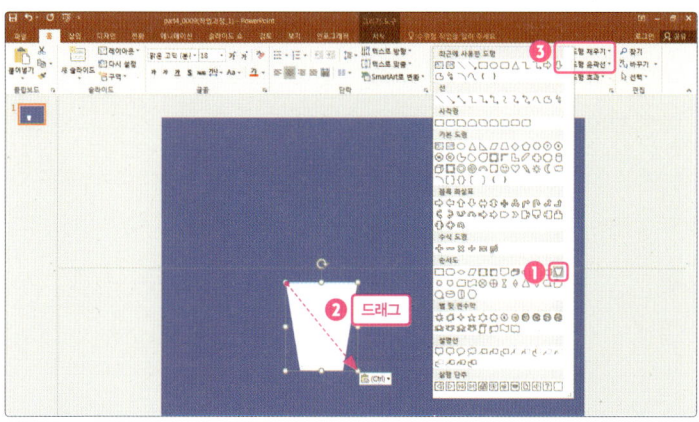

02 계속해서 손잡이를 표현해 보겠습니다. [홈] 탭의 그리기 영역에서 도형 목록을 펼치고 [기본 도형: 도넛] 도형을 선택한 다음 드래그해서 손잡이를 표현합니다. [도형 윤곽선]－[윤곽선 없음], [도형 채우기]－[다른 채우기 색]을 선택해서 색상을 흰색([R255 / G255 / B255])으로 변경합니다.

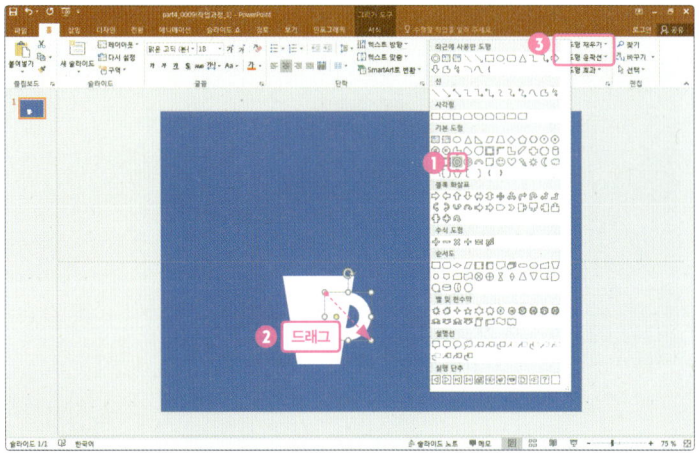

깨알Tip 도형 윤곽선과 도형 채우기 색을 기존에 사용한 것과 동일하게 적용할 때는 서식 복사 기능을 사용하면 편리합니다. 위의 경우 순서도 도형을 선택하고 [홈] 탭의 클립보드 영역에서 브러시 모양의 [서식 복사]를 클릭한 다음 도넛 도형을 클릭하면 됩니다.

03 Shift 를 누른 채로 순서도 도형과 도넛 도형을 각각 클릭하고 Ctrl + G 를 눌러 그룹으로 묶습니다.

04 완성한 컵 개체 그룹을 `Ctrl` 을 누른 채로 오른쪽으로 드래그해서 복제합니다. 이때 `Shift` 를 함께 누르면 수평으로 복제할 수 있습니다. 세 종류의 음료 제조 방법으로 표현해야 하므로 컵을 한 개 더 복제해서 총 세 개를 만듭니다.

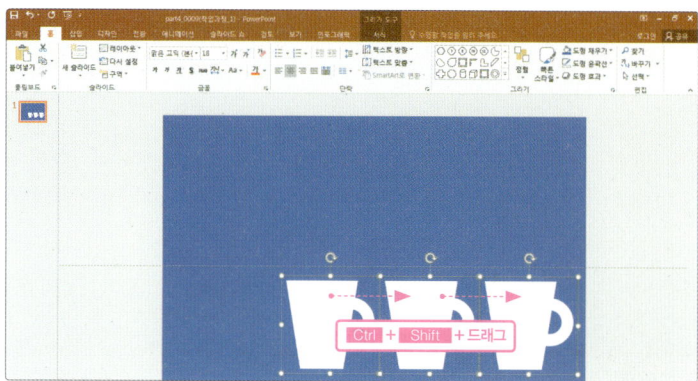

음료 제조 방법 표현하기

01 각 컵 안에 색상으로 구분할 재료를 표현해 보겠습니다. [홈] 탭의 그리기 영역에서 [순서 도: 수동 연산] 도형을 선택해서 다음과 같이 첫 번째 컵 안에 그려 넣습니다. 물을 표현해야 하므로 [도형 윤곽선]-[윤곽선 없음], [도형 채우기]-[다른 채우기 색]을 선택해서 색상을 [R154 / G250 / B252]로 변경합니다.

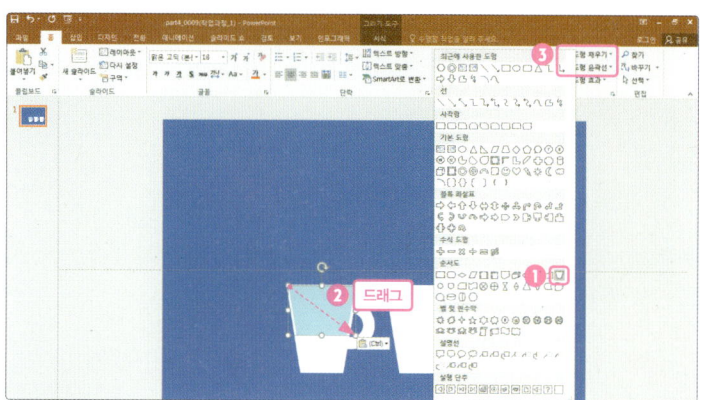

깨알Tip 그려 넣은 도형의 모양을 세부적으로 변경하려면 마우스 오른쪽 버튼으로 클릭한 다음 [점 편집]을 선택합니다.

02 계속해서 음료에 사용되는 재료와 비율에 따라 컵 안에 [순서도: 수동 연산] 도형을 그려 넣고 색상을 변경합니다. 에스프레소 색상은 [R73 / G45 / B39], 스팀 밀크 색상은 [R242 / G242 / B242]로 설정합니다.

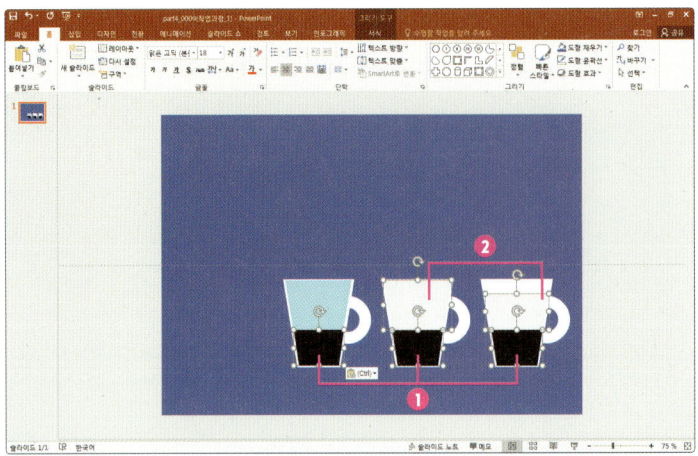

03 두 번째와 세 번째 음료는 추가로 폼 밀크를 표현해야 합니다. [홈] 탭의 그리기 영역에서 [사각형: 둥근 위쪽 모서리] 도형을 선택해서 그려 넣습니다.

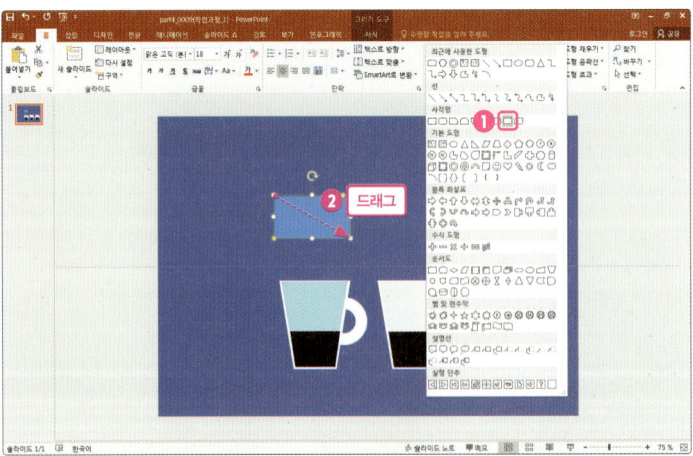

04 노란색 조절점을 왼쪽으로 드래그하여 모서리 곡률을 조절합니다. 모서리가 둥근 사각형을 [도형 윤곽선]−[윤곽선 없음], [도형 채우기]−[다른 채우기 색]을 선택해서 색상을 흰색([R255 / G255 / B255])으로 변경합니다. 도형을 마우스 오른쪽 버튼으로 클릭하고 [점 편집]을 선택한 다음 오른쪽 위에 있는 조절점을 드래그하여 거품 모양을 연출합니다.

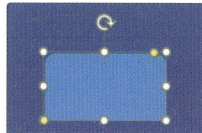   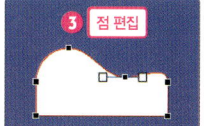

05 거품 모양을 하나 더 복제하여 두 번째와 세 번째 컵 위에 배치합니다.

06 따뜻한 음료 위에 피어오르는 김을 표현해 보겠습니다. [홈] 탭의 그리기 영역에서 [별 및 현수막: 물결] 도형을 선택해서 그립니다.

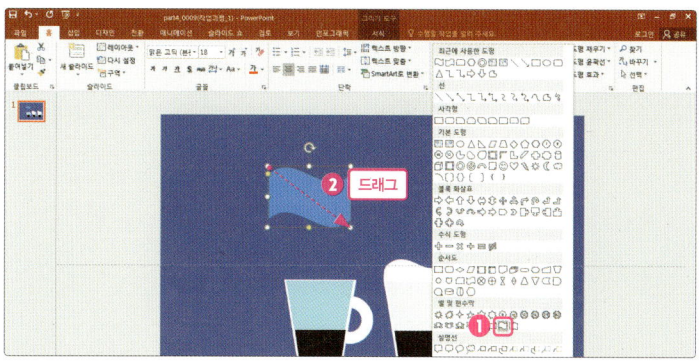

07 왼쪽 노란색 조절점은 아래로, 아래쪽 노란색 조절점은 왼쪽으로 드래그하여 김 모양을 표현합니다. 회전 아이콘을 왼쪽으로 드래그하여 회전시키고 흰색 조절점을 드래그하여 크기를 변경합니다.

08 김 모양 도형을 [도형 윤곽선]-[윤곽선 없음], [도형 채우기]-[다른 채우기 색]을 선택해서 색상을 흰색([R255 / G255 / B255])으로 변경합니다. 김 모양을 복제해서 세 개를 배치하고 각 크기를 적당히 변경합니다. 김 모양 세 개를 그룹으로 묶고 복제해서 각 컵 위에 배치합니다.

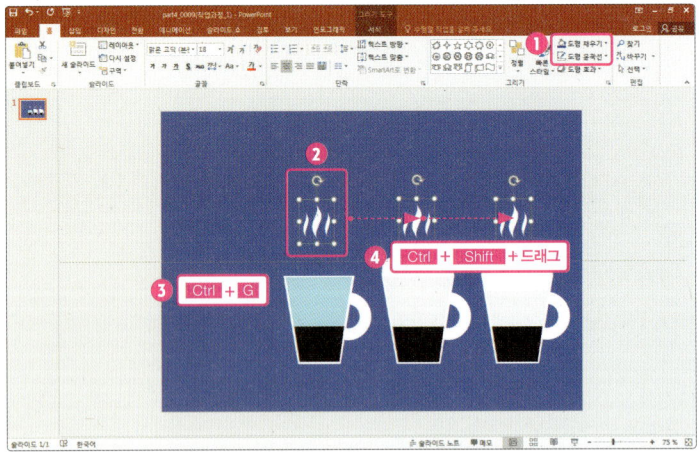

배경 꾸미기

01 김 오브젝트를 활용해서 배경을 꾸며 보겠습니다. 김 오브젝트를 한 개 더 복제하고 슬라이드 오른쪽 위에 배치합니다. 복제한 김 오브젝트의 크기와 방향을 변경하고 `Ctrl` + `Shift` + `G` 를 눌러 그룹을 풀어 줍니다.

02 배경 디자인 요소이므로 눈에 띄지 않게 도형 채우기 색을 배경 색상과 동일한 [R73 / G89 / B157], 투명도를 [20%]로 변경합니다.

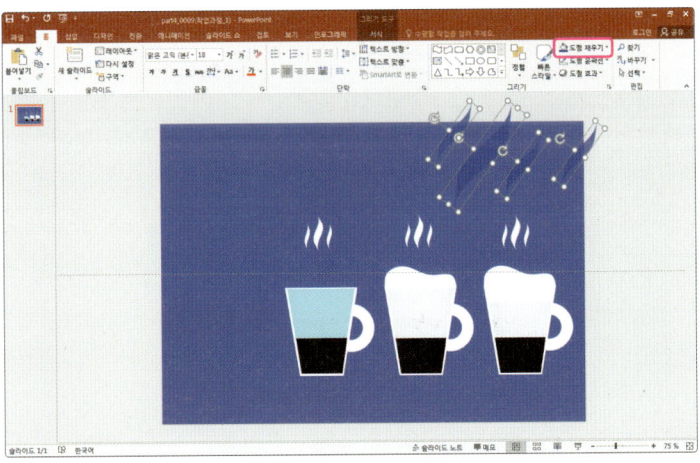

03 슬라이드 밖으로 나간 부분을 삭제하기 위해 도형 오브젝트를 그림으로 변경해야 합니다. 오른쪽 위에 있는 김 오브젝트를 선택하고 `Ctrl` + `C` 를 눌러 복사합니다. 마우스 오른쪽 버튼을 클릭하고 붙여넣기 옵션에 있는 [그림]을 선택합니다.

04 기존 도형 오브젝트를 삭제하고, 그림으로 붙여 넣은 오브젝트를 슬라이드 오른쪽 위에 배치합니다. [서식] 탭의 크기 영역에서 [자르기]를 선택합니다. 자르기 조절점이 표시되면 안쪽으로 드래그해서 슬라이드 테두리에 맞춥니다.

05 Esc 를 누르거나 빈 영역을 클릭해서 선택을 해제하면 자르기 조절점에 이외의 부분이
잘린 것을 확인할 수 있습니다.

텍스트 입력 및 이미지 삽입하기

01 이미지만으로 부족한 정보를 텍스트로 표현합니다. [홈] 탭의 그리기 영역에서 [텍스
트 상자]를 선택하여 내용을 입력하고, [홈] 탭의 글꼴 영역에서 폰트를 [나눔스퀘어
ExtraBold], 글꼴 색을 흰색([R255 / G255 / B255])과 커피 색([R73 / G45 / B39])
으로 설정합니다.

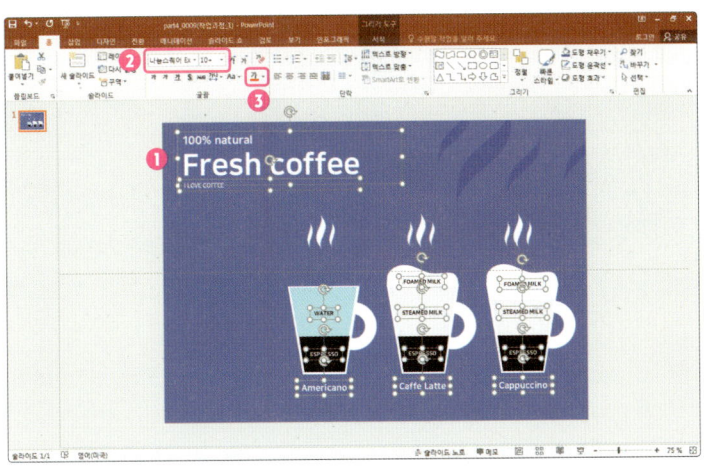

02 'Fresh coffee' 아래쪽에 있는 'I love coffee' 텍스트 상자를 선택하고 [홈] 탭의 단락 영역에서 [균등 분할]을 선택하여 텍스트 폭을 텍스트 상자에 맞춥니다.

03 이미지를 배치하여 디자인을 꾸며 보겠습니다. [삽입] 탭의 이미지 영역에서 [그림]을 클릭하고 [예제 파일/img/img0058.jpg] 이미지를 찾아 슬라이드에 삽입합니다.

04 삽입한 이미지 모서리에 있는 조절점을 드래그해서 크기를 조절하고, 자르기 기능을 이용하여 다음과 같이 배치합니다.

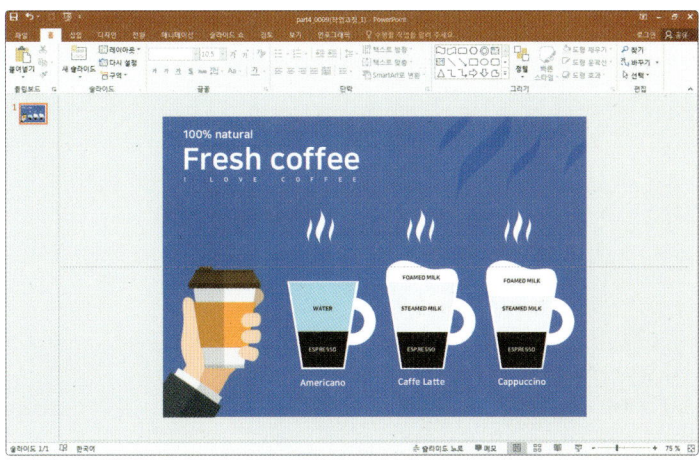

05 삽입한 이미지의 주목도를 낮추기 위해 채도를 조절하겠습니다. 이미지를 선택한 상태에서 [서식] 탭의 조정 영역에서 [색]을 선택하고 색 채도 항목에서 [채도: 0%]를 선택합니다. 채도가 0%가 되면 흑백 이미지로 바뀝니다.

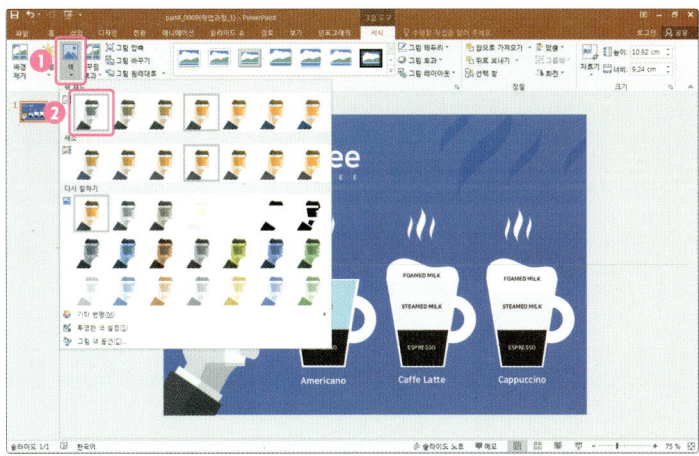

06 계속해서 [예제 파일/img/img0059.jpg] 이미지를 삽입하여 슬라이드 오른쪽 위에 배치합니다. [서식] 탭의 크기 영역에서 [자르기]를 클릭하고 다음과 같이 일부 영역만 표시되도록 조절점을 조절합니다.

07 손 이미지와 같은 방법으로 커피 이미지를 선택하고 [서식] 탭의 조정 영역에서 [색]−[채도: 0%]를 선택합니다. 커피 이미지가 흑백으로 바뀝니다.

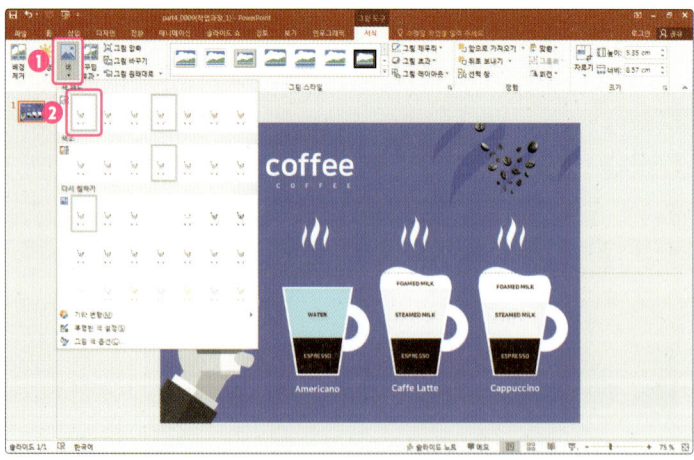

08 `Alt` + `F9` 를 눌러 안내선을 숨기고 완성된 인포그래픽을 확인합니다.

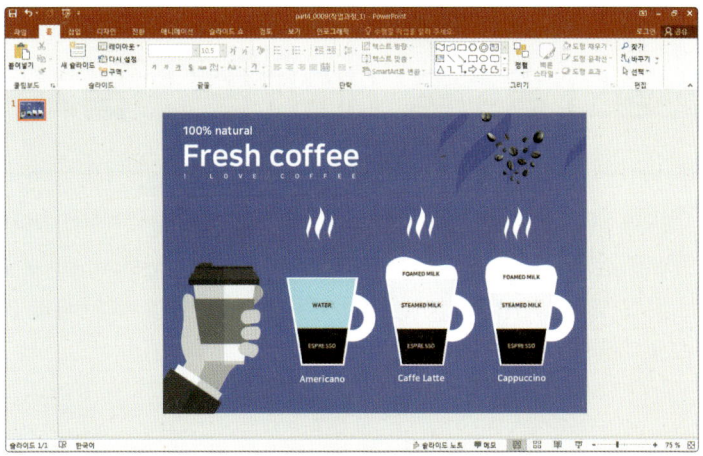

행사 진행의 필수품, 네임카드 만들기

행사에 참여하거나 직접 행사를 진행해 본 경험이 있을 것입니다. 축제, 체육대회, 시상식, 박람회, 모터쇼 등 다양한 행사에서는 참석자와 운영진을 구분 짓는 목걸이형 명찰이 필수입니다. 간단히 A4 용지에 이름만 입력해서 인쇄하는 경우도 있지만 파워포인트를 사용하여 디자인해 두면 상황에 따라 수정하기도 쉬운 고급스러운 네임카드를 디자인할 수 있습니다.

네임카드 디자인

네임카드는 행사용 목걸이뿐만 아니라 사원증이나 테이블 태그 등 종류가 매우 다양하며, 아크릴 등의 케이스에 삽입하여 목적에 맞게 사용합니다. 상품 안내, 동선 안내, 홍보물 등의 인쇄물을 정리하여 배치할 때도 효과적입니다. 따라서 네임카드를 디자인할 때는 어떤 용도로 쓰며 어떤 케이스에 넣을지 파악하여 제작해야 합니다. 즉, 네임카드는 행사장이나 회사에서 그 사람의 이름은 물론 신분이나 역할까지 확인할 있도록 디자인한 인쇄물을 말합니다.

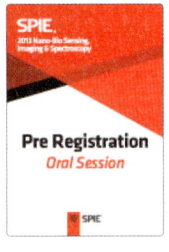

행사 참석자에게 나눠 줄 네임카드를 디자인합니다. 인쇄하기 쉽게 A4 크기로 디자인합니다. 도형을 이용하여 네임카드 크기를 지정하고 세부 디자인을 진행합니다. 완성한 디자인은 슬라이드 한 장에 여러 개를 배치하여 인쇄한 다음 잘라서 쓸 수 있도록 만듭니다.

☀ **색상** 메인 색상은 두 가지로 구성합니다. 상단 타이틀을 강조하는 색상과 이름에 쓰는 색상입니다.

상단 도형 색상 [R0 / G32 / B96], 투명도 [30%]

이름 색상 [R153 / G99 / B77]

☀ **레이아웃** 시중에 판매하는 네임카드 케이스 크기에 맞춰 디자인합니다. 슬라이드 크기는 인쇄하기 쉽게 A4 크기로 시작하고, 도형을 이용해 크기를 맞춥니다.

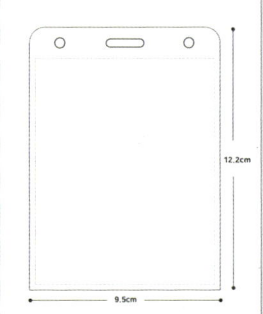

⊙ 완성 파일 : part4_0010.pptx

완성

크기 설정 및 타이틀 영역 만들기

01 슬라이드 크기를 A4 가로 방향으로 설정합니다. 도형으로 네임카드 크기를 지정해야 하므로 별도의 눈금선이나 안내선 없이 진행합니다. [홈] 탭의 그리기 영역에서 [직사각형] 도형을 선택해서 그립니다.

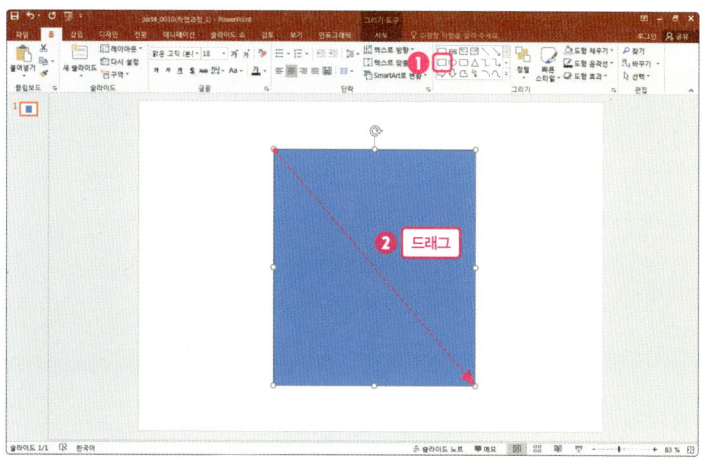

02 직사각형 도형 크기를 네임카드 규격에 맞춰 보겠습니다. 직사각형을 선택하고 [서식] 탭의 크기 영역에서 높이와 너비를 각각 [12.2cm]와 [9.5cm]로 설정합니다.

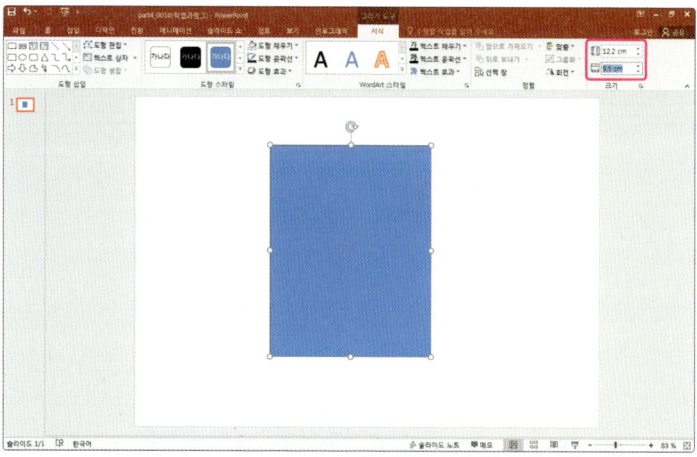

03 인쇄한 다음 잘라 쓸 수 있도록 윤곽선만 남겨 자르기 선으로 이용하려 합니다. [홈] 탭의 그리기 영역에서 [도형 채우기]-[채우기 없음], [도형 윤곽선]-[다른 윤곽선 색]-[R191 / G191 / B191]로 설정합니다.

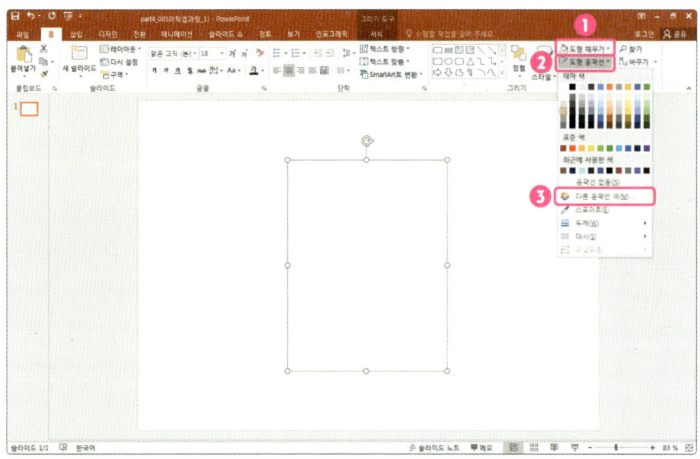

04 행사명이 들어갈 영역을 디자인하겠습니다. [홈] 탭의 그리기 영역에서 [직사각형] 도형을 선택해서 직사각형을 그립니다. [도형 윤곽선]-[윤곽선 없음], [도형 채우기]-[다른 채우기 색]을 선택해서 색상을 [R0 / G32 / B96], 투명도를 [30%]로 설정한 다음 [확인] 버튼을 클릭합니다.

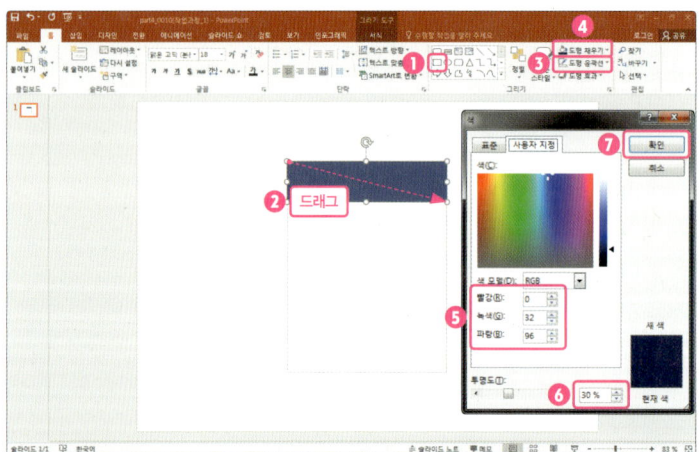

05 투명도가 적용된 직사각형을 선택하고 Ctrl + D 를 두 번 눌러 복제합니다.

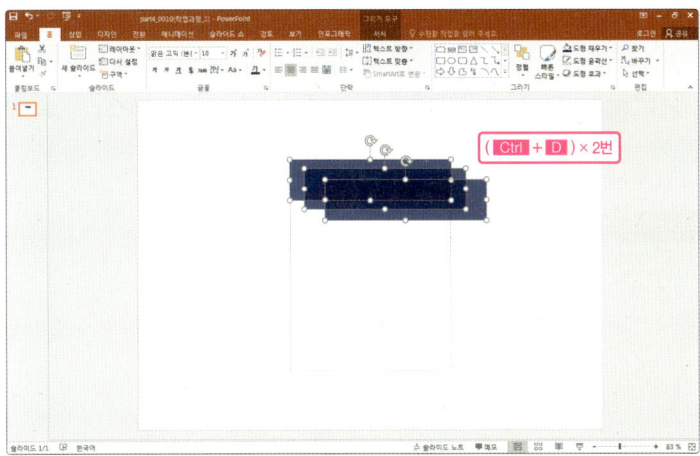

06 투명도가 적용된 직사각형 세 개의 높이를 서로 다르게 조절하고 다음과 같이 겹쳐서 배치합니다. 투명도가 적용되어 겹친 영역이 점점 진하게 표시됩니다.

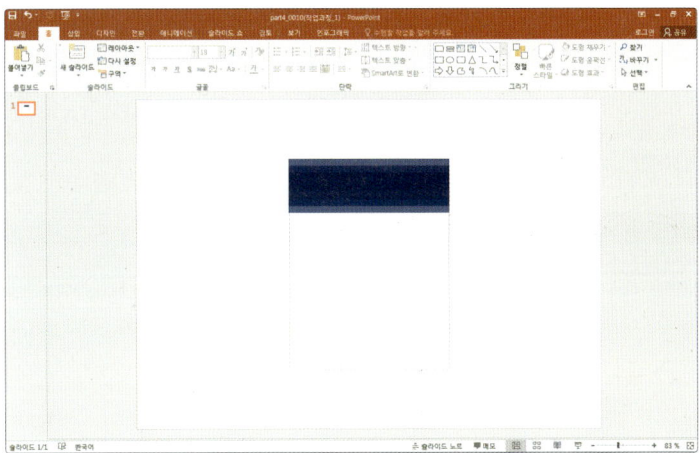

디자인을 꾸미고 텍스트 입력하기

01 텍스트 입력 영역과 꾸미기 요소를 추가하겠습니다. [홈] 탭의 그리기 영역에서 [직선]을 선택하고 다음과 같이 그립니다. 도형 윤곽선은 [R153 / G99 / B77]로 설정하고 [확인] 버튼을 클릭합니다. `Ctrl` + `D` 를 눌러 직선을 한 개 더 복제한 다음 아래쪽에 배치합니다.

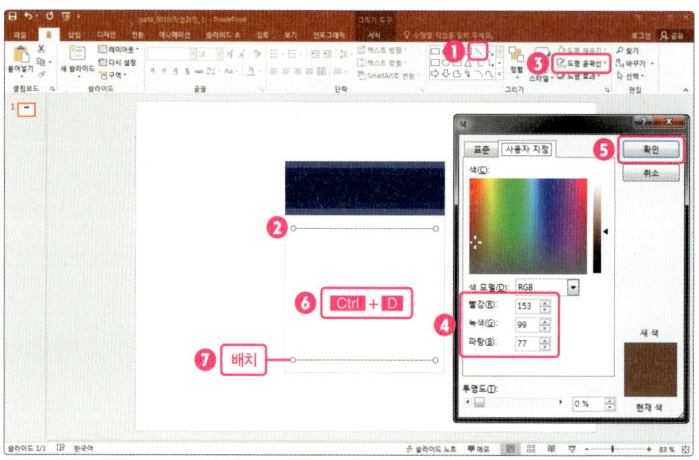

02 디자인 개체를 만들어 배치하겠습니다. 그리기 영역에서 [등호]를 선택하고 다음과 같이 빈 영역에 드래그해서 그립니다.

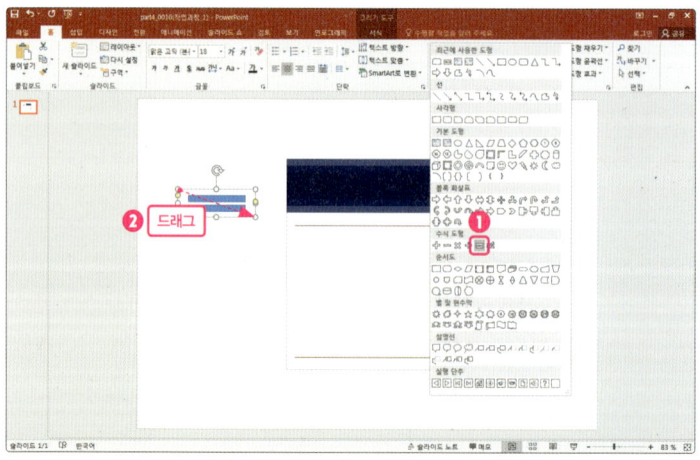

03 도형 윤곽선을 없애고 도형 채우기 색을 흰색([R255 / G255 / B255])으로 설정한 다음 회전 조절점을 드래그해서 다음과 같이 사선으로 배치합니다. 등호를 복제하고 채우기 색을 [R153 / G99 / B77]로 변경합니다.

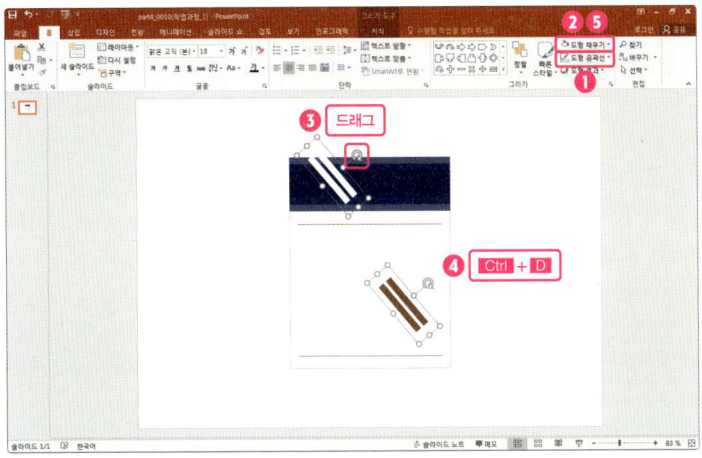

04 등호 도형을 이미지화하겠습니다. 등호를 선택해서 복사하고(Ctrl + C) 슬라이드 빈 영역을 마우스 오른쪽 버튼을 클릭하고 [그림]을 선택합니다. 원본 도형은 Delete 를 눌러 삭제합니다.

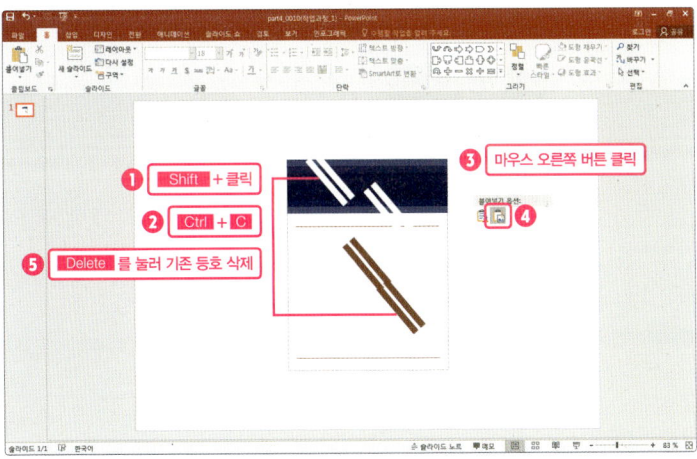

05 이미지화된 등호를 다음과 같이 적절하게 배치하여 네임카드를 배치합니다. 등호를 이미지화해야 바깥쪽 영역을 잘라낼 수 있습니다.

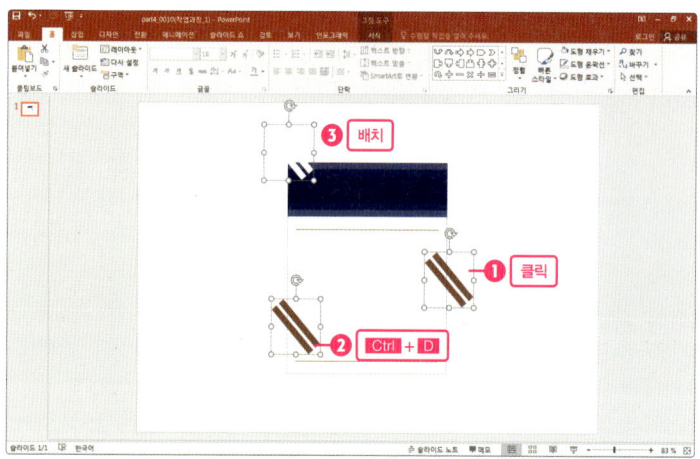

06 각 등호 이미지를 하나씩 선택하고 [서식] 탭의 크기 영역에서 [자르기]를 클릭합니다. 조절점을 드래그해서 테두리 안쪽 이미지만 남기고 잘라냅니다.

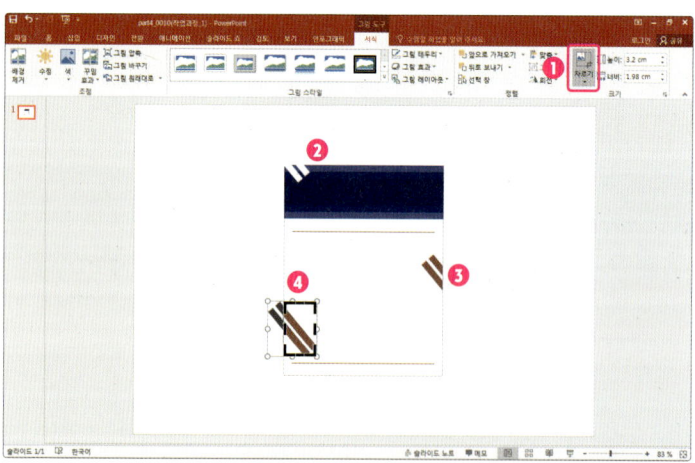

07 끝으로 타이틀 영역에 행사명을 입력하고 아래쪽에 이름을 입력해서 마무리합니다. 이때 상단 행사명은 [균등 분할]을 적용했습니다.

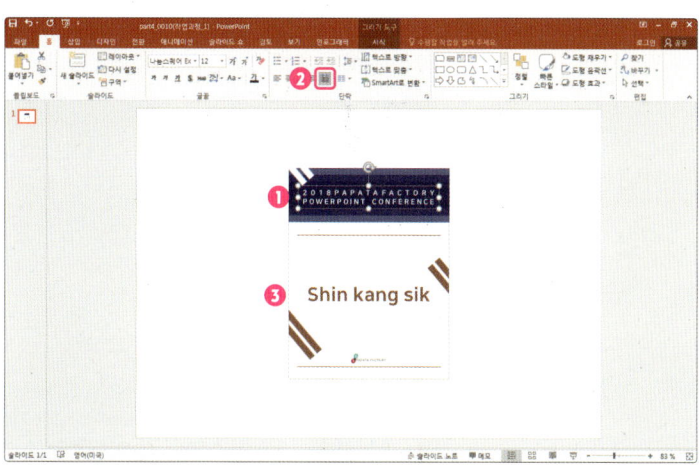

PART

5

파워포인트 사용력
향상하기

파워포인트 디자인을 완성했다면 이제부터는 제대로 써먹으면 됩니다. 프레젠테이션용이라면 그 자체로 활용하면 되고, 인쇄용이라면 좀 더 편리하게 활용하기 위해 다른 파일 형식으로 저장할 줄 알아야 합니다. 여기서는 파워포인트로 완성한 디자인으로 멋지게 프레젠테이션하거나 공유하기 위한 몇 가지 기능을 소개합니다.

다양한 방식으로
파워포인트 문서 내보내기

파워포인트에서 파일을 저장하면 기본 파일 형식이 'powerpoint 프레젠테이션' 형식인 .pptx로 설정됩니다. pptx 파일은 파워포인트 프로그램이 설치된 컴퓨터에서는 누구라도 열어서 확인할 수 있습니다. 하지만 파워포인트가 컴퓨터에 설치되어 있지 않으면 열 수 없고 디자인에서 사용한 폰트가 컴퓨터에 설치되어 있지 않으면 글자가 깨져 보일 수 있습니다. 이런 경우를 대비해서 PDF나 이미지 등으로 저장해서 공유할 수 있습니다.

콘텐츠 변형을 방지하는 내보내기

파워포인트 문서를 공유할 때 완성한 결과를 수정하지 못하게 제한하려면 문서를 PDF나 이미지 등의 파일로 변환하여 공유합니다. 파워포인트 문서를 PDF나 이미지로 변환하여 공유하면 컴퓨터에 파워포인트가 설치되어 있지 않아도 내용을 확인할 수 있어 편리합니다.

✿ **PDF로 내보내기** PDF는 범용적인 문서 공유 파일로 무료 뷰어를 쉽게 구할 수 있어 결과물을 쉽게 확인할 수 있고 간단한 편집도 할 수 있어 널리 쓰이는 형식입니다. 주석이나 메모 기능을 이용해서 결과물에 대한 의견을 주고받을 수도 있습니다. 무엇보다 파일에 여러 페이지를 포함할 수 있으므로 여러 슬라이드로 구성된 파워포인트 결과물을 공유할 때 사용하면 좋습니다. PDF로 내보낼 때는 [파일] 탭으로 이동한 후 왼쪽 메뉴에서 [내보내기]를 선택하고 [PDF/XPS 문서 만들기] 메뉴를 이용합니다.

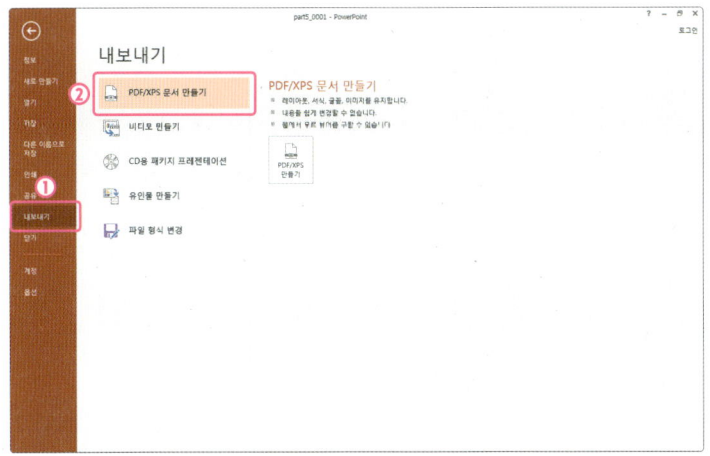

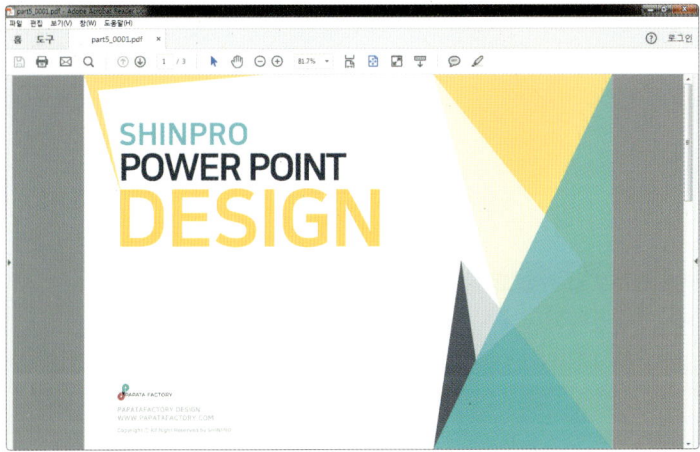

PDF로 내보낸 파워포인트 파일

QUICK GUIDE | **PDF로 내보내기**

[파일] 탭 ➡ [내보내기]–[PDF/XPS 문서 만들기] ➡ 원하는 경로 지정 후 저장

✿ **이미지로 내보내기** 이미지로 내보내는 방법은 크게 두 가지가 있습니다. 먼저 파워포인트로만 확인할 수 있고 내용을 변경할 수 없도록 하는 방법입니다. 각 슬라이드를 하나씩 이미지화해서 배치하는 방법입니다. PDF 내보내기와 마찬가지로 [파일] 탭의 [내보내기] 메뉴를 선택하고 [파일 형식 변경]−[PowerPoint 그림 프레젠테이션]을 선택하면 됩니다. 그러면 각 슬라이드 개체들이 이미지 한 장으로 변형되어 슬라이드에 배치된 상태로 저장됩니다.

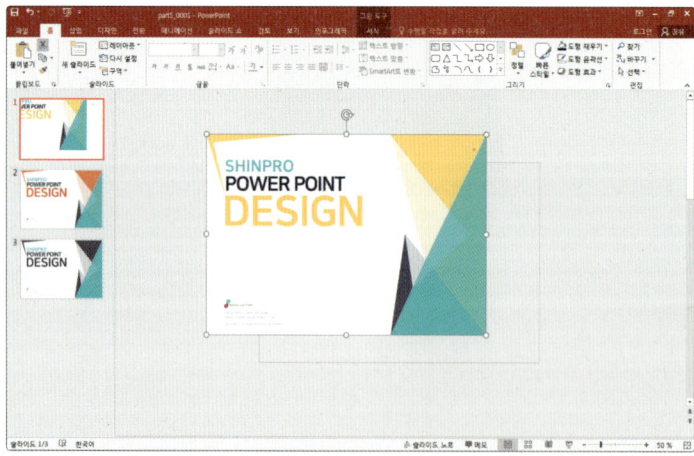

PowerPoint 그림 프레젠테이션

다른 하나는 파워포인트가 없어도 확인할 수 있는 방법으로 낱장 슬라이드를 공유할 때 편리합니다. 각 슬라이드를 이미지 파일 한 장으로 저장하는 방법으로 완성한 결과물을 SNS나 블로그 등에 업로드하여 공유할 때 유용합니다. 마찬가지로 [파일] 탭에서 [내보내기]-[파일 형식 변경]을 선택한 다음 [PNG]와 [JPEG] 중 하나를 선택합니다.

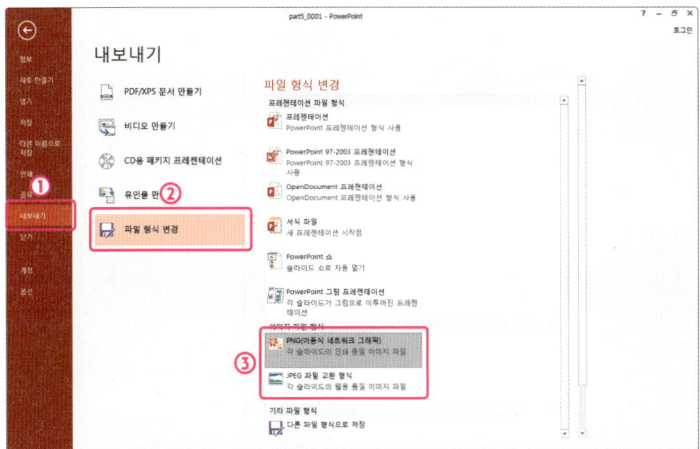

변환할 확장자를 선택하면 나타나는 대화상자에서 [모든 슬라이드] 버튼을 클릭하면 모든 슬라이드가 이미지 파일로 저장되고, [현재 슬라이드만] 버튼을 클릭하면 현재 선택한 슬라이드만 이미지로 저장됩니다.

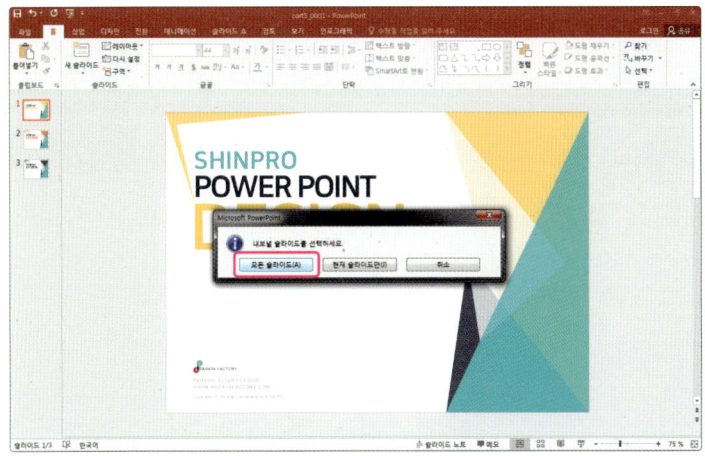

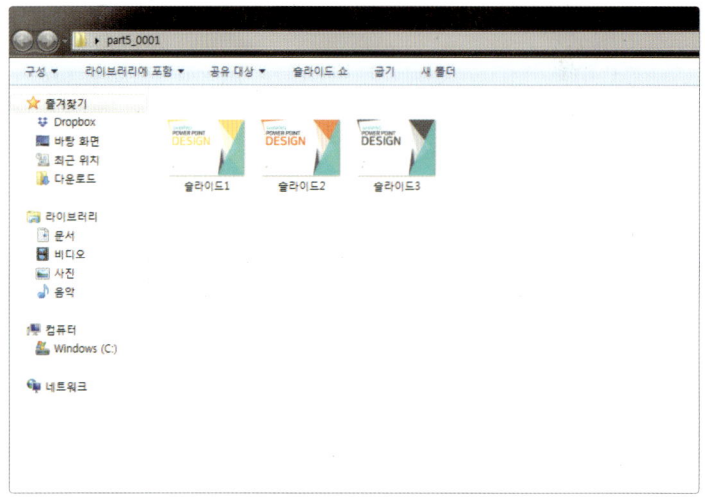

이미지 파일로 저장된 각 슬라이드 이미지

QUICK GUIDE 이미지로 내보내기

- **슬라이드 이미지화** [파일] 탭 ➡ [내보내기]–[파일 형식 변경]–[Powerpoint 그림 프레젠테이션]
- **이미지 파일로 저장하기** [파일] 탭 ➡ [내보내기]–[파일 형식 변경] ➡ [PNG(이동식 네트워크 그래픽)], [JPEG 파일 형식 변경] 중 선택 ➡ [모든 슬라이드]와 [현재 슬라이드만] 중에서 선택

자동으로 내용이 바뀌는 동영상으로 내보내기

슬라이드가 동영상으로 재생될 수 있도록 동영상 파일로 보낼 수 있습니다. 슬라이드에 애니메이션과 전환 효과를 적용하지 않아도 설정한 시간에 맞춰 슬라이드가 자동으로 넘어가게 할 수 있습니다. 파워포인트가 설치되어 있지 않은 곳에서 프레젠테이션을 하거나 유튜브와 같은 커뮤니케이션에 공유하는 용도로 동영상 파일을 저장할 수 있습니다. 동영상으로 저장할 때도 [파일] 탭의 [내보내기] 메뉴를 이용합니다. 내보내기 화면에서 [비디오 만들기]를 클릭하면 다른 내보내기와 달리 옵션이 표시됩니다. 동영상 품질이나 각 슬라이드가 이동하는 데 걸리는 시간 등을 설정하고 [비디오 만들기] 버튼을 클릭하면 됩니다.

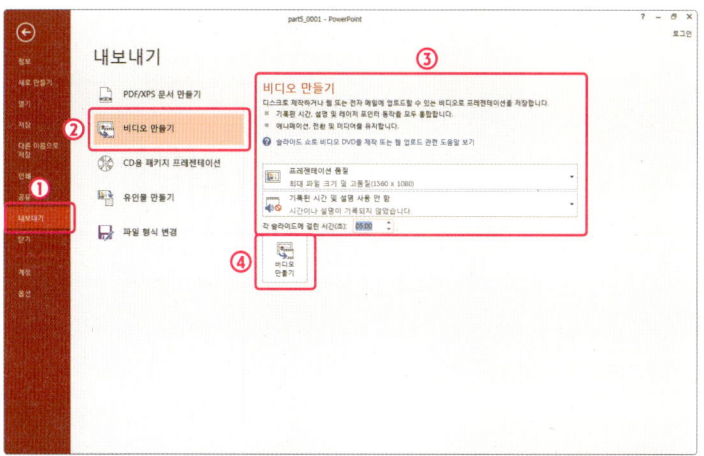

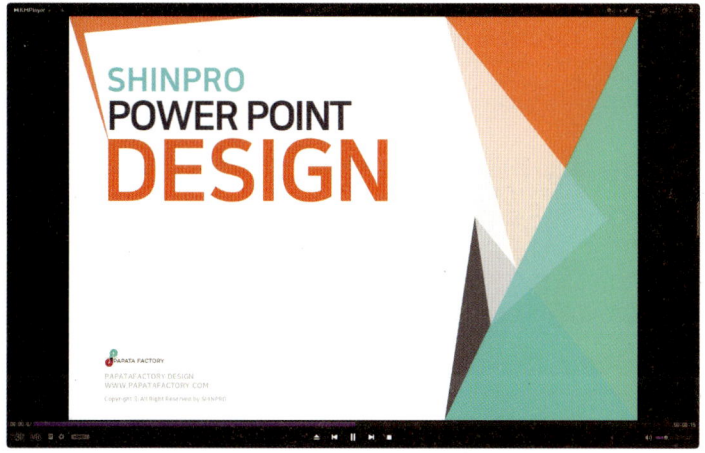

동영상으로 저장한 파워포인트 문서

QUICK GUIDE | **동영상으로 내보내기**

[파일] 탭 ➡ [내보내기]–[비디오 만들기] ➡ 동영상 품질 및 슬라이드 시간 설정

프레젠테이션을 위한 필수 기능 파악하기

프레젠테이션이 목적이라면 디자인뿐만 아니라 프레젠테이션과 관련한 몇 가지 필수 기능도 파악해야 합니다. 프레젠테이션 도중에 실수를 줄일 수 있는 연습 기능과 준비한 슬라이드 중에서 상황에 따라 분량을 조절할 때 사용하는 숨기기 기능을 살펴보겠습니다.

프레젠테이션 시간을 조절하는 슬라이드 숨기기

준비한 프레젠테이션 자료에 비해 주어진 시간이 부족하다면 발표할 내용을 일부 요약하여 정리하거나 제외시켜야 합니다. 이럴 때는 준비한 슬라이드 디자인을 삭제하는 것보다 숨기기 기능을 이용하여 프레젠테이션 쇼를 진행할 때 숨기기한 슬라이드가 표시되지 않게 하는 게 낫습니다. 삭제해서 지우는 것보다 이후 다시 활용할 때를 대비해 잠시 준비한 슬라이드 수를 줄이는 방법입니다. 프레젠테이션 중간에 숨겨야 할 페이지가 있다면 해당 슬라이드에서 [슬라이드 숨기기] 기능을 눌러 주면 프레젠테이션 화면에서 보이지 않고 넘어갑니다.

다음과 같이 준비된 슬라이드에서 1번 슬라이드를 숨기려면 해당 슬라이드를 선택하고 [슬라이드 쇼] 탭의 설정 영역에서 [슬라이드 숨기기]를 클릭합니다. 숨기기 처리된 슬라이드 번호에는 \가 표시됩니다.

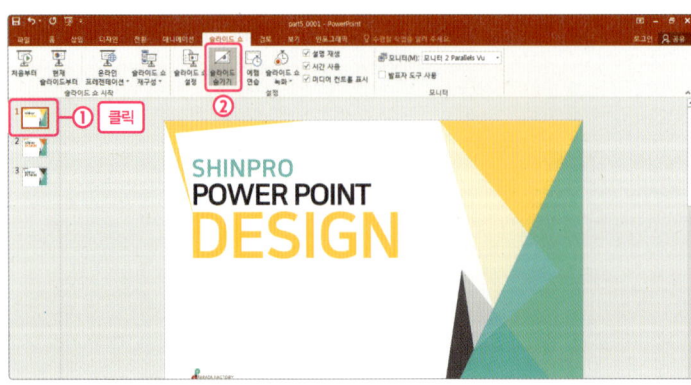
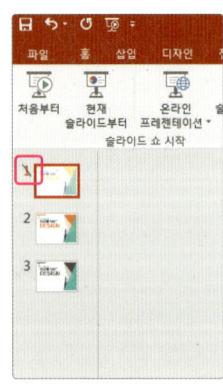

QUICK GUIDE | 슬라이드 숨기기

숨길 슬라이드 선택 ➡ [슬라이드 쇼] 탭 〉설정 영역에서 [슬라이드 숨기기]

신프로 특강

단축키로 슬라이드 쇼 실행하기

슬라이드 쇼 기능은 준비한 슬라이드 디자인을 전체 화면으로 표시하여 프레젠테이션을 진행할 때 사용합니다. 자주 사용하는 기능이므로 단축키를 외워 두는 것이 좋습니다.

- 슬라이드 쇼 시작하기　`F5`
- 현재 슬라이드부터 슬라이드 쇼 시작하기　`Shift` + `F5`

실수를 예방하는 예행연습

프레젠테이션 내용을 점검하고 발표 시간을 확인하려면 예행연습 기능을 사용합니다. [슬라이드 쇼] 탭의 설정 영역에서 [예행연습]을 클릭하면 슬라이드 쇼가 시작됩니다.

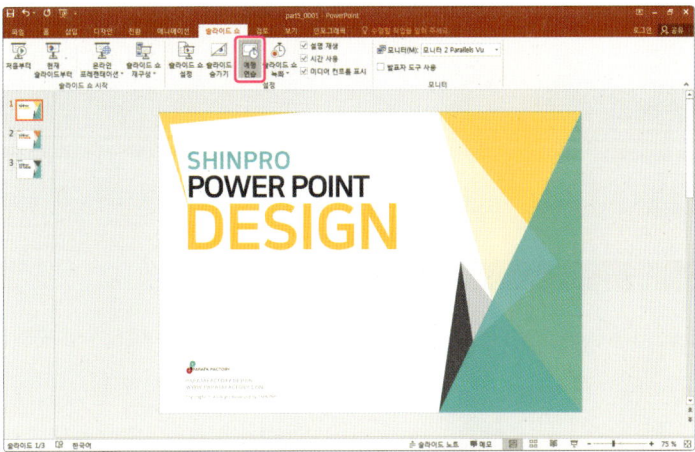

슬라이드 쇼가 시작되면 실제 프레젠테이션이라고 생각하고 슬라이드를 넘기면서 발표합니다. 모든 슬라이드가 끝나면 전체 프레젠테이션하는 데 걸린 시간이 표시되고, 저장 여부를 묻는 대화상자가 나타납니다. 여기서 [예] 버튼을 클릭해서 시간을 저장해 두면 이후 슬라이드 쇼를 진행할 때 해당 시간에 맞춰 슬라이드가 자동으로 넘어갑니다.

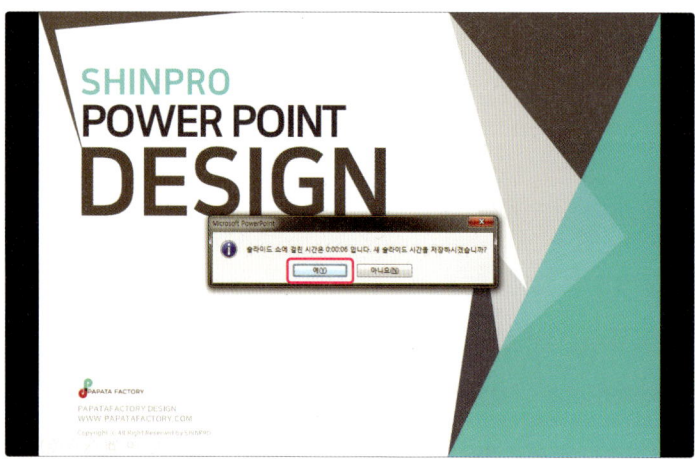

✿ **슬라이드 전환 시간 확인하기** 각 슬라이드별로 소요된 시간을 확인할 때는 [보기] 탭의 프레젠테이션 보기 영역에서 [여러 슬라이드]를 클릭합니다. 각 슬라이드 축소판이 표시되며, 오른쪽 아래에 예행연습 중 소요된 시간이 표시됩니다.

✿ 슬라이드 전환 시간 변경하기 예행연습으로 자동 설정된 전환 시간을 변경할 수도 있습니다. [전환] 탭의 타이밍 영역을 보면 화면 전환 방법으로 [마우스를 클릭할 때]와 [다음 시간후]가 모두 체크되어 있습니다. 여기서 [다음 시간 후]의 시간을 변경하면 지정한 시간이 지난후 해당 슬라이드가 넘어갑니다. 이렇게 정확한 시간을 확인하고 프레젠테이션 내용을 수정하는 작업을 거치면 완벽한 프레젠테이션을 진행할 수 있습니다. 내용, 디자인, 발표 이렇게 삼박자를 완벽하게 갖추고 전문가답게 프레젠테이션하기를 기대합니다.

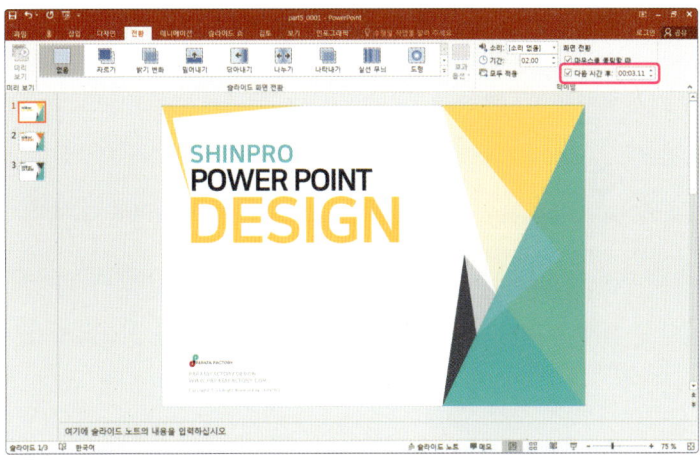

INDEX